KB037031

황금의 시대, 신라

황금의 시대, 신라
눈부시게 빛나던 역사가 있었다

초판 1쇄 인쇄 2019년 1월 8일
초판 1쇄 발행 2019년 1월 15일

지은이 전호태
펴낸이 홍석 | 전무 김명희
인문편집부장 김재실 | 책임편집 박유진 | 편집 이진규
표지 디자인 육일구 디자인 | 본문 디자인 육일구 디자인·서은경
마케팅 홍성우·이가은·김정선·배일주 | 관리 최우리
펴낸 곳 도서출판 풀빛 | 등록 1979년 3월 6일 제8-24호
주소 03762 서울특별시 서대문구 북아현로 11가길 12 3층
전화 02-363-5995(영업), 02-362-8900(편집) | 팩스 02-393-3858
홈페이지 www.pulbit.co.kr | 전자우편 inmun@pulbit.co.kr

ISBN 979-11-6172-729-5 03910

이 도서의 국립중앙도서관 출판예정도서목록(CIP)은 서지정보유통지원시스템
홈페이지(seoji.nl.go.kr)와 국가자료공동목록시스템(www.nl.go.kr/kolisnet)에서
이용하실 수 있습니다.(CIP제어번호 : CIP2018040621)

*책값은 뒤표지에 표시되어 있습니다.
*파본이나 잘못된 책은 구입하신 곳에서 바꿔드립니다.

황금의 시대, 신라

눈부시게 빛나던 역사가 있었다

전호태 지음

풀빛

금관과 관장식(국립경주박물관)

왜 신라에서 황금 문화가 꽃피었는가?
신라 사회의 어떤 부분, 신라인의 어떤 심성이 서라벌을 중심으로
황금 문화를 꽃피게 했는가?

금잔과 금귀걸이(국립경주박물관)

신라의 금관과 금귀걸이, 금 허리띠는 마립간 시대의 산물이다.
그러나 마립간 시대는 고구려가 동북아시아의 패권을 잡고
신라와 백제 등을 강하게 압박하던 시기이기도 하다.

광개토왕릉비(1920년대, 중국 지안)

광개토왕은 오만 군사를 보내 신라를 구했다.
고구려군은 내친김에 가야를 쑥대밭으로 만들었다.
숨을 헐떡이던 나라 신라는 되살아났으나 고구려의 속국이 되었다.

기린과 천마(경주 천마총 출토, 국립경주박물관)

이 천마며 기린은 어디서 왔을까?
신라 사람의 아이디어에서 비롯되었을까?
시작을 고구려 벽화에서 찾는 것은 어떨까?

행렬(쌍영총 벽화 모사선화, 북한 남포)

대왕은 신녀 선화를 국내성에 볼모로 온 신라 왕자에게 시집보내려 한다.
유화신의 뜻이 남쪽의 이 작은 나라 신라에 펼쳐지려면 고구려의 신녀가
직접 그곳으로 들어가야 한다는 뜻이리라.

도제 기마인물상(경주 금령총 출토, 국립중앙박물관)
신라 귀족의 기와집(골함, 국립경주박물관)

신부 선화의 눈길에 신랑 보해의 옆얼굴이 잡혔다.
'맑다.' 보해를 본 첫 느낌이 그랬다.
나라에서는 왕궁 인근 관가 한 귀퉁이에 새로 기와집 한 채를 올렸다.
보해와 선화를 위한 신접 살림집이다.

신라의 관리(경주 용강동 출토, 국립경주박물관)

화려하고 세련된 옷과 표정은 찾기 어렵다.
하지만 서라벌 사람들에게는 묵직한 무엇이 있다.
이들은 믿는 신이 여럿이다.
왕가에서 가장 강한 알지신의 후손들은 '금인'이라 불린다.

금가락지(경주 황남대총 출토, 국립경주박물관)

"고맙소. 내 손을 다시 잡아주어 고맙소.
여래 나라에서도 왕비를 만났으면 좋겠소. 은혜를 꼭 갚고 싶소."
선화가 두 손으로 감싸 잡았던 보해의 손 위에 이마를 붙이며 소리 내어 운다.

여래삼존상 금판(경주 안압지 출토, 국립경주박물관)

여래(간다라 출토, 국립중앙박물관)

"자네는 고구려 어디서 왔는가? 어느 족속 사람인지 알려주게."
"예, 저는 국내성 사람입니다. 맥족이고요.
제 외모가 좀 별나서 그러시는지요? 저도 부친은 서역 분이셨지요."

신장(감은사지석탑 출토 사리기 금동장식, 국립경주박물관)

"이것도 다 여래의 뜻입니다. 여래께서 고구려 거리 바깥으로
걸음을 내딛는 것이지요."

신묘명금동여래상(국립중앙박물관)

"스님께서 알지신의 나라도 넓고 넓은 여래 세상 안에 있다고 하셨습니다.
이 금붙이를 알지신의 나라 신라가 여래의 세상임을 알게 하는 데에 써주십시오."

들
어
가
며

경주 황남대총은 흥미로운 유적이다. 1973년 7월 발굴 당시부터 이 유적에는 세간의 이목이 집중되었다. 남북 길이 120미터, 동서 지름 80미터, 남분 높이 21.9미터, 북분 높이 22.6미터인 거대한 신라 시대 고분! 발굴 보고서가 간행된 이후에도 황남대총은 역사와 문화의 수수께끼 중심에서 비켜나지 않았다.

지금까지 발굴된 삼국시대나 그 이후 시기의 무덤 가운데 황남대총만큼 황금을 많이 쏟아낸 유적은 없다. 봉분이 두 개인 황남대총의 남분과 북분에서는 말 그대로 황금 유물이 쏟아져 나왔다. 황남대총이 신라의 황금 시대, 황금 문화를 대표하는 유적으로 인식되고 있는 이유도 이 때문이다. 유적에서 출토된 유물 가운데 네 점이 국보, 열 점이 보물로 지정되었다. 어쩌면 앞으로도 이 기록은 깨지

황남대총(경주)

지 않을지 모른다.

　신라의 황금 문화, 황금 시대는 왕호를 '마립간[대왕]'으로 쓰던 시기와 거의 일치한다. 신라의 금관과 금귀걸이, 금 허리띠는 마립간 시대의 산물이라고도 할 수 있다. 그러나 마립간 시대는 고구려가 동북아시아의 패권을 잡고 신라와 백제 등을 강하게 압박하던 시기이기도 하다. 고구려로부터 선진 문물을 대량으로 받아들여 신라의 웅비(雄飛)를 준비하던 시기도 마립간 시대였다. 마립간 시대의 신라는 사실상 고구려의 속국이 되었다가 고구려 대왕의 손아귀에서 벗어나려 애썼다. 이를 위해 백제와 동맹을 맺어 남으로, 남으로 향하던 고구려군의 발길을 막고 마지막에는 소백산맥 너머로 다시 밀어냈다. 이 모두 마립간 시대에 일어났던 일이다.

황남대총은 부부의 무덤으로 추정된다. 먼저 만들어진 남분에 남자가 묻히고 여자는 뒤에 만들어진 북분에 묻혔다는 게 일반적인 시각이다. 문제는 북분에서 나온 유물이 남분에서 나온 것보다 화려하고 양이 많으며 가치도 높다는 사실이다. 무덤의 규모나 출토된 유물로만 보면 북분에 묻힌 여성이 남분에 묻힌 남성보다 신분이나 지위가 높았다는 해석이 가능해진다. 이 때문에 학자들은 황남대총에 묻힌 부부가 누구였는지 궁금해한다.

'누가 묻혔을까?' '북분 금관의 주인공은 누구인가?' '남분에 몸을 뉜 남자 주인공은 왜 머리에 금동관과 은관을 썼는가?' '황남대총이 왕과 왕비의 왕릉이라면, 왜 왕이 왕비보다 못한 장신구들에 둘러싸여 잠들어 있는가?' '왕비가 왕보다 신분이 높았을까?' '마립간 시대에 그런 일이 가능했던가?'

의문이 꼬리에 꼬리를 물지만, 속 시원한 대답은 누구도 내놓지 못하고 있다.

황남대총은 도굴의 손을 전혀 타지 않은 유적이다. 이런 까닭에 천오백여 년 만에 수만 점의 신라 시대 유물이 고스란히 묻힌 그대로 다시 빛을 보았다. 그러나 이 거대한 무덤의 주인공이 누구인지는 여전히 오리무중이다.

어떤 이는 황남대총에 마립간 시대를 연 내물 마립간 부부가 묻혔다고 한다. 다른 이는 신라를 고구려의 속국 자리에서 벗어나게 한 눌지 마립간 부부가 황남대총의 주인공이라고 한다. 또 다른 이는 황남대총 남분과 북분이 눌지 마립간에게 죽임을 당한 실성 마립간 부부의 왕릉이라고 주장한다. 내물 마립간은 402년, 실성 마립간은

417년, 눌지 마립간은 458년에 세상을 떴다. 위의 의견대로라면 황남대총 남분이 축조된 가장 이른 시기는 402년, 가장 늦은 시기는 458년이다. 그러나 무덤 속에서 나온 유물을 근거로 어떤 이는 4세기 중엽, 다른 이는 5세기 중후반에 황남대총 남분이 만들어졌다고 주장하기도 한다. 황남대총 북분이 축조된 시기도 4세기 말, 6세기 초 등 의견이 엇갈린다.

· · ·

황남대총-마립간-황금 문화에 초점을 맞춘 글을 읽다가 문득, 고구려-신라-왕권 갈등도 그 위에 얹으면 구조는 복잡해져도 그 시대는 더 잘 보이겠다는 생각이 들었다. 시야를 넓혀 5세기 전반 동아시아를 무대로 일어났던 다른 사건들도 그 위에 더하면 어떨까? 동아시아 4강 시대의 개막, 불교 확산, 이국 문물의 전파, 활발한 인적 이동을 서라벌이라는 무대에 씨줄, 날줄로 얽어 올리면 어떤 그림이 그려질까? 무대의 배경은 어떻게 보이고 사람들 관계는 어떻게 달라질까? 이런 의문들을 하나하나 풀어가는 과정을 한 편의 이야기로 얽어볼까?

황남대총 발굴 보고서를 읽고 신라 황금 문화 전시 도록을 펼쳐 보았다. 다시 세 명의 마립간에 대한《삼국사기》와《삼국유사》기사를 차례로 훑어보다가, 문득 머릿속에 의문부호가 떠올랐다.

'그런데 눌지 마립간의 동생 복호는 고구려에서 돌아온 뒤 어떻게 되었지?'

일본에서 탈출한 미사흔은 433년 사망했다는 기사가 《삼국사기》에 실려 있다. 하지만 복호가 무엇을 했는지는 기록에 남아 있지 않다는 사실을 알게 되었다. 복호가 기록에 남을 만한 역사에 관여되지 않았을 수도 있고, 역사적 사건에 얽혀 있었는데도 기록되지 않았을 수도 있다. 남았던 기록이 자연스레 사라졌을 수도 있고, 의도적으로 지워졌을 수도 있다.

'복호의 이야기를 되살려볼까? 고구려에서 돌아온 복호는 그 뒤 어땠을까? 마립간이 된 형 눌지가 자신을 고구려에서 놓여나게 한 데 감사하며 조용히, 편안히 지냈을까?'

'황남대총 북분의 여주인공, 그 고구려계 장신구와 그릇들을 쓴 여인과 고구려에 볼모살이 했던 신라 왕자가 서로 이어질 수는 없었을까?'

이런 의문과 발상도 떠올려보았다. 고구려에 인질로 갔던 신라 왕자는 복호뿐 아니다. 실성 왕자도 항렬로 형에 해당하는 내물 마립간에 의해 고구려에 볼모로 보내졌던 인물이다. 복호의 형 눌지도 실성 마립간에 의해 고구려에 볼모로 갈 뻔했다. 역사 기록에 남지 않은 다른 볼모가 더 있었을 수 있다. 고구려에도 가고 백제, 왜로도 갔을 것이다. 서로 볼모를 주고받아 상대국이 동맹 상대를 바꾸지 못하도록 하는 것이 당시 국제정치의 관례이기도 했다. 신라만 그랬던 것이 아니다!

황남대총 북분의 여주인공이 누구인지는 앞으로도 알기 어려울 것이다. 그가 신라 여인인지, 고구려 여인인지 그 누가 단정 지어 말할 수 있을까? 《삼국사기》나 《삼국유사》에는 신라 마립간들이 가까운 친족들과의 결혼을 통해 '왕가'로서 결속력을 다진 것으로 나온다. 그러나 기록되지 않거나 기록으로 전해지지 않는 부분은 어떨까? 여러 상황을 상정할 필요도 있을 듯하다. 고구려가 볼모로 살던 실성을 서라벌로 돌려보내 왕위에 오르게 하고, 고구려에 볼모로 보내졌던 눌지가 서라벌로 되돌아와 왕인 실성을 죽이고 즉위할 수 있게 도왔다면, 한동안 신라 왕위는 고구려 대왕의 손안에 있었던 셈이다. 고구려가 왕위에 있던 실성이나 눌지의 행동거지를 읽거나 통제하는 다른 수단은 과연 무엇이었을까?

고구려인의 손을 빌려 죽이려 했던 눌지에게 오히려 죽임을 당한 실성 마립간. 눌지가 고구려에서 볼모살이를 했다면 고구려 대왕은 그를 고구려 왕가의 사위로 삼지 않았을까? 《일본서기》에는 신라가 왕녀를 대가야 왕에게 시집보내고, 이를 지렛대 삼아 가야 내정에 개입한 뒤 결국 멸망시키는 이야기가 나온다. 형식상 대가야의 요청으로 이루어진 두 나라의 결혼 동맹은 529년 대가야 이뇌왕과 신라 왕녀의 이혼으로 끝난다. 그때부터 신라의 대가야 공격이 시작되고 대가야 도설지왕은 562년, 신라 진흥왕에게 항복한다. 신라가 고구려와의 사이에 겪었던 일이 시간차를 두고 신라와 대가야 사이에 발생했다고 해도 억측은 아닐 것이다. 쿠데타로 왕위에 오른 눌지 마립간이 동생 복호 왕자를 고구려에서 빼올 즈음 복호는 이미 고구려 왕녀와 결혼했을 수 있다. 복호와 함께 서라벌에 온 고구려 왕녀가 신라에 불던 고구려 바람이 더 거세지도록 빌미를 제공하지는 않았을까?

···

    내물 마립간이 고구려의 도움으로 중국 전진에 사신을 보낸 해가 377년, 382년이다. 고구려 문물이 신라에 유입되어 영향을 주기 시작한 때도 이 시기 전후일 것이다. 이즈음 본격화되는 백제, 가야, 왜의 견제와 압박을 이겨내기 위해서라도 신라는 고구려와 가까워져야 했다. 392년 내물 마립간이 이찬 대서지의 아들 실성을 고구려에 볼모로 보낸 것도 고구려와의 동맹을 확고히 하기 위해서였다. 364년에 이어 393년 또다시 백제와 왜 연합군의 침입을 받은 신라가, 399년에는 아예 가야와 왜 연합군에게 서라벌까지 포위당했다. 풍전등화의 위기 앞에 내물 마립간은 급히 고구려에 군사 지원을 요청했고, 광개토왕은 오만 군대를 보내 신라를 구한다. 서라벌까지 내려온 고구려군은 내친김에 낙동강 하구의 김해까지 진군하여 금관가야를 멸망의 문턱에 이르게 했다. 400년 일어난 이 사건으로 신라와 가야 사이 힘의 균형추가 신라 쪽으로 옮겨졌다.

    그러나 남방 정벌에 성공한 고구려군 일부는 신라의 서울 서라벌에 남았다. 신라가 고구려의 보호를 받는 나라가 된 것이다. 고구려는 401년 실성을 귀국시킨 뒤, 402년 내립 마립간이 서거하자 왕위를 잇게 한다. 실성 마립간은 왕위에 오르자 왜와 수교하면서 내물 마립간의 아들 미사흔을 왜에 볼모로 보낸다. 412년에는 미사흔의 형 복호를 고구려에 볼모로 보낸다. 실성 마립간은 내물 마립간의 첫째 아들 눌지마저 고구려에 보낸다. 고구려에 보내졌다 바로 돌아온 눌지는 실성 마립간을 죽이고 왕위에 올라, 고구려의 간섭에서 벗어날 준비에 들어간다. 그러나 《일본서기》를 참고하면 눌지 마립간이 즉위하고 삼십여 년이 흐른 뒤에도 서라벌에는 여전히 고구려의 군사고문단이 남아 있었다.

《일본서기》에는 고구려에서 보낸 정병 백 명이 서라벌에 머물고 있다가 신라군의 기습을 받아 몰살당하는 사건이 기록되어 있다. 452년의 일이다. '수탉을 잡아라'라는 신라군의 암호는, 고구려인이 수탉을 숭배하고 절풍(折風)이라는 고유의 모자에 수탉 꽁지깃을 꽂는 습관이 있는 데에서 비롯되었을 것이다. 고구려군의 기사가 쓰던 투구의 장식깃도 수탉 꽁지깃이었을 것이다.

이미 450년, 신라의 하슬라 성주 삼직이 실직의 들에서 사냥하던 고구려 변경의 장수를 살해한 사건으로 말미암아, 신라와 고구려는 군사적 충돌 일보 직전까지 갔다. 신라는 왕의 이름으로 사과하여 고구려군의 침공을 막아냈다. 하지만 이즈음 고구려와 신라는 사실상 결별 수순을 밟고 있었다고 해도 과언이 아니다. 신라가 433년 비밀리에 백제와 맺은 군사동맹이 언제든지 가동될 수 있는 상태였기 때문이다.

• • •

고구려군 일부가 서라벌에 남은 400년부터 신라의 지방 성주가 고구려의 변장을 살해한 450년 사이는 신라가 반(半) 속국 상태로 정치, 사회, 문화 등 여러 방면에서 고구려의 영향을 받던 시기라고 할 수 있다. 경주에서 발굴, 수습된 이 시기의 유물에 고구려 색이 짙은

금관과 관장식(국립경주박물관)

것이 다수 포함되어 있는 것도 이를 반증한다. 기와에서 장신구에 이르기까지, 고구려에서 신라로 흘러든 문물은 서라벌 귀족들의 환영을 받았다. 신라의 공방에서는 이를 본으로 삼은 물건이 다량 만들어졌을 것이다.

그러나 황남대총을 비롯하여 마립간 시대 무덤에서 나온 '금관'에서는 고구려의 영향을 찾아보기 어렵다. 고구려 유적에서는 금관이 출토된 적이 없다. 세상에 알려진 몇 점의 고구려 금동 관식에는 신라의 금관처럼 화려한 세움 장식도 없었고, 곡옥이 달리지도 않았다. 신라의 금관은 황남대총 북분에서 나온 것이 제작 시기가 가장 빠르다. 그런데 북분 출토 금관은 기법과 장식에서 이미 절정기에 가까운 상태의 것이다. 지금까지의 유물 정보로 보면 신라의 금관은 고구려의 영향을 받지 않았다!

황금 장신구를 대표하는 금관과 금제 귀걸이만 놓고 볼 때 신라의 황금 문화는 고구려로부터 온 것과 그렇지 않은 것으로 이루어졌다고 할 수 있다. 아마 실제로도 그럴 것이다. 특정한 문화의 기원이 하나인 경우는 그리 많지 않기 때문이다. 신라의 황금 문화도 여러 지역이나 사회로부터 영향을 받으며 성립했을 것이다. 오히려 묻고 답해야 할 것은, 왜 신라에서 황금 문화가 꽃피었는가, 신라 사회의 어떤 부분, 신라인의 어떤 심성이 서라벌을 중심으로 황금 문화를 꽃피게 했는가가 아닐까?

신라의 황금 문화가 알지신을 시조로 내세우는 김씨 마립간 시대를 대표한다는 사실은 이와 관련하여 주목할 필요가 있다. 김씨란 성은 이 집단이 '금(金)' 곧 쇠나 금과 관련 깊음을 뜻한다. 쇠는 이미 일반적으로 사용되던 금속이다. 자신이 대장장이 가문의 후손임을 내세우던 사람들은 동서고금 자주 등장한다. 신라에서도 석씨(昔氏)의 시조 탈해가 대장장이 가문임을 내세우며 사로국 지배 집단의 일원으로 인정받았다. 이런 정황으로 볼 때 김씨는 귀금속인 금과 관련된 집단이다. 시조 알지가 금빛 함에서 나왔으므로 김씨를 칭했다는 기사가 이를 확인시켜준다. 김씨는 금족이었다!

372년, 고구려의 도움으로 전진과 외교관계를 맺은 신라에는 고구려와 전진 등 외국 문물이 적극 소개되기 시작했을 것이다. 400년 고구려 대군의 남정은 이런 흐름을 가속화시켰다고 할 수 있다. 서라벌로 쏟아져 들어오는 외래 문물 가운데 압도적으로 많은 양을 차지하는 것은 단연 고구려의 것이었으리라. 고구려의 금제 귀걸이나 팔찌, 가락지, 허리띠 등도 그 일부였을 것이다.

문제는 서라벌에 소개된 고구려의 금제 장신구들이 금족을 자처하는 김씨 왕가 사람들을 자극했을 수 있다는 사실이다. '우리가 금족이었지?' 내물왕에서 시작되는 김씨 마립간 시대에 황금 장신구가 적극적으로 만들어져 쏟아져 나오게 된 것도 이 때문이 아닐까? 자신들이 잊고 있던 사실, 금족이었다는 자각을 바탕으로 석씨, 박씨와도 구별되는 특별한 집단임을 내외에 과시하고 스스로의 결속력을 다지는 차원에서 황금 장신구 제작과 그 독점적 사용에 매달렸던 것은 아닐까?

• • •

1부에는 이 책의 저자이자 화자인 한인규를 중심으로 후배 덕수, 덕수의 친구 찬우 등이 고구려 유적을 답사하고 신라 유물을 함께 보며 황금 시대의 신라에 대해 질문하고 답하는 과정을 묘사했다. 대학교수인 한인규에게는 저자와 동료 선후배의 경험과 시각을 섞어 넣었다. 후배인 덕수, 찬우, 찬우의 동생 찬미는 완전히 가상 인물들이다. 우리 주변에서 흔히 볼 수 있는 캐릭터를 각각의 인물에 부여했다.

한인규가 꿈인지 생시인지 모르는 상태에서 경험하는 국내성, 서라벌의 상황은 2부의 주인공 보해, 선화 등을 끌어내기 위한 장치다.

판타지 기법을 적용했지만 실제 한인규는 몽유병에 걸린 듯 행동한다. 한인규가 경험하고 홀로 기억하는 '염모'라는 글자가 있는 국내성 성돌 바꿔치기 이야기도 2부의 주요 인물 염모를 염두에 둔 일화이다. 1부에서는 고구려, 신라에 대한 현대의 다양한 시각과 해석도 중간중간에 넣었다.

2부는 한인규가 쓴 보해와 선화의 이야기로, 이야기의 본론에 해당한다. 국내성에서 볼모로 살던 신라 왕자 보해가, 졸본 귀족 가문 출신이자 신궁 신녀로 있던 선화와 결혼하여 서라벌로 돌아오며 펼쳐나가는 역사적 사건과 개인사가 줄거리를 이룬다. 이야기에 개연성을 부여하기 위해 이 시기에 대한 별도의 가상 연표를 작성했다. 한 편은 실제, 한 편은 가상이다.

눌지 마립간 시대가 시작하여 끝날 때까지가 이야기의 시간 범위이고, 공간 무대는 주로 서라벌이다. 실제 역사에서는 눌지 마립간이 시대의 주요한 사건 주인공으로 서술된다. 하지만 이 이야기에서는 이면의 역사를 이끄는 존재로 보해를 등장시켰다. 고구려의 영향이 서라벌에 미치는 과정과 내용을 설명하기 위해 고구려 마을, 고구려 성채를 무대 위에 올렸다. 이야기 속 다수의 인물은 고구려 마을, 고구려 성채와 관련이 있다.

3부는 한인규가 신라의 황금 시대가 어떻게 끝나는지를 설명하기 위해 쓴 보론(補論)에 해당한다. 고구려에서 내려온 서역 출신 스님 호자와 그 아들 호두가 이야기를 이끌어간다. 5세기 동아시아의 정신세계를 이끌어가던 불교가 신라에서는 어떻게 영향력을 넓혀나갔는지, 개인사를 내세워 보여준다.

신라에서 불교신앙이 공식적으로 인정되기 이전 백 년 이상 오랜 기간 이루어진 전법(傳法)과정을 설명하는 데 지면의 상당 부분을 할애했다. 왕실과 백성이 이구동성으로 거부하려 애쓰던 새로운 종교였던 것처럼 보여도, 불교는 공인 이전부터 서라벌에 뿌리를 내리고 있었다. 신라에서 서라벌 중심의 황금 문화가 절정기를 지나 쇠퇴기에 들어가는 과정과 불교가 자리 잡고 확산되는 과정은, 서로 겹쳐지며 엇갈린다. 그 이유가 무엇인지, 누가 이런 일을 주도하는지도 3부 이야기에 자연스럽게 녹여 넣었다.

· · ·

2013년 고구려 장신구에 대한 글을 준비하다가, 황남대총에서 나온 신라의 황금 귀걸이들이 고구려에서 제작되었거나 고구려의 영향을 받았음을 알게 되었다. 금으로 만든 그릇들도 마찬가지였다. 신라의 황금 문화가 고구려에서? 내친김에 금관에 대한 글을 찾아 읽어보니 금관은 고구려와 별다른 관련이 없었다. 한 시대에 집중적으로 금관을 만들어낸 나라는 신라뿐이로구나!

국경이 닿은 고구려나 백제에 비해 백오십여 년이나 뒤인 527년 불교가 공인될 즈음 신라의 황금 문화는 내리막길에 접어든다. 화려하기 그지없는 황금 귀걸이는 여전히 만들어지지만 무덤이 아닌 사찰의 주초석 아래 묻히기도 한다. 황금 귀걸이가 주인과 함께 묻혀 조상신의 세계로 옮겨지지 않게 된 것이다. 그렇다면 그다음은? 황금 장신구의 시대는 어찌 되었을까?

삼 년 만인 2015년 말 초고를 마무리했으나 여기저기 손볼 곳이 많았다. 몇 분이 초고를 읽고 도움말을 주었다. 아내 장연희, 딸 혜전, 아들 혜준도 검토에 동참해 글다듬기에 도움을 주었다. 아내는 글 곳곳에 옹이처럼 박힌 현학적 문구들을 파내거나 다듬어낼 수 있도록 도움말을 주었다. 글의 흐름을 부드럽게 하고 높낮이를 조절하는 일이 힘에 부친다고 느낄 때마다 격려해준 이도 아내다. 그러나 이제 읽기 편한 글에 가까워졌다며 원고를 한 번 더 검토해달라고 부탁할 아내는 필자와 두 자녀를 떠나 하나님에게로 갔다. 아내는 평생 짝이자 유일한 벗이요 동행이었다. 이 책을 하늘나라에 있는 아내 장연희에게 바친다.

출간을 결정한 풀빛에 감사드린다. 이 글의 최종 검토부터 출간 마무리까지 함께해준 편집 팀과 디자인 팀에도 감사드린다.

2018년 겨울, 구룡산 아래 서재에서
전호태

주요 등장인물

1부

한인규 대학에서 한국사를 가르치는 중견 교수. 신라의 황금 문화에 빠져들어 유적 답사와 유물 조사에 나선다.

덕수 한인규의 후배. 틈만 나면 사람을 모아 유적 답사를 추진하는 자칭 '세미프로' 역사가. 시원시원한 성격이지만 쉽게 달아올랐다가 금세 식는 경향이 있다.

찬우 덕수의 지인. 파주 출판단지에서 북 카페를 운영한다. 신중한 성격이며 역사에 상당한 식견이 있다.

찬미 찬우의 동생. 늦깎이 대학원생. 이야기를 나누다가 갑작스레 제 관심사로 혼자 빠져드는 엉뚱한 행동을 자주 한다.

2부

보해 선화의 남편. 실해 마립간에 의해 고구려에 볼모로 갔다가 서라벌에 돌아온 신라 왕자. 신라가 고구려의 영향에서 벗어나게 하려 애쓴다. 신라가 알지신앙 중심으로 뭉쳐야 한다고 믿는 비밀 조직을 결성하여 막후에서 조종한다.

선화 졸본신궁의 신녀. 고구려 왕녀 자격으로 보해와 결혼하여 신라 서라벌로 온다. 남편이 알지신앙 중심 신라주의에 빠지자 오히려 신라 왕족으로 사는 데 회의를 느낀다. 고구려에서 온 스님 호자를 만나면서 불교신앙에 귀의할지 고민한다.

염모 서라벌에 주둔하는 고구려군의 군장. 보해와 특별히 친밀하게 지낸다. 고구려군을 동원하여 보해를 돕다가 보해의 다른 일면을 보고 놀란다. 보해로 말미암아 위기에 빠지지만 살아난 뒤 복수를 다짐한다.

미해 보해의 동생. 알지신앙 비밀 조직 결성에 앞장선다. 신라의 새로운 외교정책을 두고 보해와 갈등을 빚는다.

이화 미해의 딸, 서라벌 나을신궁의 신녀. 보해의 두 번째 부인이 되었다가 나을신궁으로 되돌아간다.

3부

호자 중앙아시아 소그드족 출신 불교 승려. 고구려 국내성에서 불교신
　　　앙을 전한 뒤 신라로 온다. 신라 변경의 호족 모례의 도움으로 서라
　　　벌에 들어가 불교를 전하다가 선화를 만난다.

호두 호자의 아들. 아버지가 신라로 떠난 뒤 불교에 귀의하여 승려가 된
　　　다. 불교를 전하러 신라에 왔다가 아버지의 흔적과 만나게 된다. 선
　　　화와 보해에게 불교신앙을 전한다.

모례 신라의 변경 일선군의 지배자. 호자를 만나 불교에 귀의한다. 전통
　　　약재에 대한 지식이 풍부하다. 호두의 불교 전파를 뒤에서 돕는다.

모부지 서라벌 고구려 마을을 관장하는 신라 관리. 마음이 따뜻하여
　　　누구나 잘 돕는다. 호두와 고구려 공방 사람들을 돕다가 곤욕을
　　　치른다.

이서지 보해와 선화의 집안일을 총괄하는 인물. 신라 관리로 지내다가
　　　보해를 만나 왕실 가문의 일을 맡게 된다. 한자와 방언에 밝아 후
　　　에 호두의 일을 돕는다.

두모 호자를 따라 신라에 들어온 반(半)쪽 승려. 호자의 권유로 불상과
　　　사찰 장엄용 장식을 만드는 공장이가 된다.

이두 모례의 집안일을 돕던 젊은이. 호자, 호두를 도우면서 두모와 단짝
　　　친구가 된다. 항상 밝고 구김이 없다.

지모 국내성에서 장신구를 만들던 장인. 은퇴 상태로 있다가 이서지의
　　　권유로 장신구 만드는 일에 다시 손을 댄다. 신라의 젊은이 가실을
　　　미래의 명장(明匠)으로 길러낸다.

가실 지모 밑에서 장신구 일을 배우는 신라 젊은이. 고구려 장신구 일을
　　　배워 신라풍 장신구를 만들어낸다.

1부

신라의 황금

부지런히 컴퓨터 자판을 두드리던 인규가 벌떡 자리에서 일어선다. 좁은 책장 사이를 몇 차례 오가더니 다시 책상 앞에 앉는다. 어딘가 편치 않은 표정이다. 자세를 고쳐 앉고 모니터를 들여다보지만 자판에는 손이 가지 않는다. 다시 일어섰다 앉은 인규가 책상 위에서 작은 더미를 이룬 메모지를 뒤지기 시작한다.

'그래, 김알지가 서라벌 금 이야기의 시작이야. 금빛으로 빛나는 아기! 금궤에서 나온 게 아니야, 금빛으로 빛나는 알에서 나왔지. 알에서 나온 게 더는 신성한 이야기가 아니라 조금은 황당한 스토리가 되면서 금궤로 바뀐 거지. 그런데 고구려 주몽이 유화가 낳은 알, 빛을 받고 잉태한 알에서 나왔다는 이야기는 어떻게 그대로 글이 되었을까?'

인규는 방금 제가 쓴 메모를 보며 고개를 주억거리다가 또 좌우로 흔들다가 새 메모지를 집어 든다.

'금빛이 흘러 눈으로 들어온다. 호자가 잠시 눈을 끔벅거리더니 이내 지그시 감고 고요한 얼굴로 돌아간다. 호자의 얼굴이 잠시 금빛이 된다. 온전한 금빛, 반짝거리지 않고 조용히 흐르는 금빛, 생명이 돌아오게 하는 흐르는 금빛, 늦가을의 은행나무 단풍이 보여주는 편안하고 따뜻한 노란빛이다!'

인규의 메모가 길어진다. 커피는 식은 지 오래다. 뉘엿거리던 해는 저녁놀의 남은 빛으로만 흔적을 남길 참이다. 잠시 메모를 멈춘 인규가 책상 한쪽에 펼쳐두었던 천마총과 황남대총 보고서를 차례로 뒤적거린다. 금관이며 금귀걸이, 금제 허리띠, 금 사발. 보고서 도판 앞쪽은 온통 금빛이다. 금빛 사이로 옥빛이 슬그머니 고개를 내민다. 금관 드리개의 굽은 옥이다.

갑자기 손전화가 부르르 진동한다. 아내다. 머리도 식힐 겸 집 앞 산책로 끝으로 나오란다. 이심전심이다. 컴퓨터 자판도, 메모도, 보고서 도판 보기도 끝날 즈음이니 산책 나가기에 딱 좋은 시간이다. 전철역에서 막 내리면서 전화했음에 틀림없다.

주섬주섬 겉옷과 양말을 챙기던 인규는 머릿속으로 메모를 하나 더한다.

'고구려 공주와 신라 왕자, 금빛 길에서 만난 두 사람? 이게 줄거리가 되는 건가? 아니야, 서역 출신 고구려 스님 호자나 그 아들 호두도 금 이야기에 엮일 수 있지. 그래서 호자가 머릿속에 다시 들어왔나? 그러고 보니 신성한 권력, 영생의 소망이 금을 보는 눈, 금을 대하는 마음에서 만나는군. 그렇다면 이런 건 이심전심이 아니니 뭐라고 하지?'

미
창
구

미창구장군묘

"몇 번째세요?"

함께 간 대학 후배 덕수가 곁에 붙으며 묻는다.

"글쎄…?"

말끝 꼬리가 자연스레 내려간다. 사실 몇 번째인지 정확히 기억나지 않는다. 비행기로 심양에 내리면, 집안 가는 길에 또는 장춘이나 통화, 더 멀리 백두산 쪽으로 길이 잡힐 때에도 환인 미창구장군묘는 일정에 넣었다. 그런 식으로 이곳에 온 것이 어림잡아 한 해 두세 차례는 된다. 그러기를 벌써 십 년째다!

'정말, 몇 번째지?'

슬그머니 나도 모르게 혼잣말로 나 자신에게 묻는다.

을묘년 국강상광개토지호태왕 호우십명이 새겨진 고구려 청동합 바닥
(경주 호우총 출토, 국립중앙박물관)

영락(永樂) 9년(399) 기해(己亥)에 백잔(百殘, 백제)이 맹세를 어기고 왜(倭)와 통하였다. 왕이 평양으로 행차하였다. 이때 신라왕이 사신을 보내 아뢰기를, "왜인(倭人)이 국경(國境)에 가득 차 성지(城池)를 부수고 노객(奴客)을 왜(倭)의 백성으로 삼으려 합니다. 왕께 귀의(歸依)하여 구원을 청합니다"라고 하였다. 태왕(太王)이 은혜롭고 자애로워 신라왕의 충성을 갸륵히 여겼다. 신라 사신을 보내면서 계책을 (알려주어) 돌아가 고하게 하였다.
10년(400년) 경자(庚子)에 왕이 보병과 기병 도합 오만 명을 보내 신라를 구원하게 하였다. 남거성(男居城)을 거쳐 신라성(新羅城, 國都)에 이르니, 왜군이 가득하였다. 관군(官軍)이 도착하자 왜적이 퇴각하였다. 그 뒤를 급히 추격하여 임나가라(任那加羅)의 종발성(從拔城)에 이르니 성(城)이 곧 항복하였다. -《광개토왕릉비》

5세기에 고구려 시조왕 주몽을 새로 모셨을 거라는 장군묘 주변이 많이 바뀌었다. 황량하던 무덤 둘레에 여기저기 사람 손이 닿은 흔적이 남아 있다. 딸린무덤처럼 보이던 동쪽의 작은 무덤 3기는 흙무지를 높게 올리어 제법 고대의 귀족 무덤 같은 분위기도 풍긴다. 장군묘 남쪽 얕은 절벽 아래를 흐르는 아하(阿河) 위로 해넘이 직전의 검고 붉은 그림자가 길게 드리운다. 이 오랜 무덤 안에서는 여전히 아무 소리도 새어 나오지 않는다.

육 개월 전에도 그랬고, 그 전에도 그랬다. 이 커다란 무덤 앞에 서면 문득 시간이 멈추는 듯한 느낌을 받는다. 심양 요녕성박물관에 설치된, 이 무덤의 모형 앞에서는 오히려 그렇지 않다. 그런데, 속이 보이지 않는 장군묘 앞에 서면 멍해진다. 어떻게 시간이 흐르는지도 모르는 체 그냥 그 자리에 서 있게 된다. 그렇다고 머릿속에 어떤 영상이 떠오른다거나, 누군가가 말을 거는 것도 아니다. 그런 현상이 나를 붙잡을 뿐이다.

"이제 그만 내려가시죠!"

곁을 지키던 덕수가 다시 재촉하는 말을 건넨다. 그사이 시간이 좀 흘렀을까? 주변이 어둑해진다. 덕수 외에 다른 일행은 보이지 않는다. 먼저 마을로 내려갔나 보다.

"가세."

오히려 내가 앞장서서 마을이 내려다보이는 그 길로 걸음을 내딛는다. 덕수가 아무 말 없이 뒤를 따라 내려온다. 우리 둘 사이를 모호한 침묵이 흐른다. 여기서는 늘 해 질 녘 빛과 어둠이 교차하는 묘한 순간이 내 눈자위에 남는다.

통천굴

오랜만에 통천굴에 올랐다. 이 년 만인가? 중국에 올 때마다 미창구 장군묘는 들러도 이곳, 집안 통천굴에는 오르지 않는다. 어쩌다 오를 뿐이다. 집안 국내성 지역에 오면 들러야 할 곳, 시간을 내 머물러야 할 곳이 너무 많다. 일정에 통천굴이 들어가는 경우는 어쩌다 한 번 정도다. 통천굴에 오르내리려면 조금은 가파른 길도 올라야 해서 따로 시간을 넉넉히 두어야 한다. 더구나 아침 시간, 해 뜰 즈음을 맞추기도 쉽지 않다. 그렇다고 해 질 녘에 오르게 되지도 않는다. 게다가 통천굴을 오르내리는 길 중간중간 마련된 도교 신들을 위한 제단이라든가, 치성 드린다고 벌여놓은 향불 자리나 촛불 흔적 따위가 눈길 둘 곳을 잃게 하곤 한다. 그런 날엔 마음속이 어지러워져 모처럼 눈 안에 들어온 고구려 사람들이 설 자리를 잃는다.

일행이 된 여러 사람들이 드디어 통천굴에 오른다며 좋아한다. 아마 다 오르면 "애개, 이게 뭐람!" 하며 실망 섞인 탄식을 뱉기도 하고 "과연, 한눈에 다 보이네!" 하며 또 다른 상상의 나래를 펴기도 하겠지. 기념사진을 찍고 주변을 둘러보다가 채 십 분을 넘기지 못하고 내려가자며 눈짓하는 이도 있을 거고. 그런 이들은 뒤도 돌아보지 않고 부지런히 내려가며 관악산이니 청계산, 서울 근교의 산들을 오르내린 경험을 덧붙이겠지. '대륙을 호령하던 제국, 대고구려의 서울, 국내성!'이 있던 집안에 와 작은 산 한 번 더 올랐음을 마음에, 기억에 담아두는 것이 다일 것이다.

내려오는 길에 덕수가 묻는다.

"정말, 여기가 통천굴일까요?《삼국사기》인가 어딘가에 나오는 그

통천굴(중국 지안)

수신굴이 여기가 맞나요? 하늘과 통한다는 여기서 유화랑 해모수
가 만났나요? 유화가 수신이면 해모수는 무슨 신인가요? 왜, 통천굴
에 해모수신은 모시지 않았지요? 대관령 성황당에 모셨다는 그 나
무 신상처럼 나무로 유화신을 깎아 이 굴에 모셨다는 말이 정말일
까요?"

　듣기에도 숨이 가쁘다. 그러나 나는 습관처럼, "글쎄?" 하고 만다.
사실 나도 자신이 없다. '장수왕이 천릿길 남쪽 평양으로 서울을 옮
긴 뒤, 국내성에서 가장 큰 행사, 수신굴에 유화신을 모시고 내오던

그 일은 여전히 계속되었을까?' 하는 의문이 떠오른다. 덕수에게 이 생각을 한번 던져볼까 하다가 그만둔다. 오히려 덕수의 속사포 질문을 한 차례 더 당할 공산이 크다. 차라리 입을 다물고 있는 게 낫지!

언제부터인가 답 없이 물음에 물음으로 답하는 습관이 생겼다. 후배들은 내가 자기들의 물음에 이런 식으로 답하면 얼굴을 살짝 찌푸리곤 한다.

'그래, 혼잣말로 묻자.'

마음속으로 뇌까리다가 다락 밭으로 덮인 강 건너 만포 쪽 산등성이를 본다.

북한 사람들은 올해도 저 다락 밭에서 한 해 먹거리를 마련하려 애쓰겠지? 그렇지만 물도 댈 수 없는 저런 다락 밭에 옥수수를 심고 콩을 심더라도 도대체 얼마만큼이나 거둘 수 있을까? 이제 평양에서는 식량 배급도 못해준다니, 저런 다락 밭농사로 굶지 않고 한 해, 한 해를 넘기는 게 언제까지 가능할까? 문득 오늘 저녁 식사 자리가 좀 불편하게 느껴질 듯한 예감이 든다. 메뉴가 조선식 불고기일 텐데…. 우리 일행을 실은 미니버스가 벌써 산자락 끝을 휘돈다.

조선식 불고깃집

압록강변 조선식 불고깃집 거리는 아예 번듯한 시가가 되어 있었다. 십 년도 더 전의 일이다. 강변 빈터에 상호도 없는 허름한 불고깃집 하나가 가건물로 덩그러니 서 있었다. 그게 다였다. 그 을씨년스런 풍경이 엊그제 본 듯 눈에 선하다. 그런 곳이 지금은 집안에서도 손꼽히는 명물거리가 되었다!

관전 대로촌 출신 조선족 아주머니가 시작한 이 집에 손님이 몰리기 시작하자, 너도나도 그 집 곁에 불고깃집을 차렸단다. 관광거리 찾기에 골몰하던 시정부에서 이걸 보고는 아예 이 일대를 불고깃집 거리로 만들어버렸다. 주인아주머니가 나를 보더니, 가건물 때부터 온 손님인지라 반가워한다.

덕수 따라왔다는 찬우 씨가 자리에 앉자마자 한국산 소주 두어 잔을 턱턱 입안에 털어 넣는다. 가운데 놓인 숯불 기운 까닭일까? 이마에 맺힌 땀을 훔치면서 묻는다. 소리가 낮고 조용하지만 빠르다. 날카로운 기운까지 담겼다. 이건 항의다.

"선생님, 고구려의 서울이래서 왔더니 이건 뭐, 시골 소도시네요! 대제국, 대제국 해서 거창한 뭐라도 있는 줄 알았는데…, 장군총 빼면 볼 만한 게 없네요. 통천굴이라는 것도, 그거 굴 같지도 않던데요? 여기가 정말 고구려 서울 맞아요? 국내성이라는 데가 정말 여기였어요?"

숯불에 타닥거리는 불고기는 거들떠보지도 않은 채 찬우 씨의 눈길이 다시 소주잔을 찾는다. 덕수가 내게 당황스럽고 미안한 표정을 지으며 얼른 찬우 씨 소주잔에 술을 붓는다.

"찬우 씨 말이 맞아요. 여기가 국내성인 것도 맞고요. 그런데 볼 게 없어요, 무덤밖에. 돌무더기 도시지, 여기저기 다 돌무더기지."

사실 찬우 씨 말에 틀린 건 없다. 그러니 애써 부정하거나 변명할 것도 없다. 덕수가 내게 미안해할 일도 아니다. 집안은 정말 작은 도시다. 중국 변방에서도 외진 곳이다. 대제국 고구려의 서울이었다지만 남아 있는 것이라고는 무덤뿐이다. 사실 지금의 시가지도, 국내성 바깥쪽은 수많은 무덤 자리에 세워졌다. 시 중심부에서 좀 떨어진 환도산성 밑의 산성하마을은 아예 돌무지무덤들 위에 섰다.

오랜만에 소주를 좀 많이 마셨나 보다. 숙소로 돌아오니 좀 어칠거린다. 그새 술도 약해졌나? 두어 병 안 되게 마신 듯했는데, 이 정도도 이제는 과한가? 백주를 마실걸 그랬나? 중국에 들어오면 습관처럼 백주를 찾는다. 이곳 음식에도 잘 맞아 어지간히 마셔도 뒤가 깨끗하다. 조선식 불고기가 안주라서 한국에서 들여왔다는 소주를 마셨는데, 술도 나라를 따지나 보다. 찬우 씨가 '뭐 이래요?' 식으로 말하는 바람에 마음이 흔들렸는지도 모른다.

진시황릉이니 만리장성이니 하는 거대한 유적들에 비하면 볼품없는 건 사실이다. 그래도 우리 조상이 남긴 귀중한 흔적들인데, 그것을 외관만으로 따지다니! 언짢은 마음에, 목구멍을 타고 넘어가는 소주 도수가 내게만 더 높아졌는지도 모른다. 그야말로 심리적 도수다. 게다가 불고깃집 특유의 열기, 연기, 흐린 눈빛, 목청 높인 소리들이 짬뽕 국물처럼 섞여 배 속으로 흘러들며 부아를 밀어 올렸을 수도 있다. 그래도 그 자리에서 짜증을 내며 언성을 높이지 않은 것이 다행이라면 다행이었다.

이번 여행에서는 방을 혼자 쓰겠다고 했다. 평정을 되찾을 공간도 시간도 따로 주어졌다. 이도 얼마나 다행인가?

"그래, 도시도 작고 유적도 작아. 볼품도 없어. 그래서 어쩌라고? 그래도 우리 조상이 남긴 거야. 얼마 안 되는 흔적이지. 고구려 사람이 저들의 이야기를 펼쳤던 곳에 남은 손톱만 한 자취. 그것으로 됐잖아! 그럼, 됐고말고. 뭘 더 바라? 죽어서도 제 상전 진시황 곁에 붙잡혀 있는 병마용 갱의 병사며 말 같은 게 여기서도 나왔으면 좋겠어? 그런 게 그렇게도 좋아? 그렇게도 멋있어? 멋있냐고!"

혼잣말처럼 중얼거리다가, 나는 씻지도 않은 채 침대에 벌러덩 누워버렸다.

꿈

새벽 3시 무렵 잠깐 잠이 깼다. 별난 군 생활에서 비롯된 오랜 버릇이다. 이 년 넘도록 밤 동안 두 시간 반 정도 자고 세 시간 근무하기를 반복했다. 이때 생긴 떼버리고 싶은 오랜 습관이다. 잠잠하다 싶다가도 출장이나 답사를 나오면 도진다. 신경성 긴장병이랄까? 두 시간여 사진이며 메모를 정리하다가 다시 설핏 잠이 들었다. 얼마 동안일까? 여러 장면으로 잘린, 끊어질 듯 이어지는 슬라이드 사진강의 같은 꿈을 꾸었다.

꿈속에서 나는 미창구장군묘의 넓은 무덤 칸 관대 위에 누워 있다. 오랜만에 침대에 누워 자는구나! 아늑하다. 오랫동안 깊게 잠들어 있었다고 느끼며 자리에서 일어난다. 주변이 온통 연꽃 천지다. 벽은 연꽃 세상이고, 천장은 아홉 개의 옥벽(玉璧)으로 채워졌다. 벽과 천장 사이에는 용과 구름이 가득하다. 이들이 구불거리고 너울거리는 선이 되어 서로를 얽고 있다. 내가 혼잣말처럼 중얼거린다.

"내 방에 언제 이런 무늬 벽지를 발랐지?"

몸을 추스르고 침대에서 내려서는데, 발치에 코끝이 약간 도드라진 비단 덧신 한 켤레가 놓여 있다. 문 바깥쪽을 향해 고개를 돌리니 자연스레 헛기침이 나온다. 내 기척을 기다렸다는 듯 사람이 들어온

국내성 성벽(중국 지안)

다. 돌뫼다(아니, 내가 왜 이러고 있지?). 순간 화면이 정지된다. 집 바깥이다. 아니다. 미창구장군묘 바깥이다.

그런데 무덤은 보이지 않고 사람들이 분주히 오가는 거리 한쪽 끝의 커다란 기와집 앞이다. 우리 시조왕의 신궁 앞에 서 있다는 사실이 저절로 머리에 되새겨진다. 대문은 굳게 닫혀 있다. 안에서도 인기척이 없다. 가지런히 좌우로 길게 흐르는 흙담 너머, 신당나무로 보이는 큰 나무 두 그루가 나란히 서 있다. 굵기와 무성함으로 보아 천 년 넘게 살아온 신수(神樹)임에 틀림없다. 문고리를 두드려 사람을 불러내려다 말고 발길을 돌린다. 어? 신궁 앞뜰이다.

왕실의 안녕을 기원하는 제를 올리려니 제물이며 기물이며 준비할 것이 많다. 물론 내가 할 일은 아니다. 내게 딸린 사람들의 몫이요, 신궁 작은 신녀와 그 딸린 사람들의 일이다. 처음 본 작은 신녀의 눈이 총명한 빛을 낸다. 얼굴도 달걀형이요, 아미는 초승달이다. 이 나라 고구려에서 미인이라 일컫는 이목구비를 지녔다. 키는 우리 고구려 자로 네 척 반쯤이고 몸은 호리호리하다. 걸음걸이도 가볍고 맵시가 있다. 물끄러미 작은 신녀를 보는데, 신궁 신관인 큰 신녀가 '무얼 그리 보시오?' 하는 눈길을 준다. 눈길을 거두고 신궁 안쪽에 모셔진 나라의 어머니 유화신과 해와 달의 아들 주몽신이 계신 곳으로 고개를 돌린다.

작은 신녀가 남쪽 작은 나라 신라 왕자의 신부가 되었단다. 소리 소문도 없이 순식간에 이루어진 일이다. 거리에 왕가에 잔치가 있으리라는 이야기가 돌지도 않았다. 국내성에 걸음 하여 궁성 입구에 이르러서야 이 소식을 들었다. 신혼집은 궁성 바깥에 마련되었다고 하였다.

모든 것이 의아하다. 그러면 작은 신녀가 왕가의 공주였다는 말인가? 이 역시 금시초문이다. 그럼, 신라 왕자가 제 나라로 돌아가면 공주도 그 나라에 가서 살아야 한다는 뜻인가? 이 역시 전례 없던 일이다. 대왕을 뵙겠다며 궁성 안으로 들어섰다(내가 누군데, 무슨 자격으로 궁성에 들어가나?). 그 순간 눈이 떠진다. 집안 국제호텔의 객실 안이다. 해가 중천이건만 이제 겨우 아침 7시다. 식사하러 내려갈 시간이다.

국내성

아침 식사 뒤 원하는 사람 몇몇만 데리고 국내성 성벽을 따라 한 바퀴 돌기로 했다. 고구려 연구자들과 함께 집안에 오면 아침 운동 삼아 하는 일이다. 아침 시장이 열리는 호텔 옆, 성의 동벽 곁을 따라 천천히 걸어가면서 고구려의 시작, 국내성 시대, 삼십 년 전 집안의 모습, 반쯤 현대식으로 복원된 성벽의 옛날과 지금에 대해 묻고 답한다. 오늘은 해가 이미 중천이다. 걷다 보면 금방 볕이 따갑다는 느낌을 받게 되리라. 이 큰 나라가 표준시를 하나로 쓰다니, 이곳 길림은 7시면 벌써 한낮이지만, 서쪽 끝 신강은 아직 캄캄할 것 아닌가?

심드렁한 표정으로 함께 성벽을 따라 돌던 덕수가 나를 부른다.

"형님, 여기 무슨 글씨 같은 것이 있는데요!"

덕수가 남벽 모서리 아래쪽 성돌을 손으로 가리킨다. 내 눈길이 천천히 그쪽을 향한다. 순간 덕수가 몸을 굽히며 성돌로 손을 내민다. 성돌 위를 덮은 마른 이끼를 벗겨내려는 심산인 듯하다. "잠깐만!" 하며 몸을 돌이켜 덕수 쪽으로 가는데, 덕수 손은 벌써 성돌 위를 긁고 있다.

둘째 날 답사를 일정대로 돌면서도 성돌 위에 새겨진 희미한 글자들 생각이 머리를 떠나지 않았다. 성돌의 글자들은 위에서 아래로 줄을 이루도록 새겨지고 오른쪽에서 왼쪽으로 열을 바꾸며 진행되고 있었다. 글 새기고 읽는 방식이 평양성 성벽에서 발견된 글자 새긴 성돌과 같았다.

그러나 풍화가 심한 데 더하여 돌 위를 덮은 두터운 이끼 탓에 글자가 읽기 어려웠다. 유적 사이를 오가는 차 안에서 몇 차례 카메라 속 현장 사진을 들여다보았다. 그러나 현장에서 읽은 몇 글자 외에는 읽을 수가 없었다. 올해부터 노안이 왔는지 작은 화면 속 희미한 윤곽들이 그저 안개 속 그림자를 보는 듯했다.

"이러면 한국 가서도 읽어내기 어려울 텐데, 걱정이군!"

혼잣말로 중얼거린다. 앞자리에 앉은 덕수와 찬우 씨는 고개가 서툰 절구질하듯 오르내리고 흔들린다. 더위에 지쳐 졸고 있음에 틀림없다.

성돌

'내가 헛것을 보았나?'

셋째 날 새벽, 습관대로 5시 조금 전에 일어났다. 씻지도 않고 한달음에 국내성 남벽 모서리로 갔다. 아직 인적이 없을 때 제대로 보고, 사진도 찍을 요량이었다. 그런데, 글자가 새겨진 그 성돌이 그 자리에 없다! 그런 일이 언제 있었냐는 듯 다른 돌이 그 자리에 박혀 있다. 새 돌(?)은 본래 그 자리에 있던 돌처럼 마른 이끼에 덮여 있었고, 옆과 위 다른 성돌들과 다르지 않았다. 잠시 멍하니 서 있다가 정신을 가다듬고 주변을 샅샅이 뒤지기 시작했다.

글자 새긴 성돌 자리에 있는 새 성돌을 근처에서 가져온 게 확실했다. 언뜻 보면 본래부터 있던 돌처럼 보이지만 그렇지 않다! 누군가가 바꿔치기한 게 틀림없다. 성벽 어디에서 이 돌을 가져왔을까? 성벽 좌우로 거의 50미터 가까이 다니며 찾아보았지만 새 돌을 뽑아온 곳은 찾지 못했다. 누가 글자 성돌을 바꿔치기했을까?

낮에는 사람들이 오가고, 밤에는 같은 것으로 바꿔치기하기 쉽지 않은 장소다.

'어제 우리가 여기 머무른 시간도 그리 길지 않아. 누가, 어떻게 알았지?'

우린 감탄하며 글자 성돌을 들여다보다 행인들의 눈길을 끌까 봐 서둘러 현장을 떠났다. 지나는 사람이 몇 있긴 했다. 그러나 우리가 스냅 카메라로 성돌을 잠시 촬영하는 동안 가까이 다가온 주민은 없었다. 멀리서 흘끗 보는 정도? 다들 바쁘게 제 길을 가지 않았던가?

허전함과 의문부호를 가슴에 담고 성벽과 통구하 사이 길을 잠시 거닐다가 호텔로 돌아왔다. 어제 일정이 그리 빠듯하지도 않았는데, 다들 지쳤는지 호텔 로비에 내려와 아침 식사 시간을 기다리는 사람은 아무도 없었다. 하긴, 아침은 7시부터이니 이렇게 일찍 호텔 로비에 내려와 어정거리는 것도 이상한 일이지. 다시 눈 붙일 생각도 없고 시간도 애매했다. 얇은 수첩에 오늘 아침 겪은 일을 메모했다. 도대체 누가 글자 새긴 성돌을 가져갔을까? 근처 사람일까? 아니면 이런 돌에 대해 무언가 아는 사람일까?

셋째 날 일정이 시작된 뒤 아무도 성돌에 대해 말하지 않았다. 덕수도, 찬우 씨도 압록강 불고깃집이니, 강 건너 만포 쪽 산자락의 다락 밭, 압록강 유람선 이야기 등을 화제로 올릴 뿐이었다. 성돌에 대해서는 약속이나 한 듯 입을 다물었다.

아니다! 아예 관심 바깥이다. 이미 잊은 일이다. 잠시 잠깐 "와!" 한 것뿐이다. 알지도 못하는 한자 몇 자 새겨진 성돌이 무슨 대수인가! '좋은 일 많으라'는 길상구(吉祥句) 쓰인 전돌이 오히려 기억에 남지. 고구려 마니아를 자처하는 저들이라도 관심은 '우리의 멋진 역사, 위대한 고구려!, 광개토대왕과 을지문덕, 고구려의 자존심 연개소문!' 정도를 넘지 않는다.

"그래, 관심과 연구는 다르니까."

명문이 있는 고구려 성돌(평양성, 북한 평양)

산성하고분군 주차장에 선 미니버스에서 내리며 나는 혼자 중얼
거렸다.

서울분식

공항 라운지 입점 상호치고는 특이하다! '서울분식'이라니? 마치 세
련된 다른 상호에 뻗대는 듯, '흥!' 하는 콧방귀 소리가 들리는 것 같
기도 하다. 푸드코트 안 여러 음식점 가운데 하나인 것이 그나마 다
행이랄까. 그래도 김밥 맛은 좋다!

입꼬리 끝이 약간 올라가던 덕수도 음식 맛을 보자 눈 끝부터 부
드럽게 풀린다. 찬우 씨가 다음번에는 백두산에도 올라가고 발해 유
적도 보자고 한다.

"발해 상경성은 장안만 하다면서요? 당과 맞먹었던 나라니 그럴 만도 하지요. 그 거창한 석등도 한번 보고 싶어요. 연변에서 발마사지도 받아보고…."

어묵을 베어 물던 덕수도 한마디 한다.

"그래, 연변 발마사지가 최고래. 아주 끝내준다는데…."

역시 글자 새겨진 성돌은 아무도 기억하지 않는다. 어쩌면 고구려 유적에 대해서도 이미 잊었는지도 모른다. 이제 장군총이고, 광개토왕릉비고 한차례 보았으니 고구려는 됐고, 화산 폭발로 갑자기 멸망했다는 위대한 발해의 흔적을 보자는 데에 온 정신이 쏠렸다. 덕수와 찬우 씨는 백두산 화산 폭발이니 지진, 화산재 이야기로 신이 났다. 로마의 작은 도시 폼페이 이야기도 나온다. 폼페이처럼 발해의 어떤 도시는 화산재로 덮인 채 원래대로의 모습을 남기고 있을 거라는 둥, 어느 방송국 PD가 세기의 대발견이 될 발해 도시 찾기에 몰두하고 있다는 둥, 말 그대로 나를 멍하게 만드는 이야기에 저들은 신이 났다. 입에 침을 튀겨가며 이야기를 나누는 저들에게 나는 이제 보이지도 않는다!

문득 피곤이 몰려온다. 5박 6일의 짧은 일정이고 어려운 코스도 없었던 답사였다. 하지만 왠지 힘든 답사였다는 느낌이 든다. 공항철도가 있어 서울 들어가기도 쉽고 전철 한 번 더 갈아타면 집 근처에서 내릴 수 있다. 하지만 오늘 같은 날은 누가 자동차로 데리러 와주어도 좋겠다는 생각이 든다. 두 사람에게 이제 일어나자고 했다. 대전까지 내려가야 하는 덕수가 아쉽다는 표정을 지으며 일어선다. 덕수가 다짐하듯 말을 건넨다.

"형님, 다음 코스는 연변입니다. 백두산 천지에 손도 담가보고요. 제가 일정 짜고 사람 모을게요. 형님은 몸만 오시면 돼요."

나는 애매한 표정을 짓다가 만다. 그러다가 속으로 중얼거린다.

'그래, 너와 다니면 편한 구석도 있지! 좀 쉬는 맛도 있고.'

신 라 황 금 유 물 전

경주

덕수가 전화기 너머로 투덜거리듯 말문을 연다.

"형님, 발해 유적 답사는 어렵겠는데요. 중국이 상경성 유적을 정비한다면서 이 일대 답사를 금지했대요. 언제 풀릴지도 알 수 없답니다. 에잇, 참! 형님, 이번 겨울에는 일본에 있는 고구려·발해 유적 답사단을 한번 꾸려볼까 봐요. 사람들 좀 모이면 연락드릴게요. 꼭 같이 가셔야 해요. 형님 안 가시면 그냥 취소할 겁니다. 꼭 시간 내주셔야 해요!"

아니, 갑자기 무슨 일본이냐? 뜬금없이. 이런 답도 꺼내기 전에 전화가 끊긴다. 성격대로다. 그냥 제 할 말 하다가 꼭, '어쩌고저쩌고…' 하고 전화를 끊는다. 버릇없다고 할 수도 없고 예의 바르다고 할 수

금제 허리띠 장식(경주 황남대총 출토, 국립경주박물관)

신라를 방문한 여행자는 나올 생각을 하지 않는다. 금이 너무 흔하다. 심지어 개의 사슬이나 원숭이의 목테도 금으로 만든다. (무함마드 알 이드리시, 1154,《천애횡단 갈망자의 산책》)

스사노오노미코토[素戔嗚尊]가 말했다. 한향(韓鄕)의 섬에는 금은이 있다." 《일본서기》권1, 〈신대〉상)

도 없다. 그런 까닭에 어떤 때는 대하기가 아주 곤란하다. 에휴, 고얀 놈 같으니!

경주에서 열리는 신라 황금 유물전 소식을 접한 다음 날 경주로 내려갔다. 발해 유적에 못 가게 되었다고 마음 상해하던 덕수도 부르고, 찬우 씨도 합류시켰다. 찬우 씨가 새삼스레 역사 공부에 빠졌다는 동생 찬미도 데려오는 바람에 차가 가득 찼다. 내가 운전을 싫어한다는 사실을 잘 아는 덕수가 찬우 씨에게 '자가용 대령'을 명한 것이다. 그 바람에 KTX 대신 승용차로 서울을 나섰다. 경주까지 시간은 더 걸리겠지. 하지만 신경주역에서 다시 경주 시내까지 들어가 버스나 택시로 경주박물관까지 들어가려면 걸리는 시간이 만만치 않다. 오히려 차를 쓰는 것이 더 낫겠다는 생각이 들었다.

예상보다 일찍 박물관에 도착했다. 주말이 시작되는 금요일인데도 아직 사람은 그리 많지 않았다. 무엇보다 단체관람이 적어서 좋았다. 겉핥기식으로 마구 쏟아져 들어왔다 나가는 관광 팀이 많을 때는 전시 유물을 찬찬이 보기 어렵다. 특히 전시장 앞에서 막무가내로 기념사진을, 그것도 대여섯씩 무리 지어 '왔다 갔어요!'를 증명하려는 사람들이 서로 몸싸움까지 할 때는 유물 앞에 서 있기도 어렵다. 어쭙잖게 그 앞에서 버티다가 떼밀려나는 때도 가끔 있다.

박물관 전시 팀이 유물 수집에 상당히 신경을 썼음에 틀림없었다. 전시물 가운데 대중에게 처음 공개되는 것도 여럿 있었다. 까다로운 조건을 붙이기도 하는 일본의 사립박물관 소장 신라 황금 유물도 몇 점 눈에 들어왔다. 아마 전시 팀의 누군가가 인맥을 최대한 동원하고 소장기관에 가서도 많이 애를 쓴 듯하다. 그렇지 않으면 전시에 나올 수 없는 유물도 몇 점 있었다. 나는 따로 그 사람을 만나서 점심 한 끼라도 대접하고 싶었다.

'사랑해요!' 무늬로 장식된 금제유물은 수없이 놓여 있었다. 사실 신라의 황금 장신구 하면, 이런 심장(하트) 무늬 장식 금귀걸이를 머리에 떠올리는 사람도 많다. 황금 장신구가 대량으로 제작되는 5세기 신라의 왕실과 귀족 사회 여인 가운데 이런 심장 무늬 장식 금귀걸이를 지니지 않은 사람은 드물었을 것이다. 이런 무늬 장신구를 주거나 받으면서, 유행어로 사람들 입에 오르내리는 '심쿵!' 하는 일도 가끔 있지 않았을까?

신라 금제 귀걸이는 대다수가 중심 장식에 심장을 연상시키는 하트 무늬가 달려 있다. 세부 장식은 다양한 변주를 보이지만 중심에는 늘 하트 무늬를 넣는다. 그렇지 않은 금제 귀걸이는 신라 것이 아니라 해도 과언이 아닐 정도다. 신라는 장신구마다 심장 무늬, 하트 무늬다. 늘 보아오던 것인데도 뭔가 기호에 해당하는 작은 장식이 숨어 있을 수도 있겠다는 생각이 들었다. 순간 그런 생각에 스스로 도취되었는지, 나는 아예 금귀걸이 전시장 앞에 붙박여버렸다.

한식 '신라'

'신라'는 늘 그대로였다. 신라는 소박하면서도 정갈한 한식 차림새를 자랑하는 음식점이다. 저녁상을 물리고 안뜰 구석 다탁으로 자리를 옮겼다. 손님은 들어가 앉을 수 없는 곳이지만 어쩌다 들르는 내게는 안사장이 그 자리를 내준다. 수정과 맛도 변함없었다. 수정과를 한 모금 입안에 물었다가 삼키는데, 찬미 씨가 내게 묻는다.

금제 귀걸이(경주 출토, 국립경주박물관)

"선생님, 금귀걸이 하트 장식이 사람 심장 모습에서 왔다는데, 사실인가요? 목걸이 곡옥 장식은 태아 모습이라는 이야기도 들었어요. 정말 신라 사람들이 태아 모습을 곡옥 장식에 담았나요? 그리고 참, 아까 금귀걸이 앞에 왜 그렇게 오래 계셨어요?"

찬미 씨가 덕수 동생이 아닌가 싶었다. 답도 듣지 않고 한꺼번에 몇 가지를 묻고는 천연덕스럽게 나를 쳐다본다. 그것도 잠깐이다. 그러고는 제 생각이 따로 있는지, 주섬주섬 자기 가방에서 작은 다이어리를 꺼내더니 다탁 위에 펼친다. 그러고는 메모를 시작한다. 나는 이미 관심 밖이다. 내 대답은 전혀 중요하지 않다는 투다.

찬우 씨가 조금 계면쩍은 표정으로 나를 쳐다보며 어색한 미소를 짓는다. 덕수가 분위기를 바꾸려는 듯 "경주 왔는데, 가까운데 가서 따끈한 정종이라도 한잔하면 좋을 것 같네요" 한다. 찬우 씨가 좋은 생각이라며 얼른 맞장구를 친다. 이 술꾼들이 저녁 반주 한 모금 하더니 벌써 발동이 걸렸나 보다. 메모에 열중하던 찬미 씨도 '술' 소리는 귀에 들어왔는지, "정종? 저도 좋아요" 하며 거든다.

금제 귀걸이

역사 연구는 가끔 퍼즐 놀이로 바뀌기도 한다. 특정한 유물에서 전설이나 신화 속 숨겨진 이야기를 찾으려 할 때, 연구자는 퍼즐 맞추기에 나선 듯한 느낌에 빠지는 경우가 많다. 실제로 퍼즐이 맞춰지는 건 어쩌다 한 번이다. 드문 일이다. 시간이 많이 걸리는 퍼즐 놀이에 질리면 연구자는 자괴감에 빠진다. 그런 놀이의 가치나 의미를 의심하기도 한다. '그런 걸 밝혀서 뭐해!' 하는 순간 퍼즐 맞추기는 놀이로 격하되고 프로 연구자는 아마추어 애호가가 된다. 고대사 연구에서 비일비재한 일이다. 남아 있는 기록도 적고, 유물도 빈약한 우리 고대사에는 잃어버린 고리가 많다. 그러기에 퍼즐 놀이를 아예 안 할 수도 없다.

신라의 황금 문화도 앞뒤 맥락이 짚이지 않는 특이한 현상으로 이해되고 있다. 어떻게 시작되었는가도 의문으로 남아 있다. 갑자기 사그라진 이유도 미스터리다. 몇 가지 이해될 만한 설명이 제시되기도 한다. 그러나 속 시원하지 않은 수준의 것이 대부분이다. 고구려에서 황금 문화가 전해졌으나 신라 사람들이 황금에 대한 신비감을 잃으면서 장신구도 만들지 않게 되었다는 의견이 있다. 대형 돌무지 덧널무덤이라는 무덤 구조 때문에 도굴이 어려워, 5세기 서라벌 왕실에서 사용되던 황금 장신구만 남아 전해지게 된 것이라는 설명도 있다. 신라의 황금 문화는 김씨 왕실 고유의 것이라는 의견이다. 어떤 이는 김씨 왕실이 황금을 숭배했으나 성골이 더는 왕이 되지 못하자 황금에 대한 집착이 사라지게 되었다고도 한다.

'성골왕의 전성기는 6세기 중반인데, 신라 황금 문화의 전성기는 사실 5세기 아닌가?'

이런 의문만 던져져도 이 황금 문화 설명 가운데 하나는 순식간에 설득력을 잃는다.

내가 오랜 기간 그 자취를 추적하면서 맞추어가려는 퍼즐도 신라 황금 문화의 시작과 끝에 무엇이 있는가이다. 몇 안 되는 고구려의 금제 귀걸이는 5세기 것이 대부분이다. 그나마 소박한 형태에서 크게 벗어나지도 않는다. 다른 금제나 금동제 장신구들도 고구려의 것은 그리 화려하지 않다. 장신구를 만드는 기법도 제한되어 있다. 세발까마귀와 봉황, 용이 투조된 금동 관식이 그중 화려하고 정교한 축에 속한다. 그러나 그것이 모두라고 해도 과언이 아니다. 동북아시아 문화의 선진국이라고 자타가 인정하던 고구려에 황금 문화는 그리 발달하지 않았다. 더 잘살고 문화적 자양분도 풍부했던 고구려에 없던 황금 문화가, 가난하고 궁벽한 땅에서 세력을 키운 신라에서는 크게 꽃피웠다. 그 이유는 무엇일까? 그날 전시실에서 나는 어떤 기호도 읽어내지 못했다. 전시 도록에도 그와 관련지을 만한 글은 실려 있지 않았다.

천마총

경주박물관에 한 차례 더 가서 황금 유물들 앞에 서고 싶었으나 그
렇게 하지 못했다. 일행 세 사람이 천마총이니 첨성대니 다른 곳도
들르고 감포 대왕암 앞 모래사장도 거닐어야 하는 것 아니냐며 나
를 강박하니, 어쩌랴. 일 대 삼이니 중과부족이다. 게다가 찬우 씨가
사정이 있어 저녁에는 서울로 올라가야 한다니 어쩔 방법이 없다. 혼
자 경주에 남아 있기도 어정쩡하고 나 역시 일요일 오후에는 다른
일정이 있다. 전시 마치기 전 한 번 더 내려와야겠다고 마음먹으며,
껍질만 남은 천마총 안으로 들어갔다.

　대릉원에는 늘 사람이 많다. 거대한 돌무지무덤들이지만 흙으로
덮고 잔디를 입혀 겉보기에는 둥글게 솟은 작은 동산들이 무리 지
은 곳이다. 어떤 이는 봉긋한 처녀 가슴 같다고 한다. 하지만 그런 말
을 들을 때 나는 속으로 '우리네 처자들 가슴은 저렇지가 않은데…'
생각한다. 천마총은 대릉원의 거대 돌무지무덤들 중에는 작은 것이
다. 그런데도 무덤 안에서는 우리 뇌리에 깊이 새겨질 만한 귀중한
유물들이 많이 나왔다. 자작나무 껍질 위에 그린 '천마도'도 그 가운
데 하나이다.

　무덤 이름을 낳은 그림인데도 천마도에 대해서는 여러 말이 있다.
가장 큰 논쟁거리는 그림 속 짐승이 '천마냐? 기린이냐?' 여부이다.
처음 무덤 안에서 이 그림을 담은 나무껍질이 나왔을 때, 조사한 이
들은 그것이 무엇인지 가늠하지 못했다. 시간이 지나 보존 처리 작

기린과 천마(경주 천마총 출토, 국립경주박물관)

업으로 짐승의 형상이 잡히자 대뜸 '하늘을 나는 말이구나' 했다는 것이다. '서라벌에서 나라가 설 때 몇 차례 모습을 보였다는 천마가 이것인가?' 했으리라. 옛 문헌은 박혁거세 곁에도, 알지 곁에도 하늘을 나는 말이 있었다고 전한다. 그러니, 연구자들은 그림 속 신비한 짐승이 당연히 천마인 줄 알았을 것이다. 무덤 이름까지 천마총이 되고 교과서에도 그 그림이 실렸다. 그 뒤 어느 땐가 '짐승 머리 부분의 무늬가 기린의 외뿔'이라며, 나무껍질 그림의 주인공은 기린이라는 견해가 제시되었다. 곧이어 이 문제는 연구자들 사이에 논쟁거리가 되었다.

"선생님, 이 천마총에서 나왔다는 천마에는 왜 날개가 없어요? 예전에 어떤 책에 보니까 날개가 없는 천마는 없다고 써졌더라고요. 천마도에 그려진 건 천마가 아니라 그냥 신비로운 짐승이라던데요? 선생님 의견은 어떠세요? 그리고 천마총은 왜 이렇게 작아요? 이 옆에 있는 다른 무덤은 크던데, 그 안에서도 천마도 같은 것이 나왔나요? 참, 선생님도 말 타보셨어요?" 찬미 씨가 다시 한꺼번에 내게 몇 가지를 묻고는 본인 가방에서 또 그 다이어리를 꺼낸다. 습관인가 보다. '덕수와 찬미 씨를 합하면 찬규가 되나?' 속으로 두 사람의 이름을 모아 새 인물을 하나 만들어본다. 어차피 찬미 씨는 내 대답을 들을 생각도 없으리라 생각하며 무덤 출구 쪽으로 걷는다. 대릉원 근처에는 그럴듯한 찻집도 카페도 없다. 에스프레소라도 한잔해야겠는데, 어디로 가야 하나? 덕수에게 스마트폰으로 찾아보라고 할까?

'천마총 백화수피(白樺樹皮) 위의 그림이 천마냐, 기린이냐?' 하는 논쟁이 시작될 때, 나는 이 오래된 자작나무 껍질 모서리의 장식무

늬에 관심을 쏟고 있었다. 어느 선생님 지적처럼 고구려 벽화에서 그 원형을 찾을 수 있겠다 싶었다. 그렇다면 저 천마인지 기린인지도 원래 모습을 고구려 벽화에서 찾을 수 있지 않을까? 저 나무껍질의 그림이 신라 사람의 아이디어는 아닐 텐데, 어디서 왔을까? 백제 아니면 고구려일 것이다. 백제는 남은 그림을 거의 찾을 수 없으니 고구려 벽화에서 찾아야 하지 않을까?

덕수가 어깨를 두드린다.

"형님, 이제 일어나십시다. 커피도 다 마셨고 시간도 많이 됐으니 길 막히기 전에 대왕암 가야지요. 거기서 회 한 접시 먹고 바로 고속도로로 내달립시다. 월성은 다음에 들르지요 뭐. 안 가본 데도 아니고…."

찬우 씨도 말을 거든다.

"일어서시지요! 대왕암은 보고 가야지요."

그새 어딜 다녀오는지 찬미 씨가 팸플릿 몇 장을 쥐고 테이블 앞으로 온다. 그러더니 팸플릿을 들여다보며 혼잣말처럼 중얼거린다.

"어머, 천마총 특별전도 열리는구나. 천마도도 보여준다니 좋네. 그런데, 내년이잖아! 어떻게 기다리지?"

단잠

식곤증인가? 자꾸 눈이 감긴다. 고속도로에만 들어서면 이상하게 졸음이 온다. 그래서 고속도로 운전은 가능하면 피하는 편이다. 피곤했는지 운전석 뒤, 내 옆에 앉은 덕수는 벌써 고개를 숙였다. 덕수의 끄덕거리는 모습이 내게 졸음을 더한다. 운전하는 찬우 씨와 조수석의 찬미 씨 남매는 뒤에서 우리 둘이 졸거나 말거나 자기들만 아는 역사 이야기 나누기에 여념이 없다.

 잠깐 조는 듯싶다가 눈을 뜨니 월성 앞 큰 거리이다.(또 천오백 년 전으로 왔다!) 사람들 행렬이 눈에 들어온다. 사람들이 수군거리기를, 고구려에 볼모로 갔던 보해 왕자 일행이라고 한다. 고구려 공주를 아내로 맞아 돌아오는 길이라는 것이다. 아마 두 번째 수레 안에 앉은 사람이 고구려 공주겠지! 사람들에게는 내가 보이지 않는가? 기척을 내도 아무도 고개를 돌리거나 들지 않는다. 길가 양쪽에 엎드린 사람들이 몰래 눈을 들어 행렬을 훔쳐본다. 혹 무슨 일이 있을까 저어해서인지 위아래 제대로 갖추어 입은 병사들이 긴 창을 세워 든 채, 거리를 두고 나란히 서서 걸으며 좌우로 눈을 부라린다. 행렬이 멀리 궁궐 입구 쪽으로 사라진다. 낯설면서도 익숙한 향이 잠시 길섶을 흐른다. 누구에게서 나온 향인가? 혹 고구려 공주가 쓰는 향인가? 어디서 맡아본 듯도 한데, 기억이 나지 않는군.

 대왕은 짐짓 반가운 얼굴이다. 그러나 그가 보해 왕자의 급작스런 귀국을 반기지 않는다는 사실은 궁궐 안팎 누구나 잘 안다. 대왕은 왕자 시절부터 보해를 불편해했다. 하긴 나이는 어려도 진골 귀족이나 궁궐 나인이나 보해를 더 좋아했다. 나도 보해의 마음 씀, 부드러운 눈길 같은 것이 좋았다. 게다가 보해는 의리도 있고 활과 창도 잘 다루었다. 그는 철이 들고 어른으로 대접받기 시작할 때에도 왕위나 화백회의 큰 자리 같은 데에 마음을 두지 않은 듯 보였다. 예쁜 여인을 흘긋거리거나 궁녀의 뒤꽁무니를 좇는다는 말도 저잣거리에 돌지 않았다.

대왕이 왕위에 오르자 제일 먼저 한 일이 보해를 북쪽의 큰 나라 고구려에 보낸 일이다. 고구려 대왕에게 왕위 계승을 알리고 이를 인정받는 절차를 보해에게 맡긴다는 핑계였다. 하지만 속뜻은 보해를 먼 북방에 보내 그곳에서 볼모로 눌러앉히는 일이었다. 보해는 가문의 어른인 대왕을 위한 일이라며 기쁜 낯으로 서라벌을 떠났다.

모두들 장가도 들이지 않고 왕자 보해를 북방 먼 길로 보낸다며 대왕과 왕실에 대해 입을 삐죽거렸다. 나 역시 마음속으로 크게 언짢았다. 그러나 왕실 일을 가타부타 함부로 입에 올릴 수 없어 속앓이만 했다. 조만간 기회를 보아 대왕께 이 일을 아뢰어야겠다고 마음먹었다. 이제 막 시작된 일이니 시간이 좀 흘러야 말을 꺼낼 수 있다. 그래야 뒤탈이 없으리라.

거의 십 년 세월이 흐른 뒤 궁궐 입구에 모습을 드러낸 왕자 보해는 허우대가 더 늠름해지고 눈빛도 깊어진 듯 보였다. 북방에서의 볼모살이가 보해를 큰 어른으로 만들어주었구나. 어깨에는 전사의 기운이 어렸고 눈과 입술에는 지모와 지략이 담겨 있는 듯했다. 일행의 끝자락에 붙어 궁궐 안으로 들어갔지만 아무도 붙잡지 않는다. 이제 대전(大殿)까지 따라붙을 참이다. 그런데, 이상하다. 복장도 갖추지 않았고 서표(書標)도 보여주지 않았는데, 왜 아무도 나를 붙잡지 않을까? 혹, 내가 궐문 수비의 눈에 보이지 않는 것은 아닌가? 수졸이나 나인이나 어째 나에게 아무도 말을 걸지 않는 것일까? 내 몰골이 흉악해서인가? 아니면 위엄이 너무 커 감히 말을 붙이지 못하는 것인가? 그래, 어쨌든 대전 안으로 들어가 보해의 아낙이 되어 남쪽 멀리 이곳 서라벌로 온 고구려 공주의 얼굴이나 보자. 길섶에 남은 그 향이 공주의 옷깃에서 흘러나왔는지 한번 확인해보자!

"형님, 그만 일어나세요. 휴게숩니다. 우동이라도 한 그릇 해야지요! 길이 쉽게 뚫릴 것 같지도 않으니 좀 쉬다 가는 게 좋겠어요. 찬우 씨도 좀 쉬게 하고⋯."

덕수가 살짝 무릎을 몇 차례 흔든다. 찬미 씨는 벌써 조수석 문을 열고 밖으로 나서고 있다. 잠깐 눈 붙인 것 같은데, 한 시간은 족히 지났나 보다. 칠곡휴게소다. 여기서 길을 틀면 선산으로도 갈 수 있던가? 보해의 일행이 내려온 길은 어느 쪽 길일까? 새재 넘어 내려오다가 선산 쪽으로 향했을까? 눈을 부비면서 덕수의 뒤꽁무니를 좇는다. 휴게소에 제법 차가 많다. 뭘 좀 먹을까?

단풍

구담마을

이틀째 비다! 아마, 이 비 뒤엔 날이 서늘해지면서 단풍도 오겠지. 단 풍비라고 해야 할까? 겨울의 시작을 알리기도 하지만 단풍철 개막을 약속하기도 하는 비다. 어르신들은 싫어하는 겨울 기운 담긴 비가 이틀째 내린다. 비 그친 금요일 오후, 손 선생 얼굴도 볼 겸 임실 구담마을에서 열리는 학회 워크숍 뒤풀이 자리에 갔다. 딸에게 배운 대로 스마트폰 내비를 켜고 길을 나서니 오지마을 이장 댁 찾기도 그리 어렵지는 않다. 아주 외진 곳이다. 어떤 영화감독이 1950년대를 배경으로 한 영화를 찍기 위해 일 년 걸려 찾아냈다는 곳이다. 옛 산골 마을 풍광을 가장 잘 간직한 장소로 낙점되었단다.

밤늦게까지 왁자지껄한 시간을 가졌건만 새벽 3시에 잠이 깨고

단풍(울산)

13년(504) 여름 4월에 사신을 위(魏)에 들여보내 조공하니 세종(世宗)이 동당(東堂)에서 사신 예실불(芮悉弗)을 만났다. 예실불이 나아가 말하기를 "저의 나라는 여러 대에 걸쳐 정성스럽게 토산물을 왕에게 바치는 데 어김이 없었습니다. 다만 황금은 부여에서 나고, 흰 옥은 섭라(涉羅)서 생산되는 것인데, 부여는 물길(勿吉)에게 쫓기고, 섭라는 백제에 병합되었습니다. 두 물품이 왕의 관부(官府)에 올라오지 못하는 것은 실로 두 도적 때문입니다"라 하였다. (《삼국사기》 권19, 〈고구려본기〉 7, 문자명왕)

말았다. 두 시간 정도 눈 붙이고 난 뒤라 더 자야겠다며 누워 있었으나 소용없었다. 오히려 정신이 더 말짱해졌다. 살그머니 집 밖으로 나왔다. 냇가에 자리 잡은 산골마을 특유의 연무로 주변이 뿌옇다. 어디 다닐 수 없을 정도다. 하긴 새벽안개가 없다 해도 너무 어둡다. 지리도 충분히 익히지 않고 산골마을 헤집고 다니다가 십중팔구 길 잃거나 낙상이다. 할 수 없이 몸에 지니고 나온 다이어리를 들고 집 뒤꼍으로 갔다. 겨울나기 장작이 큰 더미로 쌓였고 대형 보일러도 놓여 있다. 그 사이 작은 공간이 눈에 들어온다. 엉덩이를 걸칠 만한 나무 그루터기를 세워 그 위에 앉았다. 앉고 보니 이 구석진 곳이 제법 아늑하다.

황금 문화에 대한 단상 몇 가지를 떠오르는 대로 메모했다.

'황금 시대는 백 년 정도였다. 그 시대에 황금은 영원한 힘과 신비 그 자체였다. 마립간 시대를 빛내던 금관의 주인공들, 그들은 금인(金人), 금족(金族)이었다. 금알로부터 나온 사람들, 금씨! 서라벌에서 세상을 다스리는 자들은 스스로를 금인이라 불렀다. 해의 힘이 금이 되어 빛난다 하여 사람들은 저들이 해의 화신이라 믿었고 저들을 숭배했다. 소문이 번지고 번지면서 서라벌 왕실의 금인들은 신비한 능력을 지닌 자들이라는 믿음이 나라에 뿌리를 내렸다. 그렇게 몇 세대가 흘렀다.'

뭔가 이야기가 되어 나온다는 생각이 들었다. 한기가 옷깃으로 스며들기 시작했으나 그 자리에 붙박인 채 떠오르는 단상들을 놓칠세라 메모지에 옮겼다.

'금인에 대해 말하는 새로운 믿음이 서라벌에 흘러들었다. 북에서

69

내려온 눈이 부리부리하고 얼굴은 거무튀튀한 사람 몇이 이 믿음에 대해 말했다. 아기 머리를 하고 고구려 말도, 백제 말도 아닌 낯선 말을 쓰는 나라에서 왔다는 이들이 서라벌 왕실의 금인과는 다른 금인에 대해 말한다는 소식이 들렸다. 그런 사람 여럿이 나라에서 보낸 병사들의 손에 붙잡혀 어디론가 보내졌다고도 했다. 그들이 어떻게 되었는지는 아무도 몰랐다. 모두들 '죽었을 거야!' 했다.

이번에는 왕실의 금인들과 북에서 온 이상한 얼굴의 사람들이 말한 금인이 한 핏줄이라는 소문이 거리를 떠돌기 시작했다. 한 핏줄인데도 너무 오래전에 각기 먼 곳으로 떠나 떨어져 사는 바람에 서로를 모르게 되었다는 것이다. 사람들은 이 말에 '그럴지도 모르지!' 했다. 한기로 슬슬 손끝이 곱기 시작했다. 자리에서 일어섰다.

물소리가 나는 강변 쪽으로 발걸음을 옮겼다. 그러나 소리는 멀고 연무는 여전히 짙었다. 기지개를 몇 번 크게 켜고 몸 굽히고 펴기를 몇 차례 더 했다. 그런 다음 다시 장작더미 앞 작은 자리로 돌아왔다. 주먹 쥐었다 펴기를 몇 차례 더 하고, 조용히 만세 삼창도 했다. 심호흡도 몇 차례 더 한 뒤 세 번째 메모를 시작했다.

매실장아찌

봄이면 섬진강 천릿길이 매화 잔치라고 했다. 매실 수확이 끝난 지도 한참 전이라 구담마을 매화나무들도 그저 푸른빛 이파리뿐이었다. 그러나 이장 댁 아침 식사에 밑반찬으로 나온 매실장아찌 맛은 말 그대로 일품이었다.

'그렇구나. 새 매화는 내년 봄을 기약하지만 손안의 매실은 이렇게

맛 중의 맛으로 남는구나.'

이장 어른께 부탁하여 매실장아찌 한 병을 손에 넣었다. 맛있다는 말만으로도 고맙다며 손사래 쳤으나 기어이 얼마간 사례비를 손안에 쥐어드렸다. 저녁 시간 집에 들어오면서 매실장아찌 병을 내놓으니 아내가 너무 좋아한다.

잠깐만 쉬겠다며 서재 큰 의자에 앉았다가 그만 잠들어버렸다. 두 시간 만에 깨니 정신이 말짱하다. 하루 잠을 다 잤을까? 차 한 잔과 매실장아찌 서너 개로 저녁 식사를 대신했다. 그런 뒤 구담마을 메모를 컴퓨터에 옮기는 작업에 들어갔다. 세 번째 메모를 다시 읽어보았다. 뭔가 어색한 부분이 있다. 일단 그대로 옮기자고 마음먹는다.

'귀족과 백성들이 불교 여래와 보살신앙에 빠져들기 시작했다. 왕실과 한 핏줄인 서역 천축[인도]의 금인이 사람이 죽은 뒤 열릴 새 삶을 온전히 바꾸어줄 수 있다고 한다. 이전에는 감히 생각도 할 수 없던 저세상 새 삶을 여래가 열어준다니 이 어찌 놀랍지 않은가. 귀족과 백성들이 앞다투어 금을 입힌 여래와 보살을 만드는 불사(佛事)에 뛰어들었다. 그러자 왕실도 이를 모른 척할 수 없게 되었다. 왕실의 금도 불사를 위해 절집으로 흘러들어갔다. 그것도 빠른 속도로, 아주 많이. 계속….'

써놓은 것을 다시 읽어보니 아무래도 좀 자연스런 맛이 덜하다는 생각이 들었다. 마립간 시대 황금 장신구 이야기를 메모에 더해놓기로 했다.

'금인들은 마립간 시대의 주인공이었다. 금인들은 금관을 쓰고 금 귀걸이, 금팔찌로 몸을 장식했다. 서라벌에 충성을 맹세한 지방의 지배자들은 금인의 후손이자 그 자신도 금인인 마립간이 내리는 금동관을 받았다. 저들이 죽어 무덤 속에 눕혀질 때 발에는 서라벌에서 온 금동제 못신이 신겼다. 죽은 이가 금인 전사들의 한 사람으로 받아들여졌다는 표시였다. 서라벌과 지방 귀족, 백성들은 해마다 충성의 표시로 마립간에게 금을 바쳤다. 이 시대에 금을 주고받는 사이란 금인의 세상에 금인과 함께 산다는 의미였다. 신라 바깥에 사는 사람들 사이에서 서라벌은 황금 나라의 황금 서라벌로 불렸다!'

문득 '좀, 과장이 심한가?' 하면서 고개를 갸우뚱거리다가 그냥 내쳐 더 나가기로 했다.

아내가 "매실장아찌가 정말 맛있나 보네! 몇 개 더 줘요?" 한다. 내 대답도 기다리지 않고 빈 종지에 매실장아찌 몇 개를 더 올려놓고 차도 한 잔 새로 따라준다. 매실장아찌 한 개를 집어 입에 넣는다. 뭐랄까, 아삭거리며 단맛이 나고 사이사이 신맛이 잘 섞여들었다. 한 번 맛본 뒤에는 그 향만 맡아도 입안에 군침이 더 고이게 하는 그런 맛이다. 매실장아찌의 아련한 향이 다시 입술 언저리를 지나 코끝을 맴돈다. 곁에 서서 그런 내 모습을 지켜보는 아내에게 고맙다는 뜻을 담은 눈길을 보내고 다시 모니터 쪽으로 의자를 돌린다. 이제 네 번째 메모를 옮길 참이다.

단풍길

오랜만에 아내와 아침 산책을 나왔다. 천변(川邊) 길의 색깔이 바뀌었다! 산책로가 노란 단풍길이 되었다. 이틀 전의 가을비 덕이다. 공기가 약간 찼지만 그 덕분인지 오히려 맑고 깨끗하다. 아내가 기분이 좋은지 살그머니 팔짱을 낀다. 날도 조금 차고 출근 시간도 지나서일까, 산책객이라고는 가끔씩 지나치는 우리 또래 아주머니 몇 분 정도다. 아내가 말했다.

"여보, 당신을 프리랜서 작가나 예술가로 보지는 않겠지?"

"그렇겠지, 이 시간에 산책 나올 프리랜서는 드물걸. 회사 다니던 친구들이 그러는데, 이 시간에는 은퇴한 사람도 산책 안 한대."

이렇게 대꾸하고 보니, 내 정체가 정말 모호해진다. 일하는 사람도, 일하지 않는 사람도 다니지 않는 시간에 아내와 나란히 천변 산책길에 나온 나는 뭐 하는 사람으로 보일까?

모처럼 평일 오전을 여유 있게 보내고 학교에 나오니 여러 가지 처리할 일이 나를 기다린다. 급하지도 그리 중요하지도 않으나 시간 안에 마무리 짓거나 결정해야 하는 그런 일들이다. 오후가 바쁘게 흘렀다. 회의 하나를 더 마치고 나오면서 시계를 보니 벌써 6시에 가깝다. 아무래도 김밥 한 줄로 저녁을 때워야 할 것 같다. 7시에 시작하는 야간 강의를 마치면 밤 10시! '오늘 황금 시대 글쓰기에 한 꼭지를 더하기는 어렵겠구나!' 생각하면서 교육관 옆 편의점으로 발길을 돌렸다.

밤 10시다. 연구실에 놓아두었던 손전화가 '까똑!' 소리를 울린다. 작년에 졸업한 제자 하나가 카카오톡 대화방에 회사 주변 공원에서 찍은 단풍 사진 몇 장을 올렸다. 그러고는 잇달아 한 줄 말을 붙였다.

'단풍 보는 여유 정도는 가지고 삽시다!'

그래, 단풍도 보고 단풍길도 걷는 정도로 마음 여유는 있어야지! 생각하면서 아내와의 아침 산책을 머리에 떠올린다. 순간 다른 제자 하나가 대화방에 감탄과 추천 아이콘을 올린다.

'우리가 아는 어떤 분은 추석이 지났는지, 단풍철이 왔는지도 모를걸!!!'

곧바로 다른 친구가 재빨리 한 줄 더 올린다.

'그래, 아마 지금도 봄인 줄 알거야. ^^'

아니 이 녀석들이 혹, 나를 가리키는 것 아닌가? 자식들, 나에 대해 몰라도 너무 모르는군! 오늘 아침에도 단풍길을 산책했는데….

머릿속에 작년 이맘때쯤 사진작가 유 선생이 페이스북에 올린, 경주의 가을 풍경 사진들이 떠올랐다. 대릉원, 첨성대, 월성과 박물관 야외전시 석물의 부조가 초점 안에 있거나 배경으로 잡힌 사진들. 낙조와 바람에 쏠리는 낙엽, 울긋불긋한 단풍 빛에 싸인 천년 고도(古都)의 풍경. 아마 올해도 그런 사진들을 올리겠지. 황금 시대 서라벌의 낙조는 어땠을까? 아니, 황금 시대의 낙조는 어땠을까? 마립간 시대에 뒤이어 왕의 시대가 시작될 때, 서라벌의 풍경은 어땠을까? 불교가 사람들의 가슴 한가운데 자리 잡을 즈음 금알지의 후손, 서라벌 왕가의 금인들은 어떤 심정이었을까? 석가모니와 같은 핏줄임을 선언한 뒤, 오히려 금인 시대의 낙조가 시작되었다는 아이러니를 금인의 후손들은 어떻게 받아들였을까? 나는 스마트 폰에서 눈을 떼지 못하는 지하철 승객들 모습을 멍하니 바라보며, 황금 시대의 막이 내릴 때와 단풍처럼 가을의 마지막을 장식하는 빛과 색의 축제, 이어지는 낙엽으로 가득한 거리를 오버랩 하고 있었다.

전동차 안 실내 전광판을 보니 아직 집 앞 역까지는 시간이 남았다. 서둘러 내 갈색 가방에서 다이어리를 꺼낸다. 바로 구담마을 네 번째 메모 아래에 단상 몇 줄을 더하기 시작했다.

'여래와 보살에 금이 입혀지고 사리탑 안팎에 금이 들어가자, 서라벌의 왕과 왕실 사람들은 황금관도 황금 장신구도 만들 수 없게 되었다. 마립간을 왕으로 부르게 하고, 다시 대왕으로 더 높이게 하였다. 하지만 그것이 다였다. 서라벌 귀족과 백성들은 금은 여래와 보살에게 바쳐야 하고, 사찰 장식에 쓰여야 한다고 믿기 시작했다. 지방의 지배자들도 서라벌에서 만들어지는 금동 관과 금동신발을 얻고자 애쓰기보다는, 사찰에 금을 바쳐 내세의 복락을 약속받는 데 더 신경을 곤두세우게 되었다. 물론 왕에 대한 경외, 서라벌에 대한 충성을 드러내는 데에 소홀하지는 않았다. 그러나 금에 대한 생각과 태도가 이전과는 달라졌다. 서라벌 안과 밖에서 금은 여래와 보살을 위한 것으로 여겨지게 되었다.'

이런 메모에 덧붙인 글을 다시 읽어보았다.

'진골 왕의 시대가 열렸다. 새 왕들은 금관을 만들라는 명을 내리지 않았다. 스스로를 금인이라 하지도 않았다. 서라벌 사람들도 왕을 더는 여래와 핏줄이 이어진 금인으로 여기지 않았다. 진골 왕은 성스럽기보다는 강한 군주였다. 풍겨 나오는 기운이 주위를 덮을 정도이고 눈빛만으로도 좌중을 압도할 수 있는 그런 사람, 영웅이 왕이 되었다. 금인의 시대가 끝나고 철인의 시대가 시작된 것이다.'

그렇다면 금관은 정말 더는 만들어지지 않았을까? 아무래도 이 부분은 그럴듯한 답을 찾아야겠군. 신라에서 금관 시대가 언제 끝났는지 임 선생한테 한번 물어볼까? 머리를 갸우뚱거리는데, 역 안내 방송이 나온다. 이제 집까지는 두 정거장이다.

은행

은행 단풍은 노란색이다. 집 앞 가로수가 은행이라 한창 단풍이 질 때면 인도든 차도든 한순간 온통 노란 길이 되기도 한다. 지금은 노랗게 물든 은행잎으로 동화를 쓴다는 이야기, 그런 이야기를 들으며 감탄사를 내뱉는 문학소녀 모습이 낯설지 않을 그런 계절이다. 습관처럼 노란 길에서도, 노란 은행잎에서도 황금을 연상하고 천오백여 년 전 서라벌을 떠올린다. 금빛이 권위의 근원이던 시대, 금빛을 영원함의 상징으로 여기던 사람들, 금으로 만든 모든 것을 숭배하던 나라!

은행잎에서는 고구려인들이 즐겨 쓰던 은행잎 모양의 화살촉도 머리에 떠오른다. 주로 사냥 때 자주 쓰인 은행잎꼴 살촉은 도끼날 형태의 살촉처럼 사냥감의 상처를 더 넓혀 피를 많이 흘리게 한다. 들판이나 골짝 언저리에서 화살을 맞은 사슴이며 멧돼지는 상처에서 피를 흘리며 숲 깊은 곳으로 달아나기 마련이다. 사냥에 따라간 개는 이런 짐승을 한 시간이고 두 시간이고 뒤쫓는다. 달아나며 피를 많이 흘린 사냥감이 쓰러지면 개는 주인에게 소리 질러 짐승의 위치를 알린다. 사실 화살 한두 대로 사냥감의 급소를 맞추기란 극히 어렵다. 창잡이가 함께하는 협동 사냥으로 화살 맞은 짐승을 근처에서 쓰러뜨리지 않는 한, 사냥물을 곧바로 챙기기도 쉽지 않다. 화살 맞은 짐승이 숲 깊은 곳으로 달아나면 기마 사냥 중인 사냥꾼은 개를 보내 그 뒤를 쫓을 수밖에 없다.

'나도 참,' 하면서 이면지에 단상 몇 가지를 메모한다. 모르는 사이, 손에 잡히는 종이 여백에 메모하거나 그림을 그리는 습관이 생겼다.

다이어리가 가까운 곳에 없을 때 굳이 찾으려 애쓰지 않게 되면서 생긴 버릇인 듯하다. 내 서재에서는 가로수길이 잘 보인다. 서재 창밖이 노란빛으로 가득한 때도 잠깐 사이에 지나는 가을 단풍철뿐이다. 아내는 대학 시절 친구들 만난다며 기분 좋은 표정으로 외출했다. 주말이지만 저녁까지 집이 나만의 공간이 되었다. 덕수가 스마트폰 문자로 안부를 묻는다. '^^!!!'로 답했다. 다시 답이 온다. '!!!'

고구려 유민 묘지(墓誌) 보러 중국 서안에도 가야 하고, 신라 황금 유물전을 한 번 더 보러 경주에도 가보아야 한다. 하지만 차일피일하고 있다. 주말마다 나돌아 다니려니 아내에게 미안하기도 하고 금요일에는 논문 심사 등으로 시간 내기 힘들 때가 많다. 오늘은 말 그대로 일과 일 사이에 맞는 편한 주말이다. 아내는 주말에 하루 종일 남편을 혼자 두기가 조금 미안한 눈치였다. 나는 모처럼 제대로 쉬는 시간이 될 거라며, 아내 마음을 편하게 해주었다. 아내가 현관문을 나선 뒤 커피 원두를 새로 갈았다. 보통은 아침에 한 차례로 끝내는데 오늘은 두 번째다. 창밖 은행잎 길을 한 번 더 눈에 넣고는 메모며 프린트물이 어지러이 놓인 책상 앞에 앉았다.

고구려는 금 정련에 뛰어난 나라로 알려졌다. 그러나 정작 고구려 유적에서 금제 장신구는 잘 나오지 않는다. 금동제품은 여러 차례 고구려 무덤에서 나왔다. 하지만 그나마 완전한 형태인 것은 어쩌다 한 차례 모습을 보일 뿐이다. 학자들은 후기의 돌방무덤이 거의 완벽하게 도굴되었기 때문이고, 전기의 돌무지무덤에는 금이나 금동제품을 함께 묻는 일이 드물었기 때문이라고 설명한다. 어떤 이는 무덤 곁에 고인이 쓰던 것을 두었다가 가져가게 하는 고구려 사람들의 오랜 관습 때문이라고도 한다.

그러나 내 생각에, 금이나 금동제 장신구를 무덤 곁에 두고 장례에 참석한 이들이 '다투어 가져가게' 하지는 않았을 것 같다. 뭔가 다른 이유도 있지 않았을까? 금에 대한 생각이나 금의 쓰임새가 달라 애초에 금제 장신구류가 적게 만들어졌기 때문 아닐까? 고구려의 금제 장신구와 관련해서는 다른 무언가를 더 알아볼 필요가 있겠다는 생각이 들었다.

고구려의 금, 신라의 금, 더하여 백제와 가야의 금까지…. 임 선생책의 도표를 근거로 금제 장신구가 어떤 시기에 유행했는지 한눈에 알아볼 수 있도록 비교표를 만들어볼까? 그러려면 또 연구실로 나가야 한다. 어쩌다 한 번 이렇게 편히 쉴 수 있는 주말을 맞았는데, 또? 갈까 말까 잠시 망설인다. 좁은 서재 안을 두어 바퀴 돌면서 마음이 가는 곳으로 가기로 한다…. 결국 서재를 나선다. 마시던 커피가 아직 반이나 남았다. 커피향이 여전히 코끝을 맴돈다.

배반들

내친김에 아예 신라 금제 장신구에 대한 짧은 글을 한 편 써 학회에 보냈다. 예정에 없던 일이고 내 스타일도 아니다. 임 선생 식으로 금제 장신구 도표를 만들다가 그만 흥이 나버린 것이다. 지난 삼십 년 가까이 '플랜Plan'대로만 살아온 사람이 하지 않던 짓을 했으니, 스스로도 두 눈 동그랗게 뜰 짓을 한 셈이다. 신라의 황금에 꽂혀 있던 상태라 가능한 일이었을지도 모른다. 아는 이가 들으면 믿을 수 없다는 표정을 지었을 것이다.

한 달 가까이 매달렸던 장신구 글쓰기를 마치고 머리도 식힐 겸 경주로 내려갔다. 경주박물관의 '황금전'은 이미 끝난 뒤였다. 상설 전시의 황금 유물들이라도 한번 여유 있게 시간을 두고 보려는 마

미륵반가사유상(국립중앙박물관)

그 안에 다시 《무구정경(無垢淨經)》에 의거하여 작은 석탑 구십구 개에 각각의 석탑마다 사리 하나씩을 넣고, (상략) 다라니 네 가지와 경전 한 권을 책 위에, 사리 한 구를 안치하여 철반의 위에 넣었다. 이듬해 7월에 9층을 모두 마쳤다. 그러나 찰주가 움직이지 않아 왕께서 찰주에 본래 봉안한 사리가 어떠한지 염려하여 이간인 승지(承旨)에게 임진년 11월 6일에 여러 신하를 이끌고 가보도록 하였다. 기둥을 들게 하고 보았더니 주춧돌의 구덩이 안에 금과 은으로 만든 고좌(高座)가 있고 그 위에 사리가 든 유리병을 봉안해두었다. 그 물건은 불가사의한데 날짜와 사유를 적은 것이 없었다. 25일에 본래대로 해두고 다시 사리 백 개와 법 사리 둘을 봉안하였다. (왕이) 사유를 적고 창건한 근원과 고쳐 세운 연고를 간단히 기록하게 하여, 만겁이 지나도록 후세의 사람들에게 드러나도록 하였다. (《황룡사 찰주본기(皇龍寺 刹柱本記)》)

음으로 KTX에 몸을 실었다. 주말이지만 모처럼 방 하나가 빈다고 하여 배반들 앞 최 선생네 고택 성오재에서 쉬기로 했다. 특별전이 없는 기간인데도 경주박물관은 관람객들로 바글거렸다. 주말이라서 가족 단위로 경주를 찾은 이들이 월성, 안압지를 지나 쉬는 겸 경주박물관으로 걸음을 옮기는 경우도 많은 듯했다.

성오재는 효공왕릉과 얕은 솔숲 구릉을 서로 등지고 있다. 다른 고택과 달리 문도 담도 없다. 주인장이 어떤 사람인지 한눈에 알 수 있게 아예 열어놓은 집이다. 이곳에 쉬러 온 도시 사람들에게, 이 집은 열려도 너무 열려 있는 '내놓은 공간'처럼 여겨질 것이다. 그런 까닭에 한번 성오재에서 쉰 이들은 또 찾아온단다.

배반들도 아직까지는 그대로다. 마을에도 새로 지은 집들은 거의 보이지 않는다. 새 집들이라고 해도 대다수가 처음 성오재가 이곳에 들어설 때 앞서거니 뒤서거니 양옥과 한옥을 반쯤 섞어 지은 것들이다. 그래서인지 이제는 자연스럽게 배반들 마을 풍경의 일부가 되었다.

컬러링 북

최 선생이 저녁 식사 전에 잠시 어디 좀 다녀오잔다. 얼기설기 이어 만든 일 톤짜리 자기 짐차의 시동을 걸면서 얼른 타란다. 고택 주인장은 운전 솜씨도 일품이다. 좁은 마을길을 요리저리 잘도 빠져나간다. 십여 분쯤 달렸을까, 보문들 들어서는 고개 못 미쳐 천변 길에 펼쳐진 엑스포 행사장이 나온다. 올해의 주제는 '실크로드'다.

최 선생이 올해는 전시 부스 하나를 세내 사업 겸 계몽 활동에 들어갔단다. 성오재 꾸려나가기도 벅찬 사람이 무슨 일인가 했더니 공동 사업자를 소개한다. 잘 아는 청소년 상담학 전문가란다. 한국 사람 특유의 촌수를 따지기를 하니 금세 함께 아는 사람이 등장한다. 이 나라가 좁기는 좁구나! 고향, 학교, 나이, 본관, 직업 중 하나에서 서로를 얽을 고리를 찾을 수 있으니 말이다.

부스 한쪽 상품 전시대 위에 요즘 유행 탄다는 컬러링 북이 몇 종류 더미로 쌓였다. 다른 쪽 열린 공간에 놓인 긴 탁자 앞에서는 젊은 이 몇몇이 즐거운 표정으로 컬러링에 열중하고 있다. 잠시 뿌듯한 표정으로 이들을 보던 최 선생이 컬러링 북 하나를 집어 들어 내게 보여준다. 자기가 직접 편집, 인쇄한 첫 번째 책이라며 자랑한다. 동업자 주 선생의 제자들이 팀을 꾸려 컬러링 북 디자인을 하고 자신이 새로 등록한 출판사 이름으로 낸 책들이란다.

"아니 그러면 이제 최 선생도 출판사 사장이 된 거요?"

속으로는 '또 사고 쳤군' 하면서 책을 하나씩 펼쳐보니 천년 왕국 신라의 유적, 유물을 주제별로 다루었다. 당연히 컬러링 대상에는 금관도 있고 금귀걸이도 있다. 석굴암이나 불국사, 첨성대는 컬러링이 그리 어렵지 않으나 금제 장신구들은 그렇지 못하다. 책을 펼친 채, 다른 그림보다 정교하고 그래서 컬러링하기에는 번거로운 장신구 디자인은 누가 했느냐는 표정으로 최 선생을 보니 짐짓 모르는 체한다.

"아하, 그대가 했군."

고택에 빠진 뒤에는 작품 활동을 접었던 사람이 웬일인가 싶었으나 더는 묻지 않았다. 손이 좀 굳었을 텐데, 역시 작가였던 사람은 다르다는 생각이 들었다.

저녁 식사

성오재에서 저녁 식사를 하면 자연스럽게 과식이 된다. '도저히' 하며 손사래 쳐도 주인장이 두툼한 삼겹살구이를 계속 내오니 방법이 없다. 최 선생이 금잔 아닌 유리잔에 소주를 따르며 '금?' 한다. 그는 사람들 데리고 산속 절간이나 들판 가운데 덩그러니 놓인 석탑 같은 것을 찾아다니는 것이 업이다. 자연의 일부가 되어버린 옛사람의 흔적에 넋 놓기 좋아하는 사내다. 그러니 그가 금제 장신구에 관심이 있을 리 없다.

그런 사람이 자신이 낸 컬러링 북 장신구 디자인을 했으니 별일은 별일이다. 들판의 바람처럼 살던 최 아무개가 신라 장신구의 정교한 디자인에 눈이 가게 된 것인지, 신비한 빛을 머금은 황금에 관심이 가게 되었는지 굳이 알고 싶지는 않았다. 그저 그가 알거나 들었던 서라벌의 금붙이, 신라의 황금 장식 이야기를 듣고 싶었다.

천년 고도를 이 잡듯 뒤지고 다닌 지 벌써 이십오 년이요, 황성 옛터의 토박이 행세하는 사람치고 만나지 않은 사람이 없다는 그다. 자칭 걸어 다니는 '천년 왕국'이기도 하다. 소주 몇 잔 주고받고 나니 일제(최 선생은 옛 어른들 흉내 내며 '왜정'이라 한다) 때 서라벌에서 처음 금관 나오던 이야기부터 그의 장설이 시작된다.

자정이 넘은 뒤에도 최 선생의 서라벌 금붙이 이야기는 계속되었다. 하지만 내 귀를 세울 정도의 '설'은 나오지 않았다. 역시 일화 중심이다. 전설적인 '(도굴)꾼'이 거대한 돌무지무덤 곁 기와집을 산 뒤

뒤뜰에서 석 달 일한 끝에 금붙이 몇 점을 찾아내 그것으로 딸내미 시집보냈다는 이야기, 어떤 농부가 북천 너머 들녘 귀퉁이에서 물도랑을 내다가 금가락지 든 돌함을 찾았다는 이야기 등등. 금붙이에 대한 일화 외에 다른 이야기가 없다. 금붙이 자체나 금광, 공방, 장인에 대한 이야기는 종무소식이다. 사실 그의 관심 밖이었을 것이다. 실제 시중에 그런 이야기는 돌지 않는다.

보문사지

동틀 즈음 깼다. 마루로 나오니 공기가 차고 맑다. 얼른 한쪽 귀퉁이에 놓인 냉장고에서 물병을 꺼내 방으로 들어온다. 목이 좀 마르는 감이 있지만 온돌이 좋기는 좋다. 따끈따끈한 요 밑으로 발을 넣는다. 옛 대갓집을 옮겨 와서인가, 천장도 높아 방 안이어도 답답한 느낌을 주지 않는다.

습관처럼 본채 뒤 솔숲으로 올라가 한 바퀴 돈 뒤 효공왕릉 자락으로 내려온다. 마을은 아직 고요하다. 가을걷이 뒤인지라 일찍 들녘으로 나오는 농부도 없다. 마을을 휘돌아 배반들 쪽으로 걸음을 옮긴다. 황금빛 들녘이었던 곳이 지금은 그저 거무죽죽한 논자리들로 바뀌었다. 그래서일까? 들은 오히려 넓어 보인다. 보문마을 쪽 산자락도 이전보다 멀어 보인다.

걷다 보니 벌써 보문사지 앞이다. 그래, 보문동이 보문리였을 때 이곳 부부총에서 황금 귀걸이 한 쌍이 나왔지. 임 선생 말로는 보문리 신라 귀족 부부의 긴 쉼터에서 나온 것이 신라 황금제 장신구 시대를 마감하는 황금 귀걸이들 가운데 하나라고 했다. 1915년, 그러니까 백 년쯤 전 세상에 모습을 드러낸 가장 화려하고 아름다운 귀걸이 한 쌍. 경주박물관에서 보았던 보문리 부부총 출토 황금 귀걸이는 조금은 번잡하다는 느낌이 들 정도로 장식이 화려했다. 깨알처럼 붙은 굵은 고리 위의 황금 알들, 서른일곱 개나 되는 심장 무늬 장식 드리개, 무려 60그램 가까운 귀걸이의 무게. 문득 그 자리에서 이 귀걸이들은 착용감이 어땠을까? 생각했다. 그래, 임 선생은 모자 양쪽에 걸었을 거라고 했지.

다시 연화문 당간지주 쪽으로 발길을 옮긴다. 신라 황금 귀걸이 시대의 대미(大尾)를 장식하는 작품은 황룡사 목탑지 심초석(心礎石) 아래에서 나왔다. 신라 귀족이 절에 내놓은 시주물이다. 황금 귀걸이를 부처님 앞에 내놓은 것이다. 왕생정토(往生淨土)를 꿈꾸면서, 깨달음이라는 다리 너머 있다는 정토에서 살기 위해 몸에 지닐 수 있던 가장 귀한 것을 내놓은 셈이다. 혹, 그가 세상을 버리고 절문 안으로 발을 디디며 세상에서 누리던 온갖 부귀도 부처님 앞에 내려놓은 것인가? 여래에게로 돌아온다는 사실을 확인하는 의미에서, '몸과 마음을 온전히 담아 드린다'라는 심정으로 황금 귀걸이 한 쌍을 몸에서 떼어 불상 앞에 가지런히 놓았던 것은 아닐까?

골목 카페

아침을 거르고 성오재에서 나왔다. 술이 과했는지 머리가 약간 지끈거린다. 최 선생이 굳이 따라나선다. 오늘은 자기가 하루 길잡이 서비스를 하겠다며 곁에 붙어 떨어지지 않으려 한다. 효공왕릉 앞을 지나 논길을 조금 걷다가 택시를 잡아탔다. 빈 차로 나가려다 손님

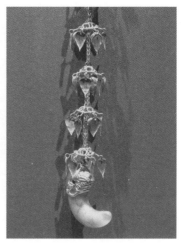

기마인물과 곡옥(국립경주박물관)

을 만나서인지, 칠십 줄로 보이는 택시기사는 싱글벙글했다.

시내에 들어섰지만 이른 아침인지라 가게 문이 열린 곳이 드물다. 최 선생이 아침 커피를 하자며 황오동 쪽으로 방향을 잡는다. 바리스타 아닌 바리스타의 집이라나 뭐라나. 테이블 둘뿐인 그 작은 카페도 이제 막 문을 열었는지, 작은 창에 좁쌀 같은 이슬들이 걸려 있다. 가게 안으로 들어서는데 정면 벽에 걸린 작은 액자 둘이 눈에 들어온다. 금관에 걸린 곡옥을 확대한 흑백사진 한 장, 유명한 기마인물형 토기 주인공의 상반신을 비껴 보며 크로키 한 그림 한 장이 네모진 나무틀 안에 있다.

주인이 최 선생과 몇 마디 주고받고 내게 눈인사를 한다. 그가 아침 첫 커피 내릴 준비에 들어가자 가만히 주인의 얼굴을 본다. 얼굴에 국보 기마인물형 토기의 매부리코 사나이 이미지가 어려 있다. 하지만 곡옥의 맑은 기운은 그를 비껴가는 듯하다. 아니다! 다시금 슬그머니 둘, 셋을 번갈아 본다. 순간 가늘고 길게 찢어진 그의 눈에 기마인물상의 옆얼굴이 더해지고, 그 안에 곡옥 기운이 담긴 듯한 느낌이 온다. 어쩌면 그의 눈에서 나오는 무엇이 곡옥으로 흘러들고 다시 기마인물에게로 옮겨 드는지도 모르겠다. 내가 물끄러미 보고 있음을 아는지 모르는지, 주인은 제가 내리는 커피 향에 취한 듯 잠시 눈을 감고 미동도 하지 않는다.

대화

시외버스로 속초 길을 잡았다. 물방울 모양 로고 하나만 달랑 그려 놓은 무명 카페의 주인 유 형. 그가 건넨 짧은 이야기들이 잠을 방해했다. 조각조각, 잠 사이로 들어와 모처럼의 휴식이 창밖으로 날아가버렸다. 잠이 얕은 내가 그나마 잠시 눈을 붙일 수 있는 곳이 차 안인데, 오늘은 어렵게 되었다. '그냥 못 이기는 체 최 선생 따라 성오재로 다시 갈걸' 하는 생각이 머리에 떠올랐다. 하지만 밤늦게라도 속초에 가기는 가야 한다. 그나마 단출해진 모임인지라 나까지 빠지면 학회 사람들로서는 모임을 후원하는 속초시에 낯을 들기 어려워진다.

카페 사장 유 형은 잘 만들어진 금관, 금귀걸이가 서라벌에 들어와 사람들을 놀라게 했을 것이라 했다. 물론 왕과 귀족들이 놀랐겠지. 너도나도 갖고 싶어 했고, 가질 수 있는 자와 없는 자 사이에 곱지 않은 눈초리가 오갔을 것이다. 고구려로 사람들의 눈길이 쏠리고 마음도 그리로 가면서 '고구려 바람'이 불었을 것이란다.

"느낌이 와요. 아마 틀림없을 거요. 내 느낌은 잘 맞거든!"

"맞아. 유 형은 역시 뭔가 있어. 신통해. 잘 맞춰! 나도 유 형이 받은 느낌이 그대로 와. 하여튼 유 형은 감이 좋아."

최 선생과 둘이 서로 죽을 맞추는 광경을 보며 나는 좀 황당했다. 감이니, 느낌이니 하면서 '그래, 틀림없어' 하면 그냥 진리가 되는 식이다. 그럴 때 '좀, 생각해봅시다'라고 하면, 말 그대로 반골(叛骨)이요, 대세를 거스르는 어리석고 무례한 짓이다. 그렇지 않을 수 없다고 확신하는데, '잠깐! 그게 아니라…'라고 하면 말 그대로 산통 깨는 것일 터이니.

7
번
국
도

바닷길

비가 차창을 두드리기 시작한다. 한낮인데도 밖은 초저녁처럼 어슴
푸레해졌다. 단풍철이 지난 까닭인지 주말 오후인데도 바닷길을 달
리는 차가 드물다. 잠이 달아난 지 오래라 창밖을 보지만 인적 드문
바닷길 특유의 약간은 을씨년스런 분위기만 눈에 들어온다. 메모를
하려니 차가 너무 덜컹거리고, 생각을 정리하기에는 주변 풍경이 지
나치게 가라앉아 있다. 그저 멍하니 차창에 눈을 돌리는 외에는 할
일이 없다.

  7번 국도는 동해와 태백산맥 사이 좁은 통로에 낸 길이다. 부산에
서 시작해 함경북도 온성까지 이어지는 긴 길. 내가 탄 버스는 이 길
로 속초까지 간다. 400년, 광개토대왕이 보낸 신라 구원군 오만은 어
느 길로 서라벌에 이르렀을까? 경기도 여주로 비정된 남거성(南居城)

동해의 일출(강릉 경포)

거칠부는 젊었을 때부터 마음이 해이하거나 실없지 않았고 원대한 뜻을 품었다. 머리를 깎고 승려가 되어 사방을 돌아다니며 구경하였다. 고구려를 엿보려고 그곳에 들어갔다가 혜량법사 (惠亮法師)가 절을 새로 열고 불경을 설법한다는 말을 들었다. 나아가 경전의 뜻을 해설하는 것을 들었다. (중략) [진흥대왕] 12년 신미(辛未, 551)에 왕이 거칠부 및 대각찬(大角湌) 구진 (仇珍), 각찬(角湌) 비태(比台), 잡찬(迊湌) 탐지(耽知), 잡찬 비서(非西), 파진찬(波珍湌) 노 부(奴夫), 파진찬 서력부(西力夫), 대아찬(大阿湌) 비차부(比次夫), 아찬(阿湌) 미진부(未珍 夫) 등 여덟 장군에게 백제와 더불어 고구려에 쳐들어가도록 명령하였다. 백제 사람들이 먼저 평양(平壤)을 공격하여 깨뜨렸다. 거칠부 등은 승리를 틈타 죽령 바깥, 고현(高峴) 이내의 10 군을 빼앗았다. 이때 혜량법사가 무리를 거느리고 길가로 나왔다. 거칠부가 말에서 내려 군례 (軍禮)로 인사를 올리고 앞으로 나아가, "옛날 유학할 때 법사의 은혜를 입어 생명을 보전할 수 있었습니다. 지금 우연히 서로 만나니 어떻게 은혜를 갚아야 할지를 모르겠습니다"라고 말 하였다. [혜량법사가] "지금 우리나라의 정치가 어지러워 멸망할 날이 얼마 남지 않았다. 나를 그대 나라로 데려가주기를 바란다"고 대답하였다. 이에 거칠부가 함께 수레를 타고 돌아와 그 를 왕에게 뵙게 했다. 왕이 (혜량을) 승통(僧統)으로 삼았다. 비로소 백좌강회(百座講會) 및 팔관(八關)의 법이 두어졌다. 《삼국사기》 권44, 〈열전〉 4, 거칠부)

을 거쳐 신라 서라벌에 이르렀다고 한다. 한반도 중남부를 비스듬히 가로지르면서 죽령 너머 신라 지경 안으로 들어갔다는 것이다. 원산만 일대에서 한달음에 거침없이 내려올 수 있는 동해안 길은 왜 사용되지 않았을까?

552년 신라 진흥왕은 백제 성왕과 함께 고구려로부터 한강 일대를 빼앗는 데 성공한다. 554년 옥천 관산성 전투에서 백제와 가야, 왜 연합군을 크게 무너뜨리고 성왕까지 전사시킨 뒤 진흥왕은 신라군으로 하여금 동해안 길로 북상하게 했다. 옛 동예와 옥저 땅이 신라 영토가 되었고 황초령, 마운령에 진흥왕순수비가 세워졌다. 568년의 일이다. 황초령, 마운령비는 신라가 동북아시아의 강국이 되었음을 내외에 선언하는 행위였다. 이해 고구려의 수도 평양에서는 지금의 평양성인 장안성(長安城) 공사가 한창이었다.

버스가 포항 시외버스 종합터미널에 선다. 기사가 속초 가는 사람은 옆의 무정차 버스로 옮겨 타란다. 내가 탈 버스는 정류장마다 선다며 괜찮겠냐는 표정을 짓던 경주 터미널 매표원의 마음 씀이 좋은 답을 받은 셈이다. 옮겨 탈 버스는 울진, 동해, 삼척 같은 국도변의 비교적 큰 도시에만 서는 듯했다. 내리면서 보니 내가 탔던 버스는 벌써 팻말을 속초에서 삼척으로 바꾼 상태였다. 속초행 손님을 다른 버스로 보내면서 기사가 종점을 바꾼 것이다.

속초

숙소인 리조트까지 꼬박 일곱 시간이 걸렸다. 강릉 버스터미널에서 이십오 분가량 쉬면서 서울-부산 사이가 아니면 남북이든 동서든

이동에 너무 오랜 시간이 걸린다는 사실을 새삼 몸에 각인했다. 숙소로 오는 택시 안에서 기사가 볼멘소리를 한다. 속초에 구 일째 비가 온다는 것이다.

"가뭄 든 충청남도로 가야 할 비가 고기잡이 나갈 배 발목만 잡네요."

하긴 한창 출어해야 할 때 바닷가에 내리는 비는 누구에게도 덕이 되지 않는다. 가을 끝의 이런 차가운 비는 맑은 공기에 시원스런 바다 풍경을 꿈꾸는 주말 관광객 발길도 막아버리기 십상이다. 단풍도 끝물이라 리조트에는 인적이 뜸했다.

속초는 20세기 중반 갑작스레 만들어진 도시다. 양양군에 속한 작은 포구였던 곳이 한국전쟁으로 고향 잃은 바닷가 사람들의 새 삶터가 되면서, 순식간에 도시로 탈바꿈했다. 뿌리를 잃은 사람들이 임시 거처로 삼았던 땅이 새 고향이 된 경우이다. 양양과 간성 사이의 꼬마 포구 속포가 고향 돌아갈 날 기다리는 사람들의 '망향 휴게소'로 시작한 뒤, 오십 년도 채 흐르지 않아 동해안 북방 교역의 전진기지로 상전벽해(桑田碧海)를 이룬 것이다. 일 년 만인 속초 방문이지만, 사정을 잘 아는 나로서는 터미널과 숙소를 잇는 택시 안에서도 감회가 새로웠다.

이제 막 잔뿌리를 내리고 있다고 할까? 1950년대 중반 난민 캠프처럼 시작된 도시여서 속초에는 향토문화 연구자가 없다. 향토문화라 해봤자 한국전쟁 때 강원도 북부와 함경도 해안 지대에서 내려온 사람들의 먹거리 문화 정도가 안팎에 알려졌을 뿐이다. '함경도 아바이 순대'니, '속초 물회'니 하는 것들이다. 지천으로 나던 명태며

오징어도 바닷물이 따뜻해지면서 씨가 말랐다. 그나마 날씨가 조금 차가워지기 시작할 때 잡히는 양미리, 도루묵으로 축제를 벌이는 땅이다. 그런 곳에 발해역사관이 만들어지고 고구려와 발해 역사 연구자들이 모여 '발해의 꿈' 프로젝트에 참여한다. 역사가 깊고 문화가 두터운 곳에서도 하지 않는 일을 자그마한 포구 도시 속초가 벌이고 있는 셈이다.

이 땅의 동해안 길은 동예와 옥저가 고구려에 복속되고, 실직(삼척)과 음즙벌(안강)이 사로(신라)의 침입에 무릎 꿇으면서 남북으로 이어졌다. 물론 동해안 전체를 아우르는 교역의 길이다. 아마 그 이전에도 사람이 오가고 물자가 교환되었을 것이다. 두만강 너머 살았다는 읍루 사람들이 해적이 되어 해안 지대를 약탈하는가 하면, 가볍고 날카로운 흑요석을 구하는 남쪽 사람들과, 윤기 흐르는 곡식과 잘 익은 과일을 구하는 북쪽 사람들이 양양 오산리나 강릉 안인진리 정도에서 만나기도 했으리라. 신라와의 국경 지대를 지키던 고구려 장수가 병사들과 함께 하슬라(강릉)를 지나 울진, 영덕까지 내려간 것이 광개토왕과 장수왕 시대였다. 왕명을 받은 신라 장수가 실직에서 더 북쪽으로 치고 올라가 마운령에 이른 때는 진흥왕 통치 시기였다. 남으로, 북으로 오가던 발길들 가운데 혹 속포[속초]에 잠시 머문 발걸음은 없었을까?

발해역사관

기록은 몇 줄 보이지 않으나 동해안 유적지에서는 제법 많은 수의 삼국시대 금제 장신구가 발견된다. 근래 수습된 금동 관, 금제 귀걸이만 이십 점이 넘는다. 주로 강릉과 삼척에서 수습된 금제, 금동제 장신구 가운데 고구려 것으로 추정되는 유물은 한두 점 정도이다. 나머지는 모두 신라인이 사용하던 것이다. 장신구가 아니더라도 강원 해안 지대에서 고구려인의 자취는 찾아내기 어렵다. 이 일대가 고구려 영토였던 시간이 그리 짧지는 않건만 이런 현상은 왜 나타나는 것일까? 왜 신라인의 그림자가 더 짙게 드리웠을까?

행사가 열리는 발해역사관에서 발해인의 흔적을 유물로는 보기 어려웠다. 행사 전 차 마시는 시간에 함께 전시실을 둘러보던 젊은 연구자들이 자기들끼리 주고받는 말이 귀를 스친다.

"발해가 보이지 않네!"

"여기가 남쪽 끝이잖아."

하기는 이곳이 북국 영토였던 적은 없었을 것이다. 발해라는 나라가 서기 전부터 이곳은 신라 영역이었고 신라가 이 땅을 잃었다는 기록은 발견되지 않았으니까. 토요일 오전 발표 화면에도 이 땅에서 찾아낸 발해인의 흔적 대신 신라인의 금제 장신구 몇 점이 소개되었을 뿐이다.

열흘째 내리는 비 때문에 쉬는 시간에도 행사장 바깥 산책은 하지 못했다. 이럴 때 제일 옹색한 이는 애연가다. 처마 밑 아니면 담배 피울 곳이 없으니 자연스레 때마다 특정한 장소에 옹기종기 모이기 마련이다. 담배를 배우지 않아 금연의 고통을 모르니 저들의 고충이 내게는 말 그대로 남의 일이다. 발해 멸망으로 동해 연안을 교통로로 삼은 환동해 교역의 시대가 저물었다는 인상적인 발표를 끝으로, '발해의 꿈' 이 넌차 행사가 마무리되었다. 모두들 일 년 뒤에야 다시 이곳을 찾을 수 있다는 사실에 아쉬움과 안도의 인사말을 주고 받는다. 이제 사방으로 흩어질 시간이다. 서울 가는 이가 압도적으로 많겠지만 대구니 전주, 울산, 목포로 가는 이도 있다. 양양이나 강릉, 삼척, 또는 북으로 한참 올라간 곳에 있는 원산에서 만난 신석기 시대, 삼국시대, 남북국시대 사람들도 이런 식으로 아쉬움을 토하며 몇 달 뒤, 또는 한 해 뒤를 기약했을까? 교환한 물건과 정보를 소중히 여기며 제 길을 가고 발걸음을 재촉했을까?

강릉 병산동 금제 귀걸이

서울행 버스에 오르자마자 잠이 들었다. 삼 일에 걸친 강행군에 지친 것이다. 어제는 저녁 식사도 건너뛰고 새벽 3시까지 소주잔을 부딪쳐가며 동료 연구자들과 '발해를 위하여', '속초를 위하여'를 외쳤다. 그 덕에 오늘 오후 발표가 진행되는 동안 몇 차례 꾸벅거리기도 했다. 저녁 회식 때에도 속초시와 지역 문화계 사람들, 언론사 기자들과 '원더풀 속초, 브라보 발해!'를 하는 바람에 버스에 오를 즈음 눈만 떴지 이미 비몽사몽 상태였다.

차가 미시령 터널을 지나 인제로 들어설 즈음이었다. '정신 차려야지' 하며 고개를 흔드는데, 눈은 강릉 병산동 발굴 현장을 보고 있다. 고구려식 금제 귀걸이 두 점이 나온 곳이다. 물론 수습된 유물들이 '고구려에서 만들어 전해진 것인가? 신라에서 만들어진 것인가?'를 두고 논란이 일기도 했다. 유적이 신라인에 의해 남겨진 것은 확실한데, 출토된 유물의 정체가 문제였던 것이다.

현장에서 일하던 이들이 두런거리는 소리가 내 귀에 또렷이 들렸다. 저들 사이에 끼어 금제 귀걸이들을 보던 나도 한마디 거든다.

"아무래도 고구려에서 만든 것 같네. 신라에서는 이런 단순하고 소박한 형태의 것을 본떠 만들지 않았어. 나름 세련된 디자인부터 흉내 내려 했지."

그러나 어느 하나 내 말에 대꾸하지 않는다. 들은 체 만 체 자기들끼리 의견을 주고받는다. 언젠가 이런 일이 또 있었다. 다시 잠에 빠져든다.

"한 선생, 그만 자. 바람 좀 쐐야지. 정신 들게나."

통로 건너 뒤쪽에 앉았던 고 선배가 말로 나를 흔들어 깨운다. 틀림없이 나보다 많이 마셨는데, 과연 세기는 세다. 함께 공부한 이들 가운데 주량으로는 당해내지 못하는 거의 유일한 인물이다. 토요일 밤 시간이어서 서울 가는 길이 여유로운가 보다. 가평 오기까지 채두 시간이 걸리지 않았다. 동서를 잇는 도로의 휴게소치고 여기처럼 밤 풍경이 밝고 화려한 곳도 없을 듯싶었다. 화장실도 널찍하고 좋았다.

모두들 한잠 잤는지 다시 차에 오른 뒤 잠을 청하는 이가 없다. 나도 정신이 깨끗해져서 자칭 '고구려 브리태니커'인 고 선배에게 병산동 출토 금제 귀걸이에 대한 의견을 묻는다.

"어때요? 어디 거 같아요?"

"글쎄, 한 선생 생각대로지 뭐."

그러자 박 선생이 옆에서 거든다.

"아니, 브리태니커가 왜 이래. 병산 것은 입력이 안 돼 있나? 요즘 유물 '업그레이드' 안 해? 아, 말 좀 해봐요. 도대체 어디 거요?"

고 선배가 두 손으로 귀 막는 시늉을 한다.

"글쎄. 가능성은 다 열려 있지. 애매하면 유물이 스스로 말하게 한다! 그런 말 몰라?"

그렇게 말머리를 아예 다른 데로 돌린다.

음식과 요리, 건강, 안전사고 등등을 주제로 이야기를 나누다가 한순간 말이 멈춘다. 약속이나 한 듯 모두들 카톡이며 문자메시지 주고받기에 빠진다. 나 역시 아내와 문자메시지를 몇 차례 주고받은 뒤 창밖을 본다. 차가 도시와 도시를 잇는 길을 달리는 중이라 건물에서 내뿜는 불빛이 그치지 않는다. 문득, 동해안 길로도 고구려 사람들이 쉼 없이 내려왔음에 틀림없다는 생각이 머리를 스친다. 흔적은 물건으로만 남는 것이 아니지. 기록으로도, 말투로도, 풍속으로도, 심지어 얼굴 모습으로도 남지 않는가? 찾아내고 읽어내지 못할 뿐이지 없는 게 아니야. 병산동 금제 귀걸이에서도 남북 간에 얽힌, 고구려와 신라 사이를 오간 이들의 여러 이야기를 읽어낼 수 있지 않을까?

내 생각을 확인하겠다는 양 "형님!" 하면서 뒤돌아보니 언제부터인지 고 선배는 공자 삼매경이다.

"브리태니커가 스스로 자동 업그레이드 중인가?"

혼잣말로 낮게 중얼거리는데, 말을 들었는지 옆에서 스마트폰을 들여다보던 김 선생이 피식 웃으며 말한다.

"형님, 벌써 월곡동쯤 되는 것 같은데, 고 선배 깨우세요."

시계를 보니 차가 예상보다 삼십 분이나 빨리 서울 시내에 들어섰다.

"이거, 지금 고 선배 깨우면 한잔 더 하게 되는 거 아니야? 그냥 더 자게 놔두고 우리 먼저 내릴까?"

내 말에 주위의 몇몇이 기다렸다는 듯 "그럽시다"라고 동의한다.

"기사님에게 고 선배 내릴 곳 알려드립시다. 아니면 같이 내리든지. 어쨌든 지금은 그냥 자게 놔둡시다."

광개토왕릉비

동이매금

'10년 경자(庚子)에 왕이 보병과 기병 오만 명을 보내 신라를 구원하게 했다. 남거성을 거쳐 신라성에 이르니 그곳에 왜군이 가득했다. 관군이 도착하자 왜군이 물러났다. 뒤를 급히 따라붙어 임나가라 종발성에 이르니 성이 곧 항복했다. (중략) 옛적에 신라 매금이 몸소 고구려에 와 아뢰며 명을 받은 일이 없었다. 그러나 국강상광개토경호태왕대에 이르러 신라 매금이 (중략) 하여 조공하였다.'

수요일 오전, 오후 무려 세 건이나 되는 회의를 치르고 나니 정신이 어지러웠다. 늘 느끼는 일이지만 강의는 힘들지 않은데, 회의는 사람을 지치게 한다. 같이 의논을 한 다른 분들도 마찬가지겠지. 진하게 커피 한 잔 더 내려 마시고 정신도 차릴 겸 금석문 책을 펼쳐 들

광개토왕릉비(1920년대, 중국 지안)

17세손(世孫)에 이르러 국강상광개토경평안호태왕(國岡上廣開土境平安好太王)이 18세에 왕위에 올라 칭호를 영락대왕(永樂大王)이라 하였다. 은택(恩澤)이 하늘까지 미쳤고 위무(威武)는 온 세상[四海]에 떨쳤다. (나쁜 무리를) 쓸어 없애니, 백성이 각기 그 생업에 힘쓰고 편안히 살게 되었다. 나라는 부강하고 백성은 유족해졌으며, 오곡이 풍성하게 익었다. 하늘이 (이 백성을) 어여삐 여기지 아니하여 39세에 (왕이) 세상을 버리고 떠나게 하셨다. 갑인년 9월 29일 을유에 산릉(山陵)으로 모셨다. 이에 비를 세워 그 공훈을 기록하여 후세에 전한다. 그 말씀은 아래와 같다. 《광개토왕릉비》1면)

었다. 아이 손바닥만 한 크기로 글을 새긴 이를 머리에 떠올리며 광개토왕릉비 탁본을 일 면부터 한 자씩 짚어간다. 느낌이 좋다!

10년 경자조를 읽는데 '매금(寐錦)'이라는 글자에 눈이 박힌다. 매금은 마립간으로 표기되는 신라왕을 가리키는 용어이다. 400년, 고구려군의 도움으로 풍전등화의 위기를 벗어난 신라의 왕은 내물 마립간이다. 연장자 '잇금', 연륜 속 지혜를 으뜸으로 쳤던 시대의 임금 '이사금' 시대를 끝낸 인물, 동아시아 국제 외교무대에 처음으로 신라라는 나라의 이름을 올리며 존엄한 지배자 '마립간'을 왕호로 삼은 첫 번째 통치자이다. 고구려 사신을 따라 전진(前秦)에 갔던 신라 사신 위두는 북중국을 통일한 전진 왕 부견에게 '(해동의 일이 예전과 같지 않은 것은) 중국에서 시대가 달라지고 명호가 바뀌는 것과 같다' 라고 했다.

산이 높으면 골이 깊다고 했던가. 진한 12국을 통일하고 가야 나라들에 대해서도 힘의 우위를 과시할 수 있게 되자 신라는 스스로를 해동의 떠오르는 해로 자부하였다. 내물 마립간은 더 넓은 세상으로 과감하게 발을 내딛기로 했다. 때 이른 걸음이랄까? 조금은 섣부르게 앞으로 나섰다가 이제 그 대가를 톡톡히 치르게 된 것이다. 북방 강국 고구려의 위세를 등에 업고 백제에 고자세를 취한 것이 화근이었다. 백제, 가야, 왜 연합세력의 거센 공세 앞에 온 나라가 저들에게 무릎 꿇고 머리를 조아릴 지경에 이르렀다.

신라 임금이 '나라의 위기'를 호소하자 광개토왕은 오만 군사를 보내 국성(國城) 서라벌의 포위를 풀어주었다. 고구려군은 내친김에 김해의 금관가야를 포함한 가야 여러 지경을 쑥대밭으로 만들었다. 그러고는 그 일부가 신라의 수도를 제 집처럼 삼아 눌러앉았다. 숨을 헐떡이던 나라 신라는 되살아났으나 살려준 나라 고구려의 속국이 된 셈이다. 이 일을 겪으면서 신라는 고구려의 '동이(東夷)'로 여겨지게 됐으리라. 중원 고구려비에 새겨진 '동이매금'이라는 네 글자는 400년의 이 사건을 출발점으로 삼았을 것이다.

비문을 한 차례 천천히 읽고 머릿속으로 저간의 사정을 그려보니 뭔가 그럴듯한 글 한 편이 또 나올 듯싶다. 그러나 '아니지' 하며 자리에서 일어섰다. 이런 식으로 어설프게 아이디어를 내고 메모를 시작하다 보면 자정도 훌쩍 넘어선다. 학생들이 잘 쓰는 용어로 밤새 '달리게' 된다. 내일 새벽에 공항에 나가려면 부지런히 집에 들어가 짐을 꾸려야 한다. 옷가지야 아내가 이미 챙겨놓았겠지만 카메라니 노트북, 여권, 논문 별쇄본 같은 것은 내가 챙겨 넣어야 한다. 지난번 후배 선생 하나는 밤새워 글 쓰고 막상 옛날 여권을 주머니 속에 넣고 공항에 나갔단다. 결국 중국행 비행기를 타지 못했다. 남 일이 아니다. 나라고 그러지 말라는 법 있겠는가?

함양공항

그렇게 오랜 시간이 흐른 것 같지 않은데도 공항은 달라 보였다. 뭔가 더 다듬어지고 넓어져 다른 공항에 온 것 같았다. 지난번 서안 답사 때에 가이드를 맡았던 정 선생이 피켓을 들고 우리 일행을 기다리고 있었다. 물론 이번 팀에는 학생이 없다. 외인부대처럼 구성된 어른들 뿐이다. 내가 정 선생과 일정을 확인하는 동안 덕수가 앞으로 나와 사람들을 챙긴다. 서안이 처음이라는 찬우와 찬미 남매가 약간은 기대를 담은 눈빛으로 덕수 옆에 선다. 조금 늦게 나온 신화학자 장 선생은 고 선생, 김 선생과 '오랜만이어서 공항이 너무 낯설다는 등' 대화를 나누며 덕수 일행 쪽으로 다가간다.

서안 시내로 향하는 길 좌우를 열심히 살펴보던 찬우 씨가 갑작스레 옆으로 얼굴을 돌리며 묻는다.

"선생님, 여기 백제 의자왕 무덤이 있다는데, 고구려 보장왕은 어디에 묻혔나요?"

"돌궐의 일리카간 무덤 옆에 장사되었다지요. 아마."

내가 대꾸하자 찬미 씨가 끼어든다.

"그럼, 왕릉으로 만들어졌나요? 무덤으로 만들어졌나요? 정말인지 확인되었나요? 무덤 안에서 뭐가 나왔나요? 고구려 역사책 같은 거, 그런 것도 나왔나요?"

아, 또 속사포 질문이다. 내가 찬우 씨도 찬미 씨도 아닌 덕수 쪽으로 눈길을 돌리며 도와달라는 표정을 짓는데, 벌써 찬미 씨는 제 배낭을 뒤적거리고 있다.

'참, 찬미는 질문만 하지.'

잊고 있었다. 찬미는 질문이 목적일 때가 많다.

차가 천변이 넓게 펼쳐진 위수를 가로질러 건널 즈음 앞에 앉았던 장 선생이 몸을 옆으로 돌리며 내게 묻는다.

"한 선생, 당나라 때는 고구려 사람들도 서안까지 왔죠? 그런데 광개토왕이나 장수왕 때도 이곳에 대해 알고 있었을까요?"

"글쎄요. 알았을 수는 있죠. 그렇지만 장수왕 때 고구려 사신은 북위의 평성으로 갔을 테니까, 장안까지는 안 왔을 것 같습니다만…"

"그래요? 하긴, 장안이 고구려에서 멀기는 멀지."

문헌에 밝은 김 선생이 끼어든다.

"장안은 16국시대 전진과 후진도 수도로 삼았어요. 소수림왕 때 전진 사절이 온 것 보면 고구려 사신도 장안까지 가지 않았을까요?"

고개를 꾸벅거리던 고 선생이 언제 깼는지 한마디 한다.

"역시, 글줄 읽는 사람이 여럿 있으니 좋기는 좋네. 신라 사신 위두가 고구려 사절 따라 전진에 갔잖아! 부견(苻堅) 만나서 폼도 잡았고…. 길도 모르고 말도 몰라 고구려 사신 따라가놓고 말이야."

아차, 싶었다. 바로 어제 회의 끝내고 광개토왕 비문 읽다가 내물마립간 이야기를 메모했는데, 하루도 되지 않아 까맣게 잊고 있었던 것이다. 정말 내가 까마귀 고기를 먹었나? 아니면 치매 기운이 있나? 건망증도 이 정도면 심각하지 않은가. 이제 어디 가서 아는 척하면 안 되겠다 싶었다. 슬그머니 이야기 자리에서 빠져 뭔가 골똘히 생각하는 척했다. 그런데 저들은 내가 부러 그러는지 어쩌는지 아예 관심도 없다. '장안'이니 '낙양'이니 하면서 이런저런 이야기를 주고받는 데 여념이 없다.

서안 주변은 짙은 연무로 덮여 있었다. 겨울 난방이 시작되어서일 것이다. 천만이 넘는 사람들이 어깨 부딪고 살면서 서리 내릴 즈음이면 일제히 갈탄이니 유황 성분 많은 등유를 땐다. 그러니 겨울 공기가 오죽하겠는가. 게다가 함양이며 서안은 남북이 산맥으로 둘러싸인 분지 지형 한가운데 세워진 도시들이다. 탁해진 공기가 주변으로 빠져나가지 못하고 도시를 덮으며 가라앉기 좋은 곳이다. 이런 사실을 잘 아는지라, 고 선생에게 "서안 가실래요?" 묻자 대뜸 "겨울에는 싫은데…"라는 대답이었다. 그러더니 "김 선생도 가요! 갈 거요? 말 거요?" 하니 슬그머니 따라붙은 것이다. 차가 섬서성박물관에서 가까운 음식점 거리 초입으로 들어선다. 이번 답사의 첫 일정은 '식사'다. 물론 중국식으로.

마오타이주

고 선생이 첫날 저녁 "내가 첫 타자지?" 하면서 내놓은 술이 마오타이다. 그것도 붉은 별이 그려진 상급 마오타이를. 자타공인 미식가인 장 선생이 향을 맡아보더니 참 좋은 술이란다. 오후에 당나라 때 최고 화가들이 그렸다는 벽화 실물들을 한참 본 뒤라 모두들 기분이 좋다. 작품이 좋다는 사실을 두 눈으로 확인했기 때문에 기분이 '업' 된 분도 있다. 남들이 쉽게 보지 못하는 것과 마주했다는 것으로 말미암아 스스로 감격하는 이도 있다. 어찌 되었든 다들 기분 좋게 술잔을 든다. 말 그대로 '건배, 한 번에 술잔 비우기'가 몇 차례 계속된다.

대부분의 사람들에게 여행은 일상에서 놓여남을 뜻한다. '초 치기'는 아니더라도 때로는 숨이 턱에 받힐 정도로 촘촘한 일정으로부터 자유를 얻는 짧은 순간이다. 삼백 위안, 우리 돈 육만 원이라는 거금을 내고 당 고분벽화 실물을 보지 않았더라도 모두들 기분 좋은 저녁이었으리라. 두 번째 마오타이를 내가 낸다고 하자 고 선생이 엄지를 치켜들면서 "역시, 한 선생이야!" 한다. 다들 눈이 반쯤 풀린 상태로 숙소에 와 짐을 풀었다.

방에 들어서자 곧바로 곯아떨어졌다가 새벽에 깼다. 새벽도 아니다. 2시 반쯤 일어났다. 피곤할수록 이런 현상이 심하다. 아마 잠이 깊이 들면서 몸이, 또는 머리가 '이제 충분히 쉬었어'라고 하는 듯하다. 책상 등이 좀 어둡다 싶었지만 그냥 그 앞에 앉았다. 문득 신라 귀족 위두를 데리고 장안에 온 고구려 사신은 어떤 사람이었을까 하는 생각이 들었다. 382년의 국내성과 장안, 서라벌은 각각 어떤 모습이었을까? 고구려와 신라 사람이 본 장안이 국내성과 서라벌에서는 어떤 모습으로 그려졌을까? 북중국을 통일한 부견의 나라 전진, 불교사원과 승려들로 채워진 거대 도시 장안. 그럴 수 있다면 그 시대, 그 사람들을 화폭에 그대로 옮겨놓고 싶다는 생각이 들었다.

두 시간쯤 상상 속의 장안을 메모하고 스케치하다가 잠깐 잠이 들었다. 집이나 연구실이면 산책이라도 했을 것이다. 그러나 하루 중 새벽 공기에서 매캐한 기운을 강하게 느끼게 되는 곳이라 호텔 밖을 나설 엄두가 나지 않았다. 내 삶의 여러 장면들이 빠른 속도로 눈앞을 지나갔다. '어, 이거는…' 하는데, 눈앞에 장례 문제를 두고 갑론을박하는 신라 귀족들이 보인다. '국법을 어긴 왕자의 장례를 어떻게 치르느냐?'라는 화두였다. 왕자를 보내는 예를 갖출 것이냐부터 왕실의 장지 안에 모실 것이냐 등, 하나에서 열까지 논의가 필요한 상황이었다. 귀족들의 입장은 서로 엇갈렸고 왕실에서도 나름의 의견을 내기가 어려워 침묵하고 있었다. 나 역시 의견 내기가 조심스러웠다. 하긴, 지금까지의 경험으로 보면 내가 의견을 내더라도 모두들 들은 척도 하지 않을 것이다.

섬서사범대학

리 선생과의 약속대로 둘째 날 오전에는 섬서사범대학에서 특강을 진행했다. 동행한 김 선생이 '유적으로 본 삼국과 중국의 교류'를 주제로 강의 겸 발표를 했고, 나는 '삼국시대의 황금 유물과 문헌 기록'에 대한 의견을 정리해 발표했다. 유적, 유물 사진을 자료 삼아 진행하는 강의라서 작은 세미나실에 모인 석사, 박사 과정 학생들의 얼굴에 새롭고 흥미롭다는 표정이 역력했다. 리 선생을 포함한 교수와 강사들도 발표를 경청하는 분위기였다. 강의는 각각 삼십 분씩 진행했으나 질의 토론이 길어졌다. 처음 리 선생이 알려준 발표 시간이 아침 이른 시간이어서 좀 의아했는데, 실제 겪어보니 충분히 이해가 갔다. 결국 12시까지 질의, 응답이 계속되었다.

내내 일정 진행에만 신경을 쓰던 리 선생이 점심시간이 되어 내 곁에 앉게 되자, 몇몇 유물 사진에 대한 보충 설명을 구한다. 관리들의 모자나 귀걸이의 드리개에 대한 질문을 하는가 싶더니 토기편이나 기와편의 새긴 글자에 대해서도 좀 더 구체적인 설명을 듣고 싶어 한다. 두 사람 사이 이야기가 조금 길어지는가 싶었는데, 김 선생 왈 내가 건배사를 할 차례란다.

중국학자들과 회식하면 늘 이렇게 돌아가면서 건배사를 하게 된다. 형식이기도 하고 배려이기도 하다. 그러나 이런 건배사를 하다 보면 술이 좀 과해진다. 서로에게 최선을 다해 예의를 지키는 방식이기도 해서 건배사를 하고 듣다 보면 술이 깨기도 한다. 결국 리 선생과는 저녁 시간에 따로 만나기로 했다. 함양의 옛 무덤에서 나온 새로운 고구려 묘지 탁본도 그때에 가져와 보여주기로 했다. 아마 이런저런 이유로 메일로 약속했던 실물 관람은 어려워진 듯하다.

회식을 마치고 나오는데, 내가 섬서사범대학 일정을 소화하는 동안 풍물시장에 다녀온 다섯 분이 일 층 현관에서 기다리다 작게 환호하며 박수를 친다. "수고 많았어요. 국위 선양!", "잘났어. 멋쟁이!" 이런 말들이 귀에 들려오는 듯했다. 서안역사박물관으로 향하는 차 안에서 덕수가 특강 분위기와 소감을 묻는다.

"어, 과정생들 눈이 반짝거리더군. 이따 저녁에 백주 한 병 낼게."

그러자 다들 "마오타이, 아니면 오량에!"라고 한다. 저절로 한숨이 나온다.

'또 과음하겠군. 리 선생과 따로 시간 내기가 애매해졌어. 합석 시켰다가 옆방으로 슬쩍 같이 나오는 수밖에….'

묘지 탁본

리 선생이 건네준 묘지 탁본에 새로운 내용이 담겨 있지는 않았다. 그러나 눈에 띄는 사람 이름이 하나 등장했다. '염모(冉牟)'다. 괭이 같은 것으로 찍힌 부분의 글자가 일부 깨져 나간 상태였는데, 공사 과정에서 습득되었기 때문이라고 한다. 이 이름은 '찍힌' 곳에 아슬아슬하게 걸친 글자여서 앞뒤 맥락을 잡아내기 어려웠다. '모(牟)'에 해당하는 글자도 획 아래쪽이 일부 잘려나갔다. 그러나 획의 흐름으로 볼 때 틀림없이 '모'였다. 리 선생이 내 발표에서 보여준 토기 바닥의 흘려 쓴 글씨에 관심을 보여준 것도 이 때문이었다. 그 명문도 '염모' 였으니까.

'염모' 토기편은 내가 한강변 고구려보루 발굴 현장 설명회에 가서 두 눈으로 직접 확인하고 촬영했다. 토기편의 제작 하한선이 6세기 중엽경이다. 고구려보루가 버려진 시점이 바로 그즈음이니까. 당시 상황을 드라마나 영화처럼 묘사하자면 한강변의 고구려 보루와 성들에 신라와 백제가 대군을 일으켜 북으로 치고 올라온다는 소식이 전해진다. 결전에 대비하는 고구려군. 그러나 전황이 불리해지자 평양으로부터 임진강 이북으로 철수하라는 명령이 내려온다. 부산스럽게 움직이는 용마산과 아차산 고구려보루의 병사들. 적의 군세가 크고 진군 속도도 예상보다 빠르다는 풍문이 한강 이북에 내려와 살던 고구려 사람들의 귀에 들어온다. 아차산성 고구려 성주가 휘하의 모든 고구려 병사와 백성에게 산길을 타고 북으로 이동하라는 명을 내린다.

이런 식으로 당시 상황에 대한 그림을 한 편 그려내다가 '이 염모는 또 누구지?' 하는 의문이 일었다. 답사 중이니 참고가 될 만한 책자가 없다. 호텔로 돌아가서 인터넷으로 한번 훑어볼까? 잠시 이런저런 생각에 빠지려는데, 리 선생이 "다시 옆방으로 가시지요" 한다. 아, 그렇구나. 저녁 반주가 술잔치 비슷해진 상태에서 슬쩍 빠져나온 거지. 리 선생과 시차를 두고 식사 자리로 돌아간다. 다들 가까이 앉은 이들 중심으로 두 그룹으로 나뉘어 한국식 건배에 몰두하느라 누가 들고 나는지는 신경 쓰지 않고 있다. 나도 편안한 기분으로 고 선생 곁으로 간다. 아직 반 넘어 남은 술잔에 술을 더하며 한마디 한다.

"'서안을 위하여!' 한번 합시다. 아니야, 고구려를 위하여…!"

풀리려던 눈에 다시 힘을 주며 고 선생이 아예 선창한다.

기내에서

피로가 한꺼번에 몰려왔다. 비행기가 이륙할 즈음 그대로 잠들었다. 곧 인천공항에 착륙한다는 기내방송에 깼다. 승무원이 뒤로 젖힌 의자 등 받침을 바로 세워달라는 바람에 정신이 제대로 들었다. 갑자기 머릿속에서 염모, 마립간, 황금, 광개토대왕, 경자년의 남정(南征) 같은 용어들이 떠올라 서로 섞인다.

'결국 400년, 고구려의 남정, 551년, 신라와 백제의 북정(北征), 삼국 사이에 얽히고설킨 사건과 사람들 속으로 들어가야 하는가?'

그런 생각이 들었다. 옆자리에 앉았던 김 선생이 말을 건넨다.

"푹 주무셨어요? 식사도 안 하시고…. 많이 피곤하셨나 봐요?"

비행기가 선회를 시작했는지 대도시 야경의 끝자락이 시야 바깥으로 빠져나가기 시작한다.

모두루묘지명

이 주간의 겨울학기 강의를 끝내고 모처럼 여유 있게 연구실 의자에 앉았다. 이번 방학에는 어디 나가지 말고 '월화수목금금, 해야지' 하며 속으로 다짐한다. 밀린 숙제는 없지만 학교와 집만 오가며 좀 차분히 지내야겠다는 생각이 들었다. 황금 장신구, 황금 시대 이야기도 끝내야 한다. 일 년여간 머릿속으로 구상만 하고 제대로 정리한 적이 없다. 물론 바깥에서 주어진 숙제는 아니다. 그러나 언젠가부터 내게 과제가 되었다. 한번쯤 신라에서 꽃핀 황금 장신구 시대의 시작과 끝에 대해 말이 되도록 이야기를 써보는 것도 의미 있지 않겠는가?

모두루묘지명(모두루총, 중국 지안)

　서가에서 고구려 금석문에 대한 책을 꺼냈다. 지난번 보던 광개토
왕릉비 부분을 다시 펼치다 보니 '모두루총 묘지명' 판독이 실린 부
분이 펼쳐진다.

　'북부여수사를 지냈던 모두루, 광개토왕시대의 인물 모두루. 해와
달의 아들 주몽으로부터 시작된 신성한 왕실의 자손을 모셨던 충신
모두루!'

　중국학자들은 '염모총, 염모명'으로 읽는 바로 그 부분이다. 순간
까맣게 잊고 있던 기억 저편의 한 장면이 눈앞에 다시 펼쳐진다. 지
난봄, 집안 국내성 성벽 끝자락 앞에 쪼그리고 앉아 있던 세 사람의
한국인.

　그래, 국내성 성벽에서 발견했던 글자 새긴 성돌에서 눈과 손으로

읽어냈던 글자는 '國ㅁㅁ兄冉牟'였다. 그 외에도 열 글자 이상이 남아 있었다. 하지만 말라붙은 이끼와 화강암 특유의 굵은 입자들이 자획을 손으로 더듬어 읽는 일을 방해했다. 사람들도 여럿 멀찌감치서서 흘끔거리는 바람에 현장을 떠날 수밖에 없었다. 그 뒤 성돌은 감쪽같이 사라지고 덕수니 찬우는 그 사실을 까맣게 잊고…. 그 성돌의 글자들이 한강변 고구려보루에서 출토된 토기 조각의 글들과 관련이 있을까? 리 선생이 보여준 서안 출토 고구려인 묘지 탁본과는 어떻게 연결될까? 셋은 공간적으로 서로 멀리 떨어진 곳에서 발견되었다. 시간 차이도 적지 않다.

펼쳤던 부분을 잠시 덮는다. 다른 장면이 머릿속으로 떠오른다. 내 꿈속에 몇 차례 모습을 보인 졸본의 어린 여인, 그는 누구이고 그를 보는 나는 누구인가? 동명성왕을 모시던 작은 신녀가 도대체 무슨 인연으로 신라의 왕비가 되었단 말인가? 그는 또 무슨 이유로 신라 왕실의 중심에서 벗어나 모두에게 잊힌 사람처럼 지내다가 세상을 뜬 것인가? 나는 왜 때마다, 그의 삶이 장면을 달리하는 그런 순간에 그 모습을 보는 것인가?

전화벨이 울린다. 모르는 전화번호다. 머뭇거리다가 전화를 받는다. 2초, 3초, 소리가 없다. 자동으로 연결되는 광고 전화치고는 뜸들이는 시간이 길다. '국제전화인가?' 짐작하는데 전화가 끊긴다. 덕분에 머릿속에서 드라마처럼 이어지던 여러 장면도 끊어졌다. 아이들 말로 멍 때리는 느낌이 뒤따른다.

'안 되겠군.'

자리에서 일어서며 외투를 걸친다.

"찬바람 좀 쐬는 게 좋겠어."

혼잣말처럼 중얼거리며 연구실을 나선다.

2부

선화의 삶

　지난가을 끝 무렵 일이다. 교양 강의 하나를 마무리 짓고 나니 기운이 하나도 없었다. 아침, 점심을 다 걸러서인가? 잠시 연구실 책상 앞에 멍하니 앉아 있다가 모니터 아래 지저분하게 붙어 있는 메모를 보았다. 가만 보니 단편적인 꿈 이야기도 몇 조각, 메모지에 붙어 있다. 하나씩 떼어 메모 날짜대로 책 받침대 위에 나란히 줄지어 붙여 놓았다.

　'어, 이거 이야기가 될 수도 있겠네.'

　선화 이야기는 이렇게 시작되었다. 메모를 잇는 고리를 만들고 조금씩 살을 붙여나갔다. '황금'에 초점을 맞추려 했으나 점차 사람 이야기로 바뀌어갔다. 결국 속국이던 작은 나라 신라의 왕자에게 시집간 고구려 여인의 이야기. 속국에서 벗어나려 몸부림치다가 가장 가깝고 사랑하던 사람들을 잃을 수밖에 없었던 한 사내의 삶이 그 위에 겹쳐졌다. 선화와 보해가 이야기의 주인공이 되었고 황금은 주인공에 가까운 조연이 되었다.

　여전히 신라의 황금 문화가 언제, 어떻게 시작되었는지 알려진 바가 없다. 물론 그에 대한 학문적 설명은 가능하다. 유명한 신라 황금 귀걸이가 고구려의 그것을 본뜨면서 첫걸음을 내디뎠음은 다들 인정한다. 그러나 왜 신라 사람들이 '그토록 과도하게' 황금 문화의 시대로 몰입해 들어갔는지를 설명하기란 쉽지 않다. 고구려와 백제에도 고급스런 금속공예 기술은 있었다. 세련되고 정교한 정도에서는 두 나라가 신라에 비해 늘 앞섰다. 그러나 '황금공예'라는 말이 어울리는 나라는 신라뿐이다. 나는 습관처럼 선화와 보해, 신라의 황금 사이를 오갔다. 지난 겨울방학에는 몇 년 만에 답사 한번 가지 않은 채 이 글쓰기에 매달렸다.

오늘은 이런저런 명목의 회의에 시달렸다. 세 번째 회의에 손님처럼 앉아 있다가 연구실로 돌아왔다. 손전화가 부르르 떨고 있다. 받을까 말까 마음을 정하지 못하고 꾸물거리자, 전화기가 책상 위에서 아예 요동친다.

"덕수냐? 왜, 한잔하자고?"

대뜸 녀석의 속마음을 치고 들어가자 볼멘소리가 되돌아온다.

"형님도 참, 내가 뭐, 술꾼이오? 그리고 술친구가 형님밖에 없겠수?"

내가 웃는 소리로 답한다.

"그럼 뭐냐? 또 어디 갈 데 있냐?"

덕수가 반색한다.

"형님은 참, 족집게야. 점집 차리면 돈 벌 사람이 왜 백묵 들고 칠

판 앞에 서 있는지 알다가도 모르겠다니까!"

말이 길어질까 내가 다그치듯 용건으로 들어간다.

"말해라. 어디?"

"어, 그게…. 이따 만나서 이야기합시다. 저녁 약속 없죠? 6시쯤 어때요? 찬우 씨랑 학교 앞에서 기다릴게요."

또 속사포다. 속으로는 '오늘 저녁 또 한잔하게 생겼군' 하면서 내가 선선히 대답한다.

"그러자."

"그나저나, 지난번에 준 거 읽어는 봤나?"

자리에 앉자마자 숙제 검사하듯 덕수에게 묻는다. 덕수가 계면쩍게 웃으며 답한다.

"형님, 알잖우? 제가 바쁠 때는 눈곱 뜯고 코딱지 팔 틈도 없다는 걸. 저 대신 찬우 씨가…. 북 카페 사장이니 시간도 널럴하고…."

덕수가 바로 고개를 돌리며 찬우 씨한테 공을 넘긴다.

"어때. 소감 좀 말해 봐요. 형님도 궁금한가 보네. 재미있었우?"

"선생님, 아주 재미있게 읽었어요. 보해와 선화의 갈등도 그렇고 염모 이야기도 그럴듯하더라고요. 한참 읽다가 역사의 현장에 한번 가볼까 하는 생각도 들었을 정도로요. 서라벌 주둔 고구려군 성채가 있었다는 마름재가 어디쯤이지 하다가, '가만 이건 소설이지?' 했어요."

찬우 씨 이야기를 듣던 덕수가 '그렇게나 재미있었나?' 하는 표정이다.

"그런데 아무리 소설이라도 역사적 사실과 좀 맞아야 하는 거 아닌가? 하는 생각이 들었어요. 제가 제 책방에서 책 몇 권 찾아 읽어 보니 소설 속 사건과 실제 역사가 시간이 서로 좀 안 맞는다는 느낌을 받았어요. 그래서 '만나 뵈면 말씀드려야겠다!' 했죠."

덕수가 내게로 고개를 돌리더니 '대답하셔야지!' 하는 표정을 짓는다. 내 글도 읽어보지 않은 주제에 교통정리는 마치 제몫인 듯 행세한다.

"고마워요. 재미있게 읽었다니. 아주 꼼꼼히 읽으신 것 같아서 더 좋네요" 하며 덕수를 본다. 내 얼굴에 '넌 읽지도 않고!'라고 씌었는지, 덕수가 한마디 한다.

"아, 바빴다니깐!"

내 얼굴이 다시 찬우를 향한다.

"나도 쓰다 보니 시간이 앞뒤로 섞인다는 느낌이 들더군. 그래서 따로 연표를 만들었어요. 덕수한테 그건 안 보냈지요. 저 친구가 그 것까지 볼 것 같지는 않더라고."

덕수가 입을 삐죽이더니 맥주를 병째 입에 갖다 댄다. 이제는 맥주 마시는 것까지 젊은 사람들 흉내를 낸다. 제 나이는 생각지도 않고.

"그런데, 연표에 맞추어 쓰려니 이번에는 글이 늘어져. 빠르고 생생하게 쏟아져 내려가기도 해야 하는데, 그게 안 되더라고. 아마, 찬우 씨도 느꼈을 거예요. 가끔 이야기의 강약이나 호흡이 삐끗거리는 데가 있다는 걸. 그래서 한 번 더 다듬었어요. 소설이니까 역사적 사건이나 시간과 좀 맞지 않아도 되지 않을까 하는 생각도 들어요. 오늘 그걸 마무리했지. 초고를 찬우 씨가 읽었다니 수정본도 찬우 씨한테 보낼게요. 한 번 더 읽어줘요. 내일 오전 중에 메일로 보낼게."

찬우 씨가 눈을 반짝인다. 수정본을 읽어달라는 내 말에 아주 기분이 좋은 듯하다.

"선생님, 보내주세요. 바로 읽을게요."

덕수가 손으로 팝콘을 두어 개 집어 입에 넣더니 허리를 세운다. 나름 정색을 하며 우리 둘에게 제 용건이랄까 제안을 한다.

"자, 이제 그 이야기는 그만하고. 어때요. 이번 여름에 실크로드 한 번 갑시다. 다들 실크로드, 실크로드 하는데, 난 한 번도 못 가봤어요. 형님은 물론 가봤겠죠! 한 번 더 갑시다. 찬우 씨는 어때요? 가봤어요?"

찬우 씨나 나나 애매한 표정을 짓지만, 덕수는 그러거나 말거나 '밀고 나간다'가 알량한 철학이요 장기다.

"내가 벌써 사람도 몇 모아놨어요. 후배가 하는 여행사에도 말해놓았고요. 형님도 갈 거라고 그랬어요. 갑시다! 찬우 씨도 북 카페 누구한테 맡기고 갑시다."

덕수 목소리가 좀 높았는지 카운터에서 모니터를 들여다보던 주인이 고개를 들어 우리 쪽을 본다.

선
화

유화

유화는 나라의 시조왕 주몽의 어머니이다. 신의 아들, 그것도 세상을 비추는 해신 해모수의 아들을 낳았으니 유화는 어머니 중의 어머니였다. 하백의 딸 유화는 깊고 푸르고 넓은, 어머니 같은 압록수이기도 했다. 고구려 사람이면 누구나 하늘의 아들이 세운 나라 백성임을 자랑스러워했다.* 이들에게 그들이 아는 모든 물이 흘러드는 압록수는 어머니였다. 유화는 그 압록수의 정기였으니 어머니 중의 어머니로 불릴 만했다.

 고구려 사람 누구나 어머니 유화를 기억했고 어머니의 아들 주몽

---

*하백(河伯)의 손자이며 일월(日月)의 아들인 추모성왕(鄒牟聖王)이 북부여에서 나셨으니 이 나라 이 고을이 가장 성스러움을 천하사방(天下四方)이 알지니. 《모두루묘지명(牟頭婁墓誌銘)》)

행렬(쌍영총 벽화 모사선화, 북한 남포)

을 받들었다. 주몽은 나라를 세웠으며 그 어머니 유화는 시조 주몽을 낳고 길렀다. 주몽에게 빼어난 말을 찾아주었고 곡식의 씨앗을 주었다. 유화는 시조왕의 어머니일 뿐 아니라 모든 고구려 사람의 어머니였다. 그런 까닭에 시조 동명성왕을 모시는 사당에는 어머니 유화도 함께 있었다.*

해모수에게서 빛을 받은 이래 어머니 유화는 강 속이 아닌 산 위 동굴에서 산다. 본래 강의 신은 빛 안에서 살 수 없다. 그러나 강의 딸 유화는 빛과 맺어졌다. 대지 위에 살 수도 없고 강 속에서 지낼 수도 없게 되었다. 그러면서도 가장 먼저 빛이 이르는 곳, 빛을 피할 수도 있고 빛을 맞을 수도 있는 곳, 아무나 가까이 할 수 없는 곳, 신과 사람, 짐승의 눈이 쉽게 닿지 못하는 곳을 찾아야 했다. 유화는 강에 닿은 산꼭대기에서 아늑한 동굴을 찾았고 그 안에 들어가 비로소 쉴 수 있었다.

햇빛은 세상을 두루 다니며 부드럽게 감싸기도 하고 거칠게 쏘기도 한다. 하지만 동굴 안 깊숙한 곳까지 들어가지는 못한다. 동굴에서는 그 안에 있는 이가 먼저다. 그가 빛과 만나고 싶으면 동굴의 열린 곳으로 나오고, 빛과의 만남이 힘들어지면 안으로 깊이 들어간다. 해모수의 짝임을 느끼고 싶을 때 유화는 동굴 앞으로 나온다. 하루를 시작하는 순간, 또는 하루를 마치는 시간에 유화는 부드러운 빛과 만난다. 햇빛이 강렬하게 쏘기 시작하는 한낮이 되면 유화는

---

* 불법(佛法)을 믿으면서도 음사(淫祀)를 더욱 좋아한다. 또 두 곳에 신(神)을 모시는 사당이 있다. 한 곳은 부여신(夫餘神)이라 하여 나무를 조각하여 부인의 형상을 만들고, 한 곳은 등고신(登高神)이라 하여 그들의 시조이며 부여신의 아들이라고 하였다. 모두 관사(官司)를 두고 관리를 파견하여 수호한다. 아마 하백(河伯)의 딸과 주몽(朱蒙)인 듯하다. 《주서》, 〈이역열전〉, 고구려)

빛과의 만남을 마치고 동굴 안으로 물러간다. 동굴 깊은 곳에서 유화는 압록수의 정기, 생명수의 힘을 되찾고 쉼을 누린다.

고구려 사람들은 일 년에 한 번 어머니 유화를 직접 뵙는다. 철마다 사당에서 만나는 어머니 유화는 신녀의 몸을 빌려 소원을 듣고 답을 말한다. 일 년의 하루, 모든 고구려 사람들이 어머니 유화를 만나러 오는 그날, 시조왕의 어머니는 산속 동굴에서 백성들의 거리로 내려온다.* 큰 강 압록수에 몸을 싣고 지아비 해모수와 하루를 보낸다. 강 속의 아비 하백에게도 인사를 드린다. 견우직녀가 만나는 칠월칠석처럼 어머니 유화가 해모수와 만나는 그 하루를 위해 왕과 신하, 백성들은 한 해 내내 정성껏 마음을 다스리고 제물을 마련하며 자리를 장식한다. 고구려 사람 모두가 모이는 이 시간, 두 신이 만나는 그 날이 국중대회 동맹의 첫날이다.

선화

동방의 큰 나라 고구려의 수도는 국내성이다. 시조왕의 어머니 유화신을 모신 동굴도 국내성 동쪽 큰 산자락에 있다. 하지만 졸본은 여전히 시조왕 주몽이 나라를 세운 신성한 땅이었다. 나라가 열리자 세워진 시조왕의 신궁도 이곳에 그대로 있다.

성스러운 땅 졸본의 시조왕 신궁이 고구려 모든 신궁과 사당의 시작이다. 신궁 한가운데 모셔진 신중의 신은 주몽신이다. 해신 해모

---

* 10월에 하늘에 제사 지내는 나라의 큰 모임이 있다. 동맹이라 한다. (중략) 나라 동쪽에 큰 굴이 있어 수혈이라 부른다. 10월에 온 나라에서 모여 수신을 맞아 나라 동쪽 (강) 위에 모시고 제사를 지낸다. 이때 나무로 만든 수신을 신의 자리에 모신다. 《삼국지》, 〈위서〉, 고구려)

수에게서 빛의 정기를 받고 이 땅 고구려에 나신 분이다. 화살을 빛처럼 쏘아 하늘과 땅의 모든 것을 맞추어 잡으시던 신왕이 이분이다. 이 땅에 내려와 백성들에게 새 나라를 주신 해와 달의 아들이 바로 이분이다.

운명이 선화를 이 신궁으로 이끌었다. 몰락한 졸본 귀족의 딸, 선화! 누대의 명문이었다는 졸본 대가 대실마루 집안에서 태어난 귀한 아이. 공주처럼 곱고 귀하게 키워진 어린 소녀가 국내성 고추가 집안과는 연이 닿지 않았다.

어느 날 아침 눈뜨고 일어나니 집안은 산산조각 나 있었다. 소녀는 천장에서 새는 낙숫물 소리를 들으며 가물가물한 옛날을 되새기고 되새겼다. 열두 살 생일 날 이 소녀가 신궁 신녀의 신내림 받이로 들어왔다. 비단에 좀먹듯이, 서까래 끝 개미 갉듯이 슬금슬금 부스러지던 참이었다. 한낮 선잠 깨듯 눈떠 보니 주춧돌 몇 개만 남은 옛 대가 집안 귀한 딸이 신궁의 새아기가 되어 있었다. 신궁 살이는 이 소녀 앞에 열린 새 삶의 첫걸음이었다.

내린 머리 질끈 묶은 소녀 선화는 늙은 신녀의 수양딸처럼 살며 신내림을 기다리는 신세가 되었다. 더는 귀족의 딸도 아니요, 대갓댁 핏줄도 아니다. 신내림을 받고 세월이 흐르면 선화는 고구려 사람의 어머니신 유화가 된다. 시조왕 주몽신의 별 몸이 되는 것이다. 평범한 귀족댁 큰 마님으로 사는 게 나은지, 온 고구려의 어머니 유화신이 되고 시조왕 주몽신의 뜻과 말을 세상에 전하는 신성한 몸이자 입이 되는 게 좋은지, 선화는 가늠이 되지 않는다. 어미 신녀가 가르쳐주는 대로 "어머니 신이시여, 어서 이 몸에 내리시고, 하늘빛의 정기시여, 바로 이 입에 말씀을 주소서" 하며 기도할 뿐이다.

　신궁의 주신은 주몽신이다. 하나 정작 신지(神智)를 주시고 신력(神力)을 내시는 이는 주몽신의 어머니 유화신이다. 고구려에서는 신궁이나 사당 한가운데에 주몽신 신상을 모시면 바로 그 옆, 또는 그 뒤에 유화신 신상을 모신다. 두 신을 각각 별실에 모시지는 않는다. 두 신이 세상에 있을 때에 함께 있던 시간이 길지 않아서인가? 두 신이 하늘로 돌아가신 뒤 그들이 남긴 나라의 백성들은 늘 두 신을 함께 모신다. 아마 하늘에서도 두 신은 함께 계시리라.

국내성 손님

선화가 어머니 유화신을 몸에 받은 그날 국내성에서 큰 손님이 왔다. 의관을 정제한 훤칠한 키의 그 사내를 보며 신궁 사람들은 대왕께서 보내신 사자라고 했다. 작은 신녀 선화가 그를 공손히 맞아 신궁에 딸린 살림집 별채로 인도했다. 별채 안 커다란 손님맞이 방에서 어미 신녀와 사자 사이에 정식 인사가 이루어졌다. 두 사람이 모든 일을 절차대로 마치기까지, 어미 신녀가 사자에게서 대왕의 말씀을 듣고 말씀을 담은 두루마리를 신궁 대모갑 상자에 넣기까지, 신궁 사람 몇과 사자를 모시고 온 사람 몇은 발을 친 공간 바깥에 엎드린 채 기다려야 했다. 선화도 엎드리고 있던 신궁 사람 몇 가운데 하나였다.

　대왕의 사자와 딸린 사람들을 별채의 손님방에 모신 뒤, 어미 신녀는 신궁 본채로 들어가며 선화를 뒤따르게 했다. 늘 드나들던 신궁 본채였다. 하지만 신내림 직후여서인지 선화에게는 본채로 들어가는 길 좌우의 나무며 공기가 따뜻하고 부드럽고 익숙하다. 선화가 유화신과 주몽신의 얼굴에서도 따뜻한 기운이 흐르는 것 같다고 느끼며 고개를 든다. 순간 어미 신녀가 선화의 옷소매를 잡는다. 선화가 얼른 고개를 숙인다. 신궁 안이 좀 어두워서인가? 어미 신녀의 얼굴이 밝지 못하다.

달포 뒤에 대왕이 보낸 사자와 수레, 수레꾼과 군사들이 신궁으로 온다 하였다. 이미 신내림을 이루었으니 선화는 신녀다. 신녀 자격으로 왕성에 들어가야 한다. 어미 신녀의 말대로라면 대왕은 유화신을 모신 새 신녀를 국내성에 볼모로 온 신라 왕자에게 시집보낼 작정이다. 왕자와 함께 남쪽 끝에 있다는 작은 나라 신라에 들어가 살라는 것이다. 유화신의 뜻이 그 나라에 펼쳐지려면 고구려의 신녀가 직접 신라로 들어가야만 한다. 그 일을 맡을 사람으로 선화가 선택되었다는 것이다. 국내성 대신관이 주몽신께 직접 받은 말씀이라 한다.

졸본의 큰 신궁이 유화신과 주몽신을 모신 나라의 처음 신궁이라 할지라도 고구려의 대신관은 국내성 신궁에 있다. 누구도 국내성 대신관의 뜻을 거스르지 못한다. 고구려 대왕도 대신관이 주몽신에게 받은 말씀은 거스르기 어렵다. 그러나 대신관이 주몽신과 유화신에게서 대왕의 뜻에 거스르는 말씀을 받는 일도 없었다고 한다. 고구려 사람들은 누구나 대왕이 주몽신의 적자(嫡子)요, 유화신의 능력을 받은 신왕(神王)이라는 사실을 믿는다. 옛 낙랑의 왕을 비롯하여 고구려 주변의 크고 작은 나라들에서도 이런 사실을 잘 알고 있었다. 일찍부터 그들 사이에 고구려 대왕은 북국신왕(北國神王)으로 불

토제 기마인물상(경주 출토, 국립중앙박물관)

렸다.*

　이제 내일이면 국내성 사람들이 이곳 졸본신궁으로 온다. 선화는 신내림 받아 정식 신녀가 되면 신궁과 하나 되어 평생을 보내게 된다고 알고 있었다. 그런데 들어보지도 못한 고구려 남쪽의 작은 나라에 가 살게 되다니! 내 운명의 실타래는 어찌 이리 풀리는가? 밤새껏 유화신께 물어보아도 답이 없다. 주몽신께 호소해도 반응이 없으시다. 조상신들과 돌아간 부모님께도 울며 아뢰지만 얼굴조차 보여주지 않으신다.

---

* 여름 4월에 왕자 호동(好童)이 옥저(沃沮)로 놀러 갔을 때 낙랑왕(樂浪王) 최리(崔理)가 출행하였다가 그를 만났다. 그가 이르기를 "그대의 얼굴을 보니 보통사람이 아니구나. 어찌 북국신왕(北國神王)의 아들이 아니겠는가?" 하고는 마침내 함께 돌아와 딸을 아내로 삼게 하였다. 《삼국사기》, 〈고구려본기〉, 대무신왕 15년)

국내성에서 온 대왕의 사자가 다녀간 다음 날 선화는 신궁 본채에서 신녀 예식을 올렸다. 신궁에 들어온 지 꼬박 오 년만이다. 하지만 이제는 여염집 아녀자처럼 세상 남자, 그것도 먼 남국 신라 왕자의 지어미가 되어 그 나라에 가 살아야 한다. 어미 신녀님께 듣기로 그들은 고구려 사람과 말도 다르고 성정도 다르다 한다. '내가 그들 사이에서 잘 지낼 수 있을까?' 선화는 자신의 앞길이 보이지 않는다. 답답증이 가슴에서 목울대까지 올라온다.

신라 왕자

선화는 국내성 첫 밤을 걱정과 불안 속에 보냈다. 신랑의 얼굴도 보지 못한 채 혼인 예식을 준비하게 되었으니 신녀라 할지라도 마음 한 구석에 불안과 두려움이 서리는 것을 어찌하기 어려웠다. 형식으로나마 고구려 왕가 사람의 자격으로 다른 나라 왕자와 맺어지는 절차는 간단치 않았다. 하나하나 생소하지만 엄격한 예에 따라야 했다. 이 익숙지 않은 절차만으로도 선화는 큰 쇳덩이에 가슴이 눌리는 것 같았다.

고구려의 예로는 사내가 장인장모 될 분들 앞에 나아가 무릎 꿇고 절하며 딸을 달라 읍소해야 한다. 온갖 말로 딸과 처가에 잘하겠다는 맹세를 해야 한다. 허나 이번에는 그러지를 못했다. 신랑 신부 모두 부모도 인척도 없이 치르는 예식이기에 그렇다. 왕가의 어른 된 이들이 아비어미처럼 신랑과 신부를 위한 예식에 함께 하는 것으로 형식을 갖출 뿐이었다.

예식을 마칠 즈음에야 비로소 잠시 신부의 눈길에 신랑 보해의 옆

얼굴이 잡혔다. '맑다.' 보해를 본 첫 느낌이 그랬다. 선화는 그저 딸린 사람들이 시키는 대로 했다. 일어서고 앉고 절하고 살짝 눈을 내리깔고…. '하루가 이렇게 길 수 있구나!' 하면서 신방 가는 가마에 탔다. 나라에서는 왕궁 인근 관가 한 귀퉁이에 새로 기와집 한 채를 올렸다. 보해와 선화를 위한 신접 살림집이다. 신방에 앉아 신랑을 기다리던 신부가 다시금 입속으로 '하루해가 길기도 하다!' 고 웅얼거렸다.

신라 사람 보해가 말하는 것을 알아듣기 어렵지는 않았다. 억양이 그리 투박하지도 않았다. 궁녀들이 수근거리기를 보해가 국내성에 온 지도 십 년이 다 되었다고 한다. 그러고 보니 그 까닭인지도 모르겠다는 생각이 든다. 보해는 솔직하면서도 말이 적었다. 시간이 더 흐른 뒤 보해가 선화에게 말하기로 자신은 어릴 때부터 말이 적다는 소리를 들었다고 했다.

'우리 고구려에 인질로 온 뒤 말수가 더 적어졌는지도 몰라.'

그는 자신이 신라로 돌아가더라도 선화를 외롭지 않게 하겠다고 맹세하듯 말했다. 그 태도가 너무 진지해 선화는 자신도 모르게 웃음이 나왔다. 눈물도 함께 어렸다. '언젠가는 이 사람과 신라로 가겠구나!' 하는 생각이 들었다. 자신이 맞는 현실이 꿈처럼 여겨졌다.

서라벌로
아직 새 살림에 익숙해지지도 않았는데 서라벌 갈 날이 정해졌다.
"대왕께서 서라벌로 돌아가라고 하시오!"
대궐에 다녀온 신랑이 이 말을 꺼낸 지 이틀 만에 말과 수레들이 준비되었다.* 짐도 꾸려졌다.

　대왕께서 보낸 군관과 군사들이 선화 일행의 앞뒤를 지켰다. 행렬은 제법 규모를 갖추었고 역참마다 새 말이며 음식이 준비되어 있었다. 노정에 지나는 작은 성들에 들르거나 멈추는 일은 거의 없었다. 선화가 처음 보는 압록수 남쪽의 풍경이 빠르게 지나갔다. 고향 땅 졸본보다 녹음이 짙었고, 산길은 험했다. 물이 맑고 깨끗하며 공기에 풀내음이 가득하다 말다 하는 것이 마음에 들었다.

　패수 곁 평양은 벌이 크고 넓었다. 선화가 본 압록수보다 패수의 너비가 더한 듯했다. 도시는 컸고 사람도 많았다. 언뜻 보기에 서울

---

*눌지왕(訥祇王) 3년(419) 기미(己未)에 이르러 고구려 장수왕(長壽王)이 사신이 보내와 이르기를 "우리 임금님께서 대왕의 아우 보해(寶海)가 지혜와 재주를 갖추었다는 소식을 듣고 서로 가깝게 지내기를 원하여 특별히 소신을 보내어 청하기에 이르렀습니다" 하였다. 왕이 이 말을 듣고 매우 다행스럽게 생각하여 화친을 맺기로 하고 아우 보해를 고구려로 보냈다. 이때 내신 김무알(金武謁)을 보좌로 삼았다. 장수왕이 억류하고 돌려보내지 않았다. 10년(426) 을축(乙丑)에 왕이 친히 여러 신하와 나라 안의 호협한 사람들을 모아 잔치를 베풀었다. 술이 세 순배 돌자 음악이 시작되었다. 왕이 눈물을 흘리면서 여러 신하에게 말하기를 "옛날 아버님께서는 성심으로 백성의 일을 생각하셨기 때문에 사랑하는 아들을 동쪽의 왜로 보냈다가 다시 못 보고 돌아가셨소. 내가 왕위에 오른 후에는 이웃 나라의 군사가 강하여 전쟁이 그치지 않았소. 고구려만 화친을 맺자하므로 내가 그 말을 믿고 아우를 고구려에 보냈소. 그런데 고구려에서도 아우를 억지로 붙잡아 보내지 않으니, 내가 비록 부귀를 누린다 하여도 일찍부터 하루라도 이들을 잊거나 보고 싶어 울지 않는 날이 없소. 만일 두 아우를 만나 함께 선왕의 사당을 보게 된다면, 나라 사람에게 은혜를 갚으려 하오. 누가 능히 이 계책을 이룰 수가 있겠소?" 하였다. 이 말을 듣고 백관이 모두 말하기를 "이 일은 결코 쉬운 일이 아닙니다. 반드시 지혜와 용맹이 있어야 합니다. 신들의 생각으로는 삽라군(歃羅郡) 태수(太守) 제상(堤上)이 가할까 합니다" 하였다. 이에 왕이 불러서 묻자 제상이 두 번 절하고 아뢰기를 "신이 들은 바에 임금에게 근심이 있으면 신하는 욕을 당하고, 임금이 욕을 당하면 그 신하는 죽는다고 하였습니다. 만일 일의 어려움과 쉬운 것을 헤아려서 행한다면 이는 불충성한 것이며, 죽고 사는 것을 생각하여 행한다면 이는 용맹이 없다고 할 것입니다. 신이 비록 불초하나 명을 받들어 행하기를 원합니다" 하였다. 왕이 그를 매우 가상스럽게 생각하여 술잔을 나누어 마신 뒤 손을 잡아 작별했다. 제상이 왕 앞에서 명을 받고 바로 북해(北海)로 길을 떠나 옷을 바꾸어 입은 다음 고구려로 들어갔다. 보해가 있는 곳으로 가 함께 도망할 날짜를 정하고 [제상은] 먼저 5월 15일 고성(高城)의 수구(水口)로 돌아와 배를 대어 놓고 기다렸다. 약속한 기일이 가까워지자 보해는 병을 핑계로 며칠 동안 조회에 나가지 않다가 밤을 틈타 도망하여 고성의 바닷가에 이르렀다. [고구려] 왕이 이 일을 알고 수십 명의 군사를 시켜 그를 뒤쫓게 하였다. 고성에 이르러 따라 붙었으나 보해가 고구려에 있을 때 늘 좌우 사람들에게 은혜를 베풀었으므로 군사들이 그가 다치는 것을 안타까이 여겨 모두 화살촉을 뽑고 쏘았다. 드디어 다치지 않고 돌아왔다. 《삼국유사》 권1, 〈기이〉 1, 나물왕 김제상)

132

인 국내성보다 번화했다. 노독을 풀게 하려는지, 군관이 맡은 별도의 일이 있는지, 평양의 큰 역참에서 이틀을 보냈다. 잠깐이지만 나들이할 짬도 있었다.

나들이 동안 신랑 보해는 군관과 따로 나갔다. 대왕께서 명하신 일 때문에 누군가를 만나려는 듯했다. 보해는 별 말이 없었고 선화도 묻지 않았다. 그럴 일이 아님을 선화도 느끼고 있었다.

'굳이 알려고 하지 않는 게 신랑을 돕는 일이야.'

선화는 스스로 되뇌며 군사들의 호위 아래 두 시녀와 함께 평양의 저잣거리를 둘러보았다. 국내성에서 보지 못했던 특이한 장신구들이 선화와 시녀들의 눈길을 끌었다.

'평양에는 별게 다 있구나!'

국내성을 떠난 이래, 보해는 웃기도 하고 말도 잘 걸어왔다. 마음이 들떠 있는 게 분명했다.

'그럴 만도 해. 기약 없는 타국살이가 갑자기 끝나고 고구려 대왕이 보낸 여인과 백년가약까지 맺어 신방째 서라벌로 가는 중이야. 이런 좋은 일이 어디 있을까?'

남행

평양 너머부터 산야가 달라지기 시작했다. 주변이 연녹색으로 채워지는 때가 많아졌고 공기도 한층 온화했다. 아침녘이 지나면 좀 덥다는 느낌이 들 정도로 주변 기운이 따뜻했다. 맑기도 하고 부옇기도 한 길섶, 나무 사이 아지랑이와 이슬을 보며 '이제부터는 다른 세상으로 가는구나' 하는 생각이 들었다.

산야(단양)

　행렬이 역참에서 머물자 보해가 선화가 탄 가마로 온다. 지그시 웃
으며 '좀 어떠냐?'는 표정을 짓는다. 선화도 마주 보며 고개를 갸웃거
리듯 약간 기울이고 입가에 웃음을 짓는다. 그가 기쁘니 나도 기쁘
다는 그런 표정에 보해가 다시 더 크게 입술 끝을 올리며 미소 짓는
다. 역졸들이 수레 끌던 말 풀랴, 서울 손님들 쉴 자리 마련하랴, 이
리저리 바삐 뛰어다니며 부산을 떠는 동안 보해와 선화는 나란히 걸
으며 역참 주변을 돌아본다.

　주변에 삐죽거리며 솟아오른 산들도 있고 넓게 펼쳐진 벌도 있다.
무엇보다 눈에 드는 것은 벌과 산등성이를 덮은 옅은 풀빛이다. 북녘
보다는 뭔가 더 기름지면서 부드러운 느낌을 주는 빛깔! 선화는 이
런 빛도 있구나! 하면서 졸본에서는 초봄에 잠깐, 그야말로 며칠 동
안만 산야를 덮던 그런 풀빛에 가깝다는 생각이 들었다. 남녘으로
가면 다 이럴까? 선화가 눈가에 미소를 담은 채 보해를 쳐다본다.

멍하니 남녀을 보는 보해의 눈동자에 저 옅은 풀빛이 가득 담긴 듯하다. 남녀 먼 곳에 눈을 둔 채 넋을 잃은 듯 가만히 서 있던 보해가 선화의 눈길을 깨달은 듯 고개를 돌린다. 보해가 미소를 가득 머금은 눈길로 선화에게 말한다.

"저 남녘 끝자락에 내 고향이 있소. 그곳 산야의 빛깔은 이 말(봉우리)과 벌(들판)의 풀빛에 비할 바 아니라오. 이제 그대도 그 땅을 깊이 품고 어여삐 여기게 될 것이오. 내 장담하리다!"

국경

'여기도 국내성 둘레나 다름없네!'

선화가 속으로 중얼거린다. 거칠지는 않으나 삐죽거리며 솟아오른 산봉우리들이 끝도 없다. 보해 말로 이렇게 산봉우리로 가득한 땅을 지나면 신라의 지경이라고 한다. 신라의 성이며 마을들도 이렇게 겹으로 올라가는 산봉우리들 사이에 있단다. 그래도 국내 벌처럼 곳곳에 크고 작은 벌이며 내도 있다니, 그나마 다행이다.

신라 땅은 북녘보다 풀빛도, 물빛도 연하고 부드러울 것이 틀림없다. 사람들은 어떨까? 다들 보해 같을까? 내 낭군이 말은 적어도 눈빛은 누구보다도 따뜻하다. 아는 것도 많고 우리네 고구려 사람처럼 활도 잘 쏜다. 선화가 가림 막을 제키고 주변 풍경을 보며 이런저런 생각에 빠져 있는데, 수레가 멈춘다. 행렬 앞을 산채 같은 것이 가로막고 있다. 신라 땅 앞에 세운 관문 같은 곳이다.

말을 달린 두 고구려 병사가 앞서 알린지라 문은 벌써 열려 있다. 문 안쪽에서 장수로 보이는 자와 병사 여럿이 급히 행렬 앞으로 달려 나온다. 보해가 말에서 내리기도 전에 장수와 병사들이 땅바닥에 엎드려 절을 올린다. 보해가 가까이 다가가 그들이 일어나도록 말한다. 장수와 병사들 모두 보해처럼 얼굴이 좀 넓고 눈 끝이 맵게 양 끝으로 흐른다. 체구는 크지 않아도 저들이 입고 쓴 갑옷과 투구 안에서 단단한 기운이 풍겨 나온다. 서로 말을 주고받는데, 빠르고 높낮이가 심하여 미처 알아듣기 어렵다.

'더 빠르게 말하면 아예 알아듣기 어려울지도 모르겠구나.'

선화가 속으로 걱정한다. 선화를 모시던 두 시녀도 선화와 생각이 같은지 마주 보는 얼굴에 그늘이 살짝 스친다.

관문 안쪽 작은 언덕 하나를 넘으니 너와로 지붕을 이은 떳집이 여러 채 모여 있다. 관문 장수와 병사들, 관문을 넘거나 관문으로 들어오는 지체 있는 분과 딸린 사람들을 위한 집이라 했다. 보해와 선화 일행이 온다는 기별을 받아서인지 떳집 안팎이 깨끗이 정돈되어 있다. 두 사람과 일행에게 이른 저녁상이 올려졌다. 음식이 거칠고 별다른 맛도 없다. 선화는 숟가락으로 그저 보리죽 비슷한 밥만 몇 술 떠올렸을 뿐이다. 그러나 보해는 제 상에 올린 음식을 깨끗이 비운다.

'오랜만에 신라 땅에서 신라 밥을 먹어서일까.'

선화는 신통하다는 눈길로 낭군의 밥술 뜨는 모습을 바라본다. 선화가 보해에게 말을 건넨다.

"신라 말이 좀 어렵네요. 서라벌에 가서 말을 잘 못 알아들으면 어째요? 다들 뭐라 하지 않을까요?"

보해가 말한다.

"걱정 말아요. 금세 익숙해질 거요. 내가 있잖소. 다들 사람이 좋아요. 모두들 그대를 따를게요. 게다가 당신은 고구려 대왕의 핏줄 아니요?"

선화가 속으로 혼잣말한다.

'그래, 내 비록 우리 대왕의 핏줄은 아니라도 큰 나라 고구려에서 왔으니, 이곳 사람들 눈치 보거나 이 땅 사람들에게 머리 숙이고 살 수는 없어. 지금껏 살던 식으로 그냥 살아야지. 내 낭군의 나라에 왔으니 이 나라 사람들과 잘 지내야 해. 언젠가는 이 나라 사람으로 서라벌 어딘가에 묻힐 것 아닌가?'

생각을 바꾸니 갑작스레 보해가 더 사랑스러워진다. 보해를 따뜻함이 넘치는 눈길로 쳐다본다. 보해가 마주 보며 선화의 손을 꼭 잡는다. 선화의 가슴이 뛴다. 선화가 보해 손 안의 제 손에 힘을 주며 한 번 더 마음속으로 다짐한다.

'그래, 나는 이제 신라 사람이야. 고구려에서 왔지만 되돌아갈 수도 없어. 서라벌에 이르면 낭군 집안 시녀를 스승 삼아서라도 신라 말을 빨리 배워야지. 밤낮으로 연습하면 한 철 지나기 전에라도 서라벌 사람처럼 말할 수 있을 거야. 나는 신라 사람이 되었어. 신라 왕자 보해의 안사람이야!'

선화가 한 손을 빼 뼈마디 굵은 보해의 손 위를 덮는다. 보해가 제 손 안에 남은 보화의 한 손을 더욱 정성 들여 감싼다. 해는 벌써 산 등성이로 넘어간 지 오래다. 선화로서는 신라에서의 첫 밤이다.

보
해

서라벌

외성 안으로 들어서니 그리운 서라벌 풍경이 한눈에 들어온다. 따뜻하고 부드러운 이 땅 특유의 공기를 코끝으로 느끼며 보해는 잠시 눈을 감는다.

'돌아왔구나!'

보해가 곁을 따르는 군관에게 눈짓을 하자 행렬의 움직임이 조금 빨라진다. 보해가 떠나 있던 십 년 동안 서라벌의 길은 더 넓어졌고 길섶도 잘 다듬어진 듯하다. 길섶에 엎드린 사람들의 입음새도 이전보다 좋아졌다.

'그래, 좋아져야지. 나라 살림도 좋아졌는가?' 내성 문이 저 앞에 보인다. 군관과 병사들 한 무리가 성문 좌우에 열을 지어 서 있다. 왕궁에서 나온 듯한 관복 차림의 인물도 서넛 눈에 띈다.

언뜻 저들과 보해 일행 사이에 뭔가 어색하고 긴장된 분위기가 어린다. 보해도 마음속으로 '멈칫' 하는 느낌을 받는다.* 그러나 짐짓 아무 일도 없다는 듯 부드럽고 인자한 특유의 표정 그대로 저들 앞으로 나아간다. 어디선가 까치 소리가 들린다. 길 너머 덤불에서 참새 한 무리가 후드득거리며 솟아오른다. 달그락 거리는 수레바퀴 소리, 타박거리는 말굽 소리. 이런 소리들 사이로 말방울 소리가 맑게 울리며 침묵 속 환호와 불안 사이를 가르고 지난다.

마립간이 보낸 종자가 보해 일행을 안내하여 궁궐 안으로 들어간다. 보해에게는 짧고도 긴 시간이다. 보해가 제 앞에 엎드리거나 허리를 굽힌 관리와 궁중 시종들 사이에서 여러 엇갈리는 기운을 느낀다. 기대, 걱정, 희망, 우려, 반가움, 두려움 같은 서로 마주치며 파열음을 내거나 생채기로 남을 수도 있는 마음과 태도들이 맞서거나 나란히 달리는 듯하다. 순간 보해의 옷깃 사이로 찬 기운 한 자락이 흘러든다. 보해가 저도 모르게 움찔한다.

어쨌거나 보해 부부는 마립간을 알현하고 왕실 사람들, 진골 귀족들과 대면해야 한다. 고구려에서 돌아온 신라 왕자. 왕에게는 조카뻘인 왕자 보해가 한차례 더 마음을 추스르면서 대전(大殿) 앞 돌계단

---

*37년(392) 봄 정월에 고구려에서 사신을 보냈다. 왕은 고구려가 강성하므로 이찬(伊飡) 대서지(大西知)의 아들 실성(實聖)을 보내 볼모로 삼았다. (중략) 46년(401) 가을 7월에 고구려에 볼모로 갔던 실성(實聖)이 돌아왔다. 《삼국사기》권3, 〈신라본기〉3, 나물이사금; 원년(402) 3월에 왜국(倭國)과 우호를 통하고 나물왕(奈勿王)의 아들 미사흔(未斯欣)을 볼모로 삼았다. (중략) 11년(412) 나물왕(奈勿王)의 아들 복호(卜好)를 고구려에 볼모로 보냈다. 《삼국사기》권3, 〈신라본기〉3, 실성이사금; 2년(418) 가을 왕의 동생 미사흔(未斯欣)이 왜국(倭國)에서 도망해 돌아왔다. (중략) 17년(433) 여름 5월에 미사흔(未斯欣)이 죽자 서불한(舒弗邯)으로 추증하였다. 《삼국사기》권3, 〈신라본기〉3, 눌지 마립간)

을 오른다.

실보 마립간이 환한 얼굴로 어좌에서 일어난다. 왕비와 함께 나란히 보해 부부 앞으로 온다. 왕이 두 사람으로 하여금 엎드린 자리에서 일어나게 한다. 곁에 섰던 왕비가 앞으로 나와 선화와 인사를 나누고 함께 내전으로 들어간다. 보해 부부를 호위하고 내려온 고구려 장수 염모로부터 고구려 대왕이 보낸 친서와 하사 물품 목록집이 상대등 김인에게 전해진다. 김인이 조심스런 걸음으로 두루마리 함이 놓인 받침대를 왕에게 올린다.

이런저런 절차가 진행되는 동안 보해는 상대등 곁에 서 있다.

'궁성 내정의 분위기가 생각했던 것과는 크게 다르구나.'

무거운 듯도 하고 투명한 무엇이 사라진 듯도 하고 정확히 파악되지는 않는다. 다들 얼굴에 미소를 띠고 있으나 마음속은 겹겹이 무언가로 덮여 있는 듯도 하다. 그 중심에 대왕이 자리하고 있는가? 보해의 마음속이 어지러워진다.

마립간의 조카 보해가 북국으로부터 되돌아왔음을 축하하는 큰 잔치로 서라벌 전역이 며칠간 흥청거렸다. 왕실에서 낸 떡과 고기, 술이 백성들에게도 내려갔다. 선화는 왕실 사람들이 저를 너무 반갑게 맞고 대한다며 감격해 어쩔 줄 몰라 한다. 그런 선화를 보며 보해는 서라벌을 지켜온 왕실의 조선신(祖先神)들께 감사의 마음을 올린다.

그러면서도 왕자 보해는 제가 서라벌을 떠나기 전 곁을 지키려 애썼던 이들 가운데 여럿이 궁중 안팎에 보이지 않는다는 사실에 주의를 기울인다. 보해가 국내성으로 떠날 때에 함께했던 시종 보리로 하여금 가능한 한 부지런히, 또 조용히 눈에 띄지 않게 다니면서 왕성 안팎을 흘러 다니는 궁중과 여염의 이야기들을 모아 오게 한다. 보해는 자신이 신라 마립간의 청으로 귀국한 것이 아니라 고구려 대왕이 갑작스레 되돌려 보내 서라벌에 다시 발을 딛게 되었음을 잊지 않고 있었다.

마립간의 명으로 보해와 선화 부부는 왕성에서 오백 보 거리인 일성택에서 지내게 되었다. 대택도 아니고 소택도 아닌 어중간한 크기의 일성택. 이 집은 나라가 서던 첫 시기에 호공이 터 닦은 곳이라고 했다. 대등 시절 탈해 이사금이 이 집에서 석씨 가문의 기운을 돋우었단다. 하지만 언제부터인가 제 주인 없이 반쯤 버려져 늑대와 이리가 드나들기까지 했던 곳이기도 하다. 보해가 귀국한다는 소식에 급히 손보았는지 집 안 여기저기 새로 다듬어 넣은 마룻대니 버팀목 자리가 눈에 그대로 들어온다.

비록 남쪽의 작은 나라에서 온 볼모였어도 국내성 시절 보해는 왕자 대우를 제대로 받았다. 사람 수십이 드나들어도 여유가 있는 넓은 저택에서 여러 사람을 거느리고 지냈다. 십 년이라는 세월을 뒤로 하고 제 나라에 돌아왔건만 '남의 나라 볼모살이만 못하군.' 국내성에서도 함께 지냈던 시종들이 얼굴에서 언짢은 표정을 지우지 못한다. 보해가 그런 시종들에게 따로 말을 내린다. 상한 마음이 말이 되어 담 밖으로 나가지 못하게 입단속을 시킨다.

풍설

보해가 잠시 주위를 물리치자 보리가 주워온 풍설을 편다. 안채의 선화는 시녀에게 서라벌 말 배우기에 여념이 없다.

"십 년이 길기는 긴 것 같습니다. 지금의 대왕이 그사이에 바꾸신 게 많습니다. 선대왕 때 나라 일을 맡던 어르신들이 모두 자리를 떠났답니다. 궁궐 일꾼들 사이에 떠도는 말로는 왕성과 마름재 앞 북국 성채 사이에 늘 사람이 오간다고 합니다. 북천 건너 그 마름채 말입니다. 누가 누구의 말을 어떻게 전하는지는 모르고요. 왕실 어른 중에도 변방 성채에 나가 있는 분이 많답니다. 주로 가야와 백제, 그리고 북국과 맞닿는 산성이랍니다. 눌해 왕자님도 왕명으로 북국 지경의 대령채에 나가 계시답니다. 지금은 왕자님을 모시던 분들 중에 소식이 닿는 이는 없습니다. 더 알아보아야 할 듯합니다. 이전보다는 사람들 사이에 믿음이 떨어진 것 같습니다. 흘끗거리고 수군거리기만 하지 내놓고 혀를 놀리는 사람은 드뭅니다."

보해 부부가 일성택에 살림을 차린 처음 한 달 동안은 허공에 놓은 살처럼 시간이 빨리 흘렀다. 비록 저택 여기저기를 한차례 손보았다고는 해도 새 주인이 손을 더 보아야 할 곳도 적지 않았다. 보해는 선화와 함께 왕성에서 열린 왕실 잔치에 한 번 더 불려갔다. 그러나 그 뒤로는 그쪽에서 아무런 기별이 없었다. 보해 부부도 굳이 대궐에 발걸음 하려 하지 않았다. 서로 더 보지 않는 것이 대왕이나 왕실 사람들, 보해 부부 모두에게 좋은 일이었다.

일성택으로 찾아오는 지체 높은 이는 없었다. 서라벌 대소 귀족들로서는 대왕이 마뜩찮아 하는 일을 굳이 보란 듯 나서서 하기도 어려웠다. 일성택 살림살이 돕는 시종과 장사치나 공장이들만 바빴다. 보리도 이들 사이에 섞여 일성택과 서라벌 저잣거리 사이를 오갔다.

보리가 귀에 담아온 이야기들이 차츰 아귀가 맞아 들어갔다. 보해는 숨바꼭질하듯 숨었다 나타나는 풍설들을 실로 꿰어나가듯 앞뒤를 맞추어보았다. 그러면서 앞으로의 서라벌 살이가 녹록지 않으리라는 사실을 직감했다.

보리가 주워 온 세상 돌아가는 이야기 가운데 보해와 선화 부부에게 덕이 될 만한 소식은 그리 많지 않았다. 아니 거의 없었다는 것이 정확한 표현이리라. 보해가 겪고 있는 서라벌은 이미 어린 시절의 그곳이 아니었다. 따뜻하고 부드러우며 때로 상큼하기까지 한, 오뉴월 흙담 안쪽 그늘의 이끼 내음과는 거리가 먼 곳이 되어 있었다. 환한 곳에서 파안대소 하는 그런 호걸스런 웃음. 그 뒤에서 비릿한 핏빛 음모의 내음이 피어날 수도 있는 그런 도시가 된 듯했다. 정말 그런 곳으로 바뀌었는가? 여전히 꿰어지지 않은 이야기들이 남아 있었다. 하지만 월성에서 드리운 그늘이 일성택까지 길게 뻗어 있다는 느낌은 지울 수 없었다.

벌지지 댁

석제상네 벌지지 댁은 서라벌 한쪽 끝, 선집마을 끄트머리에 자리 잡고 있었다.* 서라벌 대택들 가운데 동남쪽 끝에 외따로 있다. 자리로 보아 본래는 이 집이 서라벌의 뼈대 있고 지체 높은 이들의 대택

---

* 처음 제상이 출발하여 떠날 때에 제상의 부인이 그 소식을 듣고 뒤를 쫓았으나 따라가지 못하고 망덕사(望德寺)문 남쪽의 모래언덕 위에 이르러 주저앉아 길게 울부짖었다. 그런 까닭에 그 모래언덕을 장사(長沙)라고 하며, 친척 두 사람이 그 부인의 겨드랑이를 붙들고 집에 돌아오려고 하였으나 부인이 두 다리를 뻗쳐 일어서지 않으려 했다. [이에] 그 땅을 벌지지(伐知旨)라 불렀다. 《삼국유사》 권 1, 〈기이〉 1, 나물왕 김제상)

신라 귀족의 기와집(골함, 국립경주박물관)

에는 들지 않았음을 알 수 있다. 아마도 왕실에 크게 덕 된 일을 한 선대의 공으로 말미암아 이 집에 대택으로 불릴 수 있는 이름이 내려진 듯했다. 그러니 서라벌에 뿌리를 둔 큰 가문은 아닌 셈이다. 진골 귀족 중에도 갈래가 다르니 화백회의에는 이 댁 문주(門主)가 앉을 자리가 없으리라.

　왕성에서 보낸 눈과 귀가 주변에서 쫑긋거림을 잘 알면서도 보해는 집을 나서 석제상네로 걸음을 옮겼다. 혹, 동생 미해의 소식을 더 알 수 있을까 해서였다. 왜로 보내진 미해 왕자를 시중들던 이가 석제상이었다. 들기로 왜에 있는 석제상으로부터 가끔 소식이 온다고 했다. 왕성에서 왕자 미해에 대해 아무 말이 없으니 보해로서는 답답하기 그지없었다. 궁성 입구에서 동생 미해와 헤어진 지도 벌써 십여 년이다.*

보해의 기억 속에 두 살 터울인 동생 미해는 매사에 적극적이고 자신 있는 아이었다. 왜는 위아래 누구나 속을 보이지 않기로 이름난 곳이다. 이런 땅에서 동생이 어떻게 지낼까 생각하니 갑자기 속이 답답해졌다. 미해도 자신처럼 답답한 마음으로 살 것이 틀림없었다. 생각할수록 걱정이 되었다. 혹, 무슨 일이 있는 것 아닌가? 일이 있어도 소식이 없으면 알 수 없는 법이다. 고구려와 달리 왜는 바다로 천 릿길을 가야 이를 수 있는 땅이다. 무소식이 희소식이라고 스스로

*제17대 나밀왕(那密王) 36년(392) 경인(庚寅)에 왜왕이 사신을 보내 이르기를 "우리 임금이 대왕께서 신성하다는 말을 듣고 신 등을 시켜 백제가 지은 죄를 대왕에게 아뢰게 하는 것입니다. 원하옵건대 대왕께서는 왕자 한 분을 보내 우리 임금에게 성심을 나타내시기 바랍니다" 하였다. 이에 왕이 셋째 아들 미해(美海)-미토희(未吐喜)라고도 한다-를 왜국에 보냈다. 이때 미해의 나이가 열 살이었다. 말과 행동이 아직 익숙하지 않았으므로 내신(內臣) 박사람(朴娑覽)을 부사로 삼았다. 왜왕이 이들을 억류하여 삼십 년 동안이나 보내지 않았다. (중략) 눌지왕은 보해를 보자 미해가 더욱이 생각나 한편으로 기쁘고, 한편으로 슬펐으므로 눈물을 흘리며 좌우의 사람들에게 말하였다. "마치 몸에 한쪽 팔만 있고 얼굴에 한쪽 눈만 있는 것 같소. 비록 하나는 얻었으되 하나는 잃은 상태이니 어찌 마음이 아프지 않으랴." 제상이 이 말을 듣고 두 번 절을 한 다음 왕에게 다짐하고 말에 올라탔다. 집에 들르지도 않고 달려 바로 율포(栗浦)의 해안가에 이르렀다. 제상의 아내가 이 소식을 듣고 말을 달려 율포에 이르렀으나 남편이 벌써 배에 타고 있는 것을 보았다. 아내가 그를 간절히 부르자 제상은 다만 손을 흔들어 보일 뿐 멈추지 않았다. 그가 왜국에 도착하여 거짓으로 꾸며 말하기를 "계림왕이 아무런 죄도 없이 제 아비와 형을 죽였으므로 도망하여 이곳에 이르렀습니다" 했다. 왜왕이 이 말을 믿고 제상에게 집을 주어 편안히 머무르게 하였다. 제상은 항상 미해를 모시고 해변에 나가 놀았다. 그러면서도 물고기와 새, 짐승을 잡아 매번 왜왕에게 바쳤다. 왜왕이 매우 기뻐하여 조금도 그를 의심하지 않았다. 어느 날 새벽 아침 안개가 자욱하게 끼었다. 제상이 말하기를 "지금이 떠날 만합니다" 하였다. 미해가 이르기를 "그러면 같이 갑시다" 하였다. 제상이 "만일 신이 같이 떠난다면 왜인들이 깨닫고 뒤쫓을까 염려됩니다. 신이 이곳에 남아 그들이 추격하는 것을 막겠습니다" 했다. 미해가 이르기를 "지금 나는 그대를 부형처럼 생각하는데 어찌 나 홀로 돌아가겠소" 하였다. 제상이 말하기를 "신은 공의 목숨을 구하여 왕의 심정을 위로할 수 있다면 그것으로 만족합니다. 어찌 살기를 바라겠습니까?" 하고는 술을 따라 미해에게 드렸다. 이때 계림 사람 강구려(康仇麗)가 왜국에 와 있었는데 그로 하여금 모시게 하여 미해를 보냈다. 제상은 미해의 방에 들어가서 이튿날 아침까지 있었다. 미해를 모시는 사람들이 들어와보려 하였으나 제상이 나와 그들을 가로막으며 말하기를 "미해공이 어제 사냥하느라 몹시 피로해 아직 일어나지 못합니다" 하였다. 그러나 저녁 무렵 좌우의 사람들이 그것을 이상히 여겨 다시 물었다. [제상이] 대답하기를 "미해공은 떠난 지가 이미 오래되었소" 하였다. 사람들이 왜왕에게 달려가 이를 고하자 왕이 기병을 시켜 뒤를 쫓게 하였다. 그러나 따라잡지 못하였다. 《삼국유사》 권1, 〈기이〉 1, 나물왕 김제상)

위로하기에도 십 년은 긴 세월이다. 아침 일찍 집을 나섰으나 해가 하늘 위로 솟은 뒤에야 벌지지 댁에 이르렀다. 보리가 대문간에서 인기척을 냈음에도 안에서 응하는 소리가 없다. 그러고 보니 사위가 고요하고 문고리에는 흙먼지가 곱게 앉았다. 보해가 보리에게 집을 한 바퀴 돌아보라고 한다.

석제상네 맏마름 뒤를 따라 벌지지 댁에서 다시 나와 제상마을 끝집에 이르렀다. 벌써 해가 중천에서 이울려고 한다. 끝집이 마을에서는 으뜸인 듯했다. 하지만 규모는 진골 귀족의 소택에도 미치지 못한다. 안방마님 대신 제상네 맏이 보루가 보해 일행을 맞는다. 보해에게 절을 올린 보루에게 편히 앉도록 한 뒤 보해가 자초지종을 묻는다. 보루가 답한다.

"소인의 아비가 미해 왕자님을 모시고 왜로 떠난 뒤 어느 날부턴가 갑자기 벌지지로 오가던 사람의 발길이 끊겼습니다. 거리에 소문이 돌기를 미해 왕자가 왜에서 사람을 보내 대왕에 해코지하려 했다 합니다. 그러나 대왕이 골육의 정으로 말미암아 어떻게 하지 못할 뿐이라 했습니다. 소인의 아비도 미해 왕자와 한 짝이나 선대의 공이 크므로 부르지 않고 그대로 두시겠다고 했답니다. '제상네 벌지지 댁과는 오가지 않는 것이 상책'이라는 말도 들려왔습니다."

'왕성에서 나온 이야기로군. 대왕의 뜻을 담아 돌린 말인가? 내게도 비슷한 말을 만들어 거리에 흘러다니게 했을 수도 있겠어.'

보해가 혼잣말로 중얼거린다.

"구슬을 어떻게 꿸지, 군관 염모가 무언중에 무엇을 말하는지 이제 알겠군."

염모

교대

보해와 선화 부부를 호위하며 내려온 군관 염모와 병사들 덕에 서라벌에 머물던 고구려 병사들 가운데 아홉 해를 넘긴 자들이 제 나라, 제 고향으로 돌아갈 수 있게 되었다. 마름재 앞 한터에서 고구려 군관과 병사들의 임무 교대식이 열렸다. 서라벌을 지키느라 노고를 다한 데 대한 보답의 뜻으로 신라 매금(마립간)이 내린 비단, 기물, 음식물이 수레에 실려 군관 및 병사들과 함께 북으로 떠났다. 왕성에서 나온 상대등 김인과 몇몇 귀족들, 보해와 선화 부부가 떠나는 군관과 병사들을 지켜보았다.

그날 저녁 한터 한편에 마련된 임시 막사에서 성채에 남는 병사들, 새로 온 군관과 병사들을 위한 작은 잔치가 열렸다. 술이 돌고 음

고구려 갑주기사(모형, 조선중앙력사박물관)

식이 여러 차례 상에 오르면서 고구려 말과 신라 말이 섞였다. 서로 조목조목 알아듣지는 못해도 그 빈자리를 술이 메우고 음식이 채웠다. 서라벌 귀족들과 새로 온 고구려 군관 사이에 놓였던 서먹한 골도 푸짐한 술과 음식, 보해의 좋은 말로 메워졌다.

새벽녘 달빛이 아직 이울지 않은 시각, 군관 염모가 보해가 쉬던 막사 앞으로 온다. 국내성에서 서라벌에 이르기까지 나눠온 의견을 확인하는 자리인 셈이다.

염모가 말한다.

"왕자님 안위를 생각하셔야 할 것 같습니다."

보해가 답한다.

"눈이 많아 다니기도 어렵네요. 다만, 아직 서라벌 국인(國人)들의 마음을 충분히 읽었다는 생각은 들지 않습니다."

염모가 고개를 주억거리며 한마디 더한다.

"마음이 잡히면 말씀해주십시오. 우리 대왕께서도 왕자님 뜻이 먼저라고 하셨습니다. 저는 대왕님과 왕자님의 말씀을 따를 뿐입니다."

"그래요. 고맙소. 내 뜻이 서면 말씀드리지요. 국내성에서부터 장군께는 늘 고마운 마음뿐입니다."

보해가 말을 마치며 눈인사와 함께 발걸음을 뗀다. 순간, 하늘을 흐르던 작은 구름 한 조각이 달 아래를 가리기 시작한다. 다시 풀벌레 소리가 막사 둘레의 긴 막대 사이를 뚫고 나와 좌우를 채운다.

보해가 군관 염모를 만난 것은 국내성 볼모살이 두 해째 초봄이다. 바로 고구려 사람이면 누구나 기다리는 큰 사냥 겨룸이 벌어지던 때다.* 해마다 고구려의 서울 국내성과 남쪽의 큰 도시 평양에서 열리는 큰 사냥 겨룸은 젊은이들이 일 년 내내 갈고 닦던 무술 실력을 뽐내고 겨루는 마당이기도 했다. 이 겨룸에서 상 받는 자리에 오른 사람은 군관으로 뽑혀 가문과 마을을 빛낼 수 있었다. 버금이나 으뜸 상을 받는 이는 군관 중에서도 중한 자리에 나아갈 수 있었다. 그러니 자신의 솜씨를 한껏 뽐낼 만한 겨룸 자리였다. 이 겨룸에서 버금, 으뜸 자리에 오른 자에게는 대왕이 직접 옥부(玉斧)를 내려 고구려 온 땅에서 그 사람의 이름이 불리고 기억되게 하였다. 옥부를 받은 젊은이 중에는 대갓집 규수와 혼약이 맺어져 자기 가문의 자리를 높인 이도 있다는 소문이 돌았다.

염모는 그해 큰 사냥 겨룸에서 버금이 되어 아래 군관 자리에 올랐다. 대왕께서 갑자기 보해를 부르더니 사냥 겨룸의 버금이 된 젊은이에게 왕 대신 옥부를 내리게 했다. "이제 군관으로서 고구려 으뜸의 길을 걸으라"는 덕담이 엎드려 절하던 염모의 가슴속 깊이 들어왔다. 염모로서는 일생에 단 한 번 겪는 일이었고 살아 있는 동안에는 잊을 수 없는 순간이었다. 그런 염모가 그로부터 꼬박 네 해 뒤 신라 왕자와 고구려 공주 부부를 호위하며 남으로 내려가는 고구려 군관으로 왕자 보해와 마주친 것이다. 보해와 염모, 두 사람 모두 기이한 인연이라며 감격했다. 둘은 각기 제 조상신이 둘을 다시 만나게 해주셨다고 믿었다. 염모는 집에 돌아오자 주몽신께 감사의 제를 올

---

* 고구려에서는 매년 봄 3월 3일마다 낙랑(樂浪)의 언덕에 모여 사냥하였다. 잡은 돼지와 사슴으로 하늘과 산천(山川)에 제사를 지냈다. 그날이 되자, 왕이 사냥을 나갔고, 여러 신료와 5부(五部)의 병사가 모두 [왕을] 따랐다. 《삼국사기》 권45, 〈열전〉 5, 온달)

렸다. 보해 역시 자기 저택 별채 사당에서 알지신께 감사의 절을 올렸다.

염모는 아래 군관이 되어 병영에 들어간 뒤 한 해 내내 엄한 훈련을 받았다. 허벅지에 힘이 붙기 시작할 즈음부터 제 힘으로 살기에 이골이 난 염모였다. 하지만 초짜 군관 훈련은 마음으로 넘겨짚은 것보다 몇 배 더 험했다. 기골 있고 배짱 두둑하다 해서 장졸에서 뽑혀 온 다른 애기군관들도 저녁나절이면 너나없이 코피를 쏟으며 멍석 위에 나가떨어질 정도였다. 콩, 수수, 도토리 따위를 말리고 갈아 만든 가루 보퉁이 하나 허리춤에 차고 며칠씩 산야를 달리기도 했다.

서북의 대성이요, 고구려의 으뜸가는 요새성인 부여성에 보내진 뒤, 염모는 고구려 마을에 외적이 얼씬거린다는 소식이 귀에 들리면 물불 가리지 않고 뛰어다녔다.* 국내성 긴내벌 출신임을 알게 되자 부여성 젊은이들은 염모를 '긴내벌 삵'이라 부르며 뒤를 따랐다. 부여성 군관살이 네 해만에 염모는 성의 으뜸군관 자리에 올랐다. 만만치 않은 무공으로 말미암아 군관 염모는 국내성 사람들 사이에도 이름이 오르내렸다.

서라벌을 지킬 장수가 되어 옥패를 받은 날 염모는 잠을 이룰 수 없었다. 큰 장수로부터 받은 명에는 고구려 장수로서는 마땅히 할 바라도 염모 개인으로서는 마음에 저어되는 일이 있었던 까닭이다. 염모는 남녘 신라의 서라벌에서 그런 일이 일어나지 않기만을 바랐

---

*……국강상대개토지호태성왕(國罡上大開土地好太聖王)에 이르러 (모두루의) 조부(祖父)와의 인연으로 노객(奴客) 모두루(牟頭婁)와 □□모(牟)에게 은혜를 베푸시어 영북부여수사(令北夫餘守事)로 파견하니, …… 《모두루묘지》

다. 새삼 돌아보니 국내성을 떠난 뒤 벌써 철만 두 번째 바뀌려 한다. 오늘 보해 왕자와 말을 나누면서도 염모는 혹 서라벌에서 큰 풍파가 일더라도 자신이 이를 잘 헤쳐나가기를 주몽신께 빌었다.

'국내성에서 같이 내려온 이 가운데 하나도 빠짐없이 성명을 온전히 지키게 하소서. 때가 되었을 때 모두 제 고향 땅 밟을 수 있게 하소서.'

큰 장수가 조용히 일러 준 여러 말들이 다시금 염모의 머릿속을 어지러이 돌아다녔다.

별똥별

지난밤 서라벌 하늘에서 작은 별들이 우수수 떨어져 내렸다. 아침부터 백성들 사이에 말들이 돌기 시작한다. 큰 사람 여럿이 다치거나 죽을 징조라는 것이다.*

말들이 더 번지기 전에 나라의 일관(日官)이 '하늘의 뜻이 어떠하여 이를 왕과 백성에게 알리려 별을 내렸다'는 식으로 하늘 일을 풀어 서라벌 저잣거리에 알려야 한다. 일관이 한 말이 아니면 서라벌 진골 귀족 가운데 가장 힘 있는 자가 한 말일지라도 백성들에게 먹히지 않는다. 신라에서 왕경 서라벌의 일관은 하늘 일에 관한 한 누구보다도 나은 지식을 지닌 인물이다. 이런 별난 일이 있을 때에는 왕이나 백성 모두 일관이 입 열기를 기다린다. 혹 일관의 말이 늦으

---

* 한밤중에 큰 별이 월성에 떨어졌다. 비담 등이 군사들에게 "내가 듣기로 별이 떨어진 아래에는 반드시 피흘림이 있다고 하니, 이는 아마 여자 임금이 패할 징조일 것이다"라고 말하자, 군사들이 환호를 질렀고 그 소리가 천지에 진동하였다. 대왕이 이를 듣고 두려워하여 어찌할 바를 몰랐다. (《삼국사기》 권41, 〈열전〉 1, 김유신(상))

면 백성 사이에 만들어진 말이 세상을 들뜨게 하다가 심지어 소요
와 변란으로 이어지기도 한다.

　염모는 민심도 살필 겸 병사 몇을 추려 평복으로 서라벌 저잣거리
에 다니게 한다. 서라벌을 지키려고 내려와 머무른다고는 해도 신라
사람 누구나 고구려 병사들을 반기는 것은 아니다. 이런저런 이유로
서라벌에 둥지를 튼 고구려 사람들도 적지 않다. 염모는 이들이 신라
사람들에게 혹 해 당하는 일이 없도록 주의를 기울여야 한다. 서라
벌에는 여러 기술을 지닌 장인이나 남방에 드문 좋은 물건들을 가져
다가 파는 상인이 무리를 이루어 사는 고구려 사람 거리도 있다. 이
곳은 서라벌 다른 거리에 비해 살림이 풍족하다. 토박이 신라 사람
들에게는 부러운 곳이기도 하고 곁눈 뜨고 흘겨보는 장소이기도 하
다. 혹 서라벌에 변란이 일어난다면 가장 먼저 왈짜들 손을 탈 수도
있는 곳이다. 염모 이전부터 서라벌에 내려온 고구려 군관들이 병사
들 몇으로 하여금 이 거리의 일꾼이 되어 살게 한 것도 만약에 대비
해서이다.

혁명

한밤에 일성택에서 기별이 왔다. 말을 전하는 시종 보리의 얼굴도
굳어 있다. 군관 염모가 병사 몇을 풀어 성채 주위를 훑게 하니, 보리
의 뒤를 밟은 이는 없다. 염모가 국내성에서 직접 데려온 병사들 가
운데 날랜 자들을 뽑아 작은 패를 일성택으로 보낸다. 염모 자신은
조금 큰 패를 거느리고 북천 건너 왕성을 향할 셈이다. 마침 초승달
이라 날랜 사람들 몇이 조용히 큰 벌을 지나고 내를 건너기에는 더없

갑주로 무장한 무사(모형, 국립중앙박물관)

이 좋다. 가을도 끝 무렵이다. 한밤에 들판이나 거리를 어정거릴 사
람도 없다.

북천을 건너 왕성에 이르기까지 아무에게도 방해를 받지 않았다.
먼저 기별 받은 신라 백성 차림의 고구려 병사들 몇이 큰 거리 골목
어귀에서 염모 패를 기다리고 있다. 때에 맞추어 왕성 앞에 보해 왕
자를 모신 고구려 병사들이 이른다. 갑자기 나타난 고구려 병사들
을 본 신라의 궁성지기들이 어안이 벙벙한 듯 눈만 꿈쩍거린다. 물
론 몸에 익은 듯 창은 비껴들었다. 작은 패를 이끌던 아래 군관이 옆
의 병사에게 받아든 횃불로 보해 왕자를 알아볼 수 있게 한다. 헐레
벌떡 앞으로 나오던 궁성지기 군관이 순간 보해를 향해 반 무릎을

꿇는다.

마립간 실보로 하여금 스스로의 운명을 결정하게 한 그 밤, 보해
는 사람 몇을 대령채로 보냈다.* '눌해 왕자님을 모셔 와라!' 염모는
예상하지 못한 방향으로 일이 진행되어 당황스럽기만 했다. 왕자님
을 잘 보호하고 시키는 일을 그대로 하라는 말만 들었다. 왕자가 직
접 왕위에 손을 대 새 왕을 세우는 이런 일을 하리라는 귀띔조차 없
었다. 국내성의 큰 장수도 이런 식으로 펼쳐지는 일에 대해서는 말
하지 않았다. 염모는 그저 왕자 보해가 하는 대로 지켜볼 뿐이었다.
일단 일이 크게 벌어졌으니 뒤집히지 않도록 보해를 지켜야 한다. 이
밤에 벌어진 일을 때가 될 때까지는 왕성 안팎에서 알지 못하게 해
야 한다. 혹 한둘이 알아도 다른 마음먹지 않게 주변을 잘 보고 지키
는 일이 자신의 몫이라는 생각이 들었다.

서라벌에서 간 사람들이 왕자 눌해를 모시고 대령채에서 왕궁으
로 오기까지 사흘이 걸렸다. 보해는 이 사이에 왕궁 안팎 일을 모두
마무리 지었다. 알지신께서 마립간 실보를 데려가기 전에 왕이 내린
유조(遺詔)를 서라벌 진골 귀족 모두에게 알렸다. 화백회의가 열렸

---

*눌지 마립간(訥祇麻立干)이 왕위에 올랐다. 나물왕(奈勿王)의 아들이다. 어머니는 보반 부인(保反
夫人)으로 미추왕(味鄒王)의 딸이다. 왕비는 실성왕(實聖王)의 딸이다. 나물왕 37년(393)에 실성을
고구려에 볼모로 삼았으므로, 실성이 돌아와 왕이 되자 나물이 자기를 외국에 볼모로 보낸 것을 원
망해 그 아들을 해쳐 원한을 갚으려 했다. 사람을 보내 고구려에 있을 때 알고 지내던 사람을 불러 몰
래 말하기를 "눌지를 보면 곧 죽이시오" 했다. 마침내 눌지를 가게 하여 도중에 [고구려 사람을] 맞도
록 했다. [그런데] 고구려 사람이 눌지를 보니 외모와 정신이 시원스럽고 우아해 군자의 풍채가 있으
므로 마침내 "그대 나라의 왕이 나를 시켜 당신을 해치도록 했으나 지금 그대를 보니 차마 해치지 못
하겠다" 하고 돌아갔다. 눌지가 이를 원망해 도리어 왕을 죽이고 스스로 왕위에 올랐다. 《삼국사기》
권3, 〈신라본기〉 3, 눌지 마립간) 왕은 전왕의 태자 눌지(訥祇)가 덕망이 있으므로 이를 두려워하고
또 미워하여 장차 그를 죽이려 하였다. 고구려의 군사를 청하여 거짓으로 눌지를 맞이하여 [죽이도
록] 하였다. 그러나 고구려인이 눌지에게 어짊이 있는 것을 보고 이에 창끝을 거꾸로 하여 [실성]왕
을 죽이고 눌지를 세워 왕이 되게 하고 가버렸다. 《삼국유사》 권1, 〈기이〉 1, 제18대 실성왕)

다. 눌해가 다음 마립간으로 정해졌다.

옛 마립간의 눈을 가리고 귀를 간질였던 자들이라 하여 몇몇 대성 귀족들이 죽음을 당했다. 저들의 가산은 몰수되고 가족과 인척들은 노비가 되어 나라의 여러 관가에 나누어 보내졌다. 왕자 눌해는 마립간으로 즉위하자 관례대로 보해에게 갈문왕의 칭호를 내렸다. 선화 공주는 자연스레 갈문 왕비가 되었다. 일성택은 일성궁으로 불리게 되었다.

염모는 이런 일들이 진행되는 것을 그저 멀거니 볼 뿐이었다. 문득 보해가 무섭다는 생각이 들었다. 새삼 왕족이나 귀족들은 '종족이 다르구나' 했다. 자기처럼 평범한 백성에서 군관의 자리에 오른 사람과는 생각하고 보는 게 다르다는 생각이 들었다.

'앞으로도 무슨 일이 벌어질지 모르겠군. 국내성에서는 일이 이렇게 되리라는 것을 몰랐을까?'

보해와 선화 부부를 지키는 데에 온 힘과 정신을 모으면서도 염모는 앞으로는 순간순간 판단하고 처리할 일이 적지 않을 것이라는 예감이 들었다.

'부여성에서 외적 물리치고 백성 지키는 일이 얼마나 쉬운 일이었는지 이제야 알겠군.'

민심

염모도 왕자 눌해에 대해서는 알지 못한다. 국내성의 큰 장수도 눌해 왕자에 대해서는 말하지 않았다. 국내성 큰 장수에게 급히 병사를 보내 서라벌 왕성에서 일어난 일에 대해 알렸으나 아직 답이 없다. 일단 처음 마음먹은 대로 신라의 새 마립간이 옛 마립간 사람들로부터 되치기를 당하지만 않으면 된다. 염모와 마름재 고구려 병사들이 해야 할 일은 서라벌 백성들이 눈치채지 않게 조용히 새 마립간 눌해와 그 둘레의 사람들을 지키는 것, 그것 하나다. 물론 쉬운 일은 아니다. 서라벌 바깥에서 옛 마립간을 그리워하는 자들이 무리를 짓고 있다는 소식도 있으니까.

며칠 사이에 일성궁이 왕궁 다음으로 서라벌 백성들의 눈과 귀가 쏠리는 곳이 되었다. 새 마립간 눌해는 엉겁결에 왕이 된 것이나 마찬가지였다. 그는 갈문왕이 된 동생 보해에게 나라 일을 거의 맡기다시피 했다. 보해가 손사래를 쳤다고는 하나 실제 모든 일이 갈문왕 보해를 중심으로 돌아갔다. 눌해의 즉위식이 준비될 즈음부터 염모는 왕성에 출입하지 않았다. 마름재의 고구려 병사들에게도 당분간 북천 건너 왕성 거리로 나가지 못하도록 했다. 일성궁으로부터 마름재 성채로 오는 사람도 없었다.

달포가 흘렀다. 마름재에서 풀어놓은 '풍설' 모으는 사람들로부터 몇 갈래 이야기가 군관 염모의 귀에 들어온다. 갈문왕이 왜에 인질로 있는 왕자 미해를 보고 싶어 하는데, 아무도 왜에 가려는 자가 없다는 것이다. 왜왕이 미해에게 아리따운 여자를 내리며 왜 사람이 될 것을 권유하자 미해의 마음이 크게 흔들렸다는 이야기도 저잣거리를 돈다고 한다. 이 소식에 보해가 크게 화를 냈다는 말도 있다.

바다 너머 천릿길 바깥세상 돌아가는 낌새가 이렇게 자세히 돌다니, 누군가 말을 흘리는 것 아닌가? 그러나 눌해 마립간이 무슨 생각을 하고 갈문왕 보해 말고 누구와 어떤 말을 나누는지는 풍설이

들어오지 않는다. 염모는 '눌해 마립간에 대해 더 잘 알아보는 것이 좋지 않을까?' 하다가 옷 입음새를 가다듬는다. 그의 발걸음이 병사들이 무술 훈련을 하는 성채 뒤꼍으로 향한다.

새로운 풍설이 염모의 귀에 들어온다.

'눌해 마립간이 갈문왕 보해를 두려워한다. 보해 뒤에는 새로 온 고구려 군관이 있다. 신라 귀족 가운데 누구를 역모(逆謀)로 몰지는 그가 정한다. 화백들도 이것이 무서워 더 이상 모이지 못한다', '갈문왕은 고구려 사람의 앞잡이가 아니다. 알지신과 직접 말을 나누는 사람이어서 신관이나 마찬가지다', '갈문왕이 실보 마립간을 직접 죽였다. 신관은 무슨 일이든 할 수 있다. 새 마립간 눌해도 보해의 손안에 있다', '일성궁의 선화 왕비는 신의 말씀을 직접 듣는 대신녀다. 보해도 그의 말대로 한다. 눌해 마립간도 나라 일을 정하기 어려울 때에는 선화 왕비의 말을 들으려 일성궁에 사람을 보낸다', '선화는 알지신과도, 나을신과도 통한다. 신라의 첫 대신녀 아로님이 환생한 분이다.'

큰일이다! 백성의 눈과 귀가 온통 갈문왕과 갈문 왕비에게 쏠리고 있다. 이런 식이면 언젠가는 눌해 마립간이 보해왕과 선화 왕비에게 해를 입힐 수도 있다. 어떻게 하면 백성의 눈과 귀가 일성궁에서 멀어지게 할 수 있을까? 내가 나설 일인가? 아닌가? 머리가 어지럽다. 빨리 국내성에서 기별이 와야 할 텐데, 겨울이 벌써 코앞이건만 여전히 종무소식이다.

금

북천 물이 넘쳤다. 물이 마름재의 고구려 성채 앞까지 번졌다. 봄 농사 채비에 분주하던 백성들은 한숨을 쉬며 산에 오른다. 봄나물이라도 뜯고 나무껍질이라도 벗겨야 데치고 삶아 허기를 채울 것 아닌가? 등에 붙은 뱃가죽이라도 떼야 밭이라도 다시 고를 것 아닌가?

서라벌은 벌 넓은 곳이 여러 군데다. 풍년이 들 때는 집집이 떡도 해 먹을 수 있을 정도로 여유를 부릴 수 있다고 한다. 그러나 북천에 큰물이 졌을 때는 이야기가 다르다. 서라벌 벌의 절반 가까이가 물에 잠긴다. 밭도 다시 갈아야 한다. 봄보리 농사는 아예 물 건너간다. 보릿고개를 제대로 겪게 된다.

다들 삼십 년 만의 큰물이라며 한숨을 쉰단다. 민심이 뒤숭숭해

금 구슬과 금 달개, 금가락지(경주 황남대총 출토, 국립경주박물관)

질 만하다. 아니나 다를까 어디선가 요상한 소문이 백성들 귀로 흘러들고 염모네 성채며 선화네 일성궁에도 알려진다.

'북천 바닥에 금이 깔려 있다!'

금이라.

'금은 하늘에서 내리는 것이야. 대국이라지만 북국 고구려에 해마다 한 섬지기로 보낸다니 괴이한 일이 아닌가?'

백성들이 수군거린단다. 하지만 북국에 보내는 금은 서라벌 바깥에서 받아 모으는 것이라고 한다. 보리는 이런 소리들이 어디에서 오는지, 사실인지 아닌지 알아오라는 명을 받는다.

'도대체 풍설이라는 것이 끝이 없군. 이건 또 무슨 소리인가. 서라벌은 금 나는 곳이 아니다. 게다가 산도 아닌 물에서 금이 난다니, 도대체 어느 놈이 무슨 심보로 이런 소리를 내지? 이런 말이 거리에 흘러 다니게 하는 놈이 누굴까?'

보해는 고개를 갸웃거린다. 선화가 말을 건넨다.

"무슨 생각에 또 그리 골몰하세요? 좀 편안히 쉬세요."

보해가 선화를 마주 보며 미소 짓는다.

"왕비가 시녀에게 들었다는 북천 금 얘기 말이요. 사람들은 '금' 하면 귀가 번쩍 뜨이는가 보오. 그래도 어찌 물에서 금이 나오겠소. 말이 안 된다는 생각도 들고…."

"아니에요. 제가 왕의 사람이 되기 전 졸본에 있을 때에 금을 물에서 건지는 이가 있다는 얘기는 들었어요. 하긴, 그런 사람을 만나본 적은 없지만요. 금은 신이 내리는 것이니 산에서도 물에서도 다 나올 수 있지 않을까요? 이 나라에 금이 많은 것도 신이 축복한 땅이라는 뜻이 아닐지요?"

"하기는 그렇소. 우리 가문의 첫 임금도 금알 속에서 나오셨다고
합니다. 그래서 성씨도 금으로 삼았다고 하니, 금은 곧 우리 가문이
기도 하지요."

보리가 북천에서 건졌다는 금을 구해왔다. 조그만 베주머니에 담
긴 한 줌도 안 되는 좁쌀 크기의 금 알갱이들이었다. 보리는 그 값으
로 고운 명주를 한 자락이나 주었다고 했다.

"몰래 주고받는 일이어서 말입지요."

나라에 바쳐야 할 금이 백성들 사이에 몰래 오가니 그럴 법도 했
다. 금이 백성들의 손바닥 위를 옮겨 다니는 셈이다. 북천의 금에 서
라벌 백성의 눈이 뒤집히고 있다고나 할까.

선화가 "정말 금이네요" 한다. 보해가 묻는다.

"어떻게 이 금을 건졌다고 합니까. 일일이 손으로 냇바닥을 헤쳐
모은 것은 아닐 테니 말이요."

선화가 눈을 반짝이며 답한다.

"보리가 전하기는 쌀에서 돌 골라내듯이 채를 흔들어 일어낸다 합
니다. 하기는 채를 잘 흔들면 모래와 금이 나뉘겠지요."

시녀 조리가 왕과 왕비에게서 두어 걸음 떨어져 머리를 조아린 채
서 있더니, 보일 듯 말 듯 머리를 주억거리며 혼잣말처럼 중얼중얼거
린다.

"왕비님은 귀한 몸으로 자라셨는데도 모르는 것이 없으셔. 꼭 채
질도 해본 것처럼 말씀하시네!"

162

금침

선화가 금을 처음 본 것은 졸본의 주몽신궁 시절이다. 신내림까지 받고 '신궁지기로 살리라'며 마음을 다잡던 날 어미 신녀가 선화를 불렀다. 어미 신녀를 따라 신궁 상차림 방 곁의 작은 방으로 들어섰다. 문턱을 넘는 순간 갑자기 눈이 부시고 정신도 어칠거렸다. 어미 신녀의 눈길을 느끼며 정신 차리고 보니 방 곳곳에 작은 호롱불이 켜 있다. 벽에 붙인 선반에는 주발, 접시, 작은 주머니들이 올려졌다. 선반 아래에도 작은 단지들과 나무통, 망태, 자루 같은 것들이 가지런히 놓여 있다. 선화의 정신을 어지럽게 한 것은 단지니 주머니에 들어 있던 약재에서 흘러나온 향이었다. 방 가운데 놓인 커다란 탁자 위에도 그릇이 여러 개 놓였는데, 그 가운데 몇 개에 반짝거리는 것이 담겼다. 선화의 눈길이 그것에 닿자, 어미 신녀가 말했다.

"금이다. 이것을 실로 빼어 몸에 넣으면 금인이 된다. 금인은 맑고 바르다. 금은 쇠와 다르고 구리와도 다르지. 금인이 되면 제 앞에 있는 사람 속에 쇠가 들었는지 구리가 들었는지 알 수 있다. 속이 흙뿐인 사람도 있지. 쇠와 구리는 같은 것끼리 밀어내나, 금은 금을 받는다. 서로 어우러져 더 밝아져! 그러나 금이 쇠나 구리와 있으면 제 본성을 잃게 된다. 금처럼 보여도 금이 아니다. 구리나 쇠처럼 쪼거나 베고 찌르는 일을 한다. 금인도 그렇게 될 수 있어. 쇠나 구리가 내는 차가운 기운이 금을 둘러싸면 금의 맑고 부드러운 기운이 갇혀버린다. 마음에 담아두어라."

그날부터 선화는 하루 한 차례 금방을 드나들었다. 어미 신녀와 금방에 머무는 시간도 점점 길어졌다. 산과 들, 물가와 물속에서 나온 약재 삼백육십여 가지를 하나씩 익혔다. 생김을 기억하고 쓰임을 알아야했다. 생김도 가지가지였고 향도 달랐다. 각각의 쓰임새는 어지러울 정도로 많았다. 한 가지 약재도 생것, 말린 것, 가루 낸 것, 찌거나 삶은 것을 쓰는 방법이 다 달랐다. 뿌리와 열매, 가지와 잎, 껍질과 속이 각각 어떻게 쓰이는지도 알아야 했다. 하나만 있을 때, 두 가지를 섞었을 경우, 여럿을 같이 다루었을 때, 각각의 약재가 내던 효능이 서로 붙거나 섞이면서 새 약재처럼 된다는 사실도 나누어 기억해야 했다. 삼백육십 가지나 되는 것이 섞이고 나뉠 때마다 쓰임과 매듭이 달라진다고 했다. 이것을 모두 익히자면 한평생으로도 부족하겠다는 생각이 들었다. 그러나 이런 것을 모두 알지 않으면 신녀로서 반드시 익혀야 할 '금'의 쓰임을 제대로 배울 수 없다 한다. 선화는 눈앞이 아득하였다.

국내성 신방 시절, 선화가 보해의 목 뒷덜미에 금침을 넣어주던 날, 보해는 넋 나간 사람처럼 멍한 표정으로 앉아 있었다.* 바로 자리에 눕더니 깊은 잠에 빠졌다. 보해는 이틀이 지나도록 자리에서 일어나지 않았다. 왕자가 미동도 않자 선화는 마음에서 불안이 피어나는 것을 느꼈다. 주몽 신당의 어미 신녀가 금침이 몸 안에서 제대로 도는 동안에는 잠에서 깨지 않는다고 했다. 그러나 실제 겪어보기는

---

*4년(645) 여름 4월 무술(戊戌) 초하루 고려에서 학문을 배우던 승려 등이 "같이 공부하던 도라츠쿠리노도쿠시[鞍作得志]가 호랑이와 친구가 되어 그 술법을 배웠습니다. 메마른 산을 푸른 산으로 만들기도 하고 또는 누런 땅을 흰 물로 만들기도 하는 등 각종 기이한 술법을 이루 헤아릴 수가 없습니다. 또 호랑이가 그에게 침(針)을 주며 '삼가하고 삼가해 사람들이 알지 못하게 하라. 이것으로 치료하면 낫지 않는 병이 없다'고 말하였습니다. 과연 말한 바와 같이 치료하면 낫지 않음이 없었습니다. 도쿠시는 항상 그 침을 기둥 안에 숨겨놓았습니다. 후에 호랑이가 그 기둥을 부러뜨리고 침을 가지고 달아나 버렸습니다. 고려국은 도쿠시가 자기 나라로 돌아갈 마음이 있음을 알고 독을 써서 죽였습니다"라고 말하였다. 《일본서기》 권24, 〈황극천황〉)

164

처음이다. 선화는 혹 어디 잘못되지는 않았을까 하는 걱정을 지울 수 없었다.

"금을 받지 못하는 사람에게는 독이 될 수 있다. 함부로 쓰지는 말아라."

어미 신녀의 당부가 머리에서 떠나지 않았다. 시녀 조리도 주인의 방 안팎을 몇 차례 드나들며 선화의 기색을 보았다. 선화도 조리가 살그머니 눈길을 흘끗거림을 알았지만 짐짓 모르는 체했다.

셋째 날 새벽, 아직 햇살이 산 너머에 있을 즈음에야 보해가 부스럭거리며 자리에서 일어났다. 낭군 걱정에 밤을 새다시피 한 선화는 자리 발치에 엎드려 잠시 눈을 붙이는 중이다. 보해가 귀를 세우니 주위에 들리는 소리라고는 선화의 새근거리는 숨소리뿐이다. 보해로서는 어떻게 된 일인지 앞뒤 짐작이 가지 않는다. 자리에 앉은 채 멍하니 선화를 내려다보고 있노라니, 창으로 아침 빛이 새어들기 시작한다.

'그렇구나. 내가 금침이라는 것을 맞았지. 그러고 나서, 잠들었는가? 어쨌든 기분이 좋군. 정신도 맑은 것 같고, 무겁고 막힌 것 같던 그 느낌은 없어졌어. 그 금침 덕인가?'

보해가 잠들기 전 무슨 일이 있었는지 되짚어보며 정신을 가다듬는데, 인기척을 느낀 선화가 잠에서 깨며 몸을 일으킨다. 눈을 부비다 보해가 일어나 앉았음을 알아챈 선화가 보해를 마주 본다. 순간 선화의 눈에 이슬이 어린다.

금인

고구려에서 금은 왕과 왕족만 지닐 수 있었다. 금은 하늘신 해모수의 후손에게만 허용되는 특별한 물질이었다. 금은 해요, 금빛은 곧 햇빛이었다. 이런 까닭에 금을 지닌 자는 해신의 피붙이임을 뜻했다. 왕가 일가붙이가 아니면서 몰래 금붙이를 몸에 지녔다가 발각된다면? 비록 뿌리부터 귀족일지라도 그는 신의 가문을 넘보는 자가 되었다. 당연히 죽음에 처해지고 그의 가족은 노비가 되었다. 귀족과 병사들이 전쟁에서 금붙이를 얻으면 그것은 곧바로 신당, 신궁으로 보내졌다. 신당, 신궁의 금은 해모수를 비롯한 왕가의 신들을 기리는 데 사용되었다. 신당이나 신궁에 모셔진 왕가의 조상신들은 온몸에 금이 입혀진 채, 한 해 한 번 세상에 모습을 보였다. 나라의 큰 제사 동맹이 열릴 때에는 온몸이 생명 빛으로 빛나는 금신이 사람들의 눈앞에 나타났다.

고구려에서 왕족이 아니면서 몸에 금붙이를 지닐 수 있는 이들이 있다. 신궁의 신녀들이다. 어미 신녀가 유화신과 주몽신에게 제사를 드릴 때는 금팔찌, 금반지, 금귀걸이, 금관을 몸에 두른다. 평시에도 신녀는 특별한 장식이 달린 금귀걸이로 자신이 누구인지를 드러냈다. 금은 신의 자손임을 보여줄 뿐 아니라 신이 함께한다는 증거이기도 했다. 신녀는 늘 금붙이를 몸에 지니고 다녔다.

졸본신궁에 들어간 지 셋째 해에 선화는 아기신녀에서 벗어나 신내림을 기다리는 작은 신녀가 되었다. 작은 신녀가 되자 금붙이를 몸에 지닐 수 있게 되었다. 비교적 간단한 장식의 금귀걸이였으나 이것을 처음 귀에 걸던 순간을 선화는 생생하게 기억한다. 금의 신비한 기운이 또렷하면서 부드럽게 선화의 몸 안으로 흘러들었다. 순간 선화는 온몸이 불에 덴 것 같은 느낌을 받았다. 데었던 몸이 천천히 녹아드는 듯도 느껴졌다.

고구려 왕녀의 위엄과 기품, 그것을 증명하는 화려한 금귀걸이와 금빛 관장식! 서라벌 왕가의 여인들은 북국 신족의 힘과 기운이 선화를 둘러싸고 있음을 느끼며 고개를 숙였다. '저것이 하늘의 빛, 태양족의 힘인가?' 하는 표정을 감추지 못했다.

서라벌에서도 왕가 사람은 금을 몸에 지닐 수 있었다. 혁거세 거서간도, 탈해 니사금도, 알지 마립간도 모두 금알이나 금 상자에서 나왔다고 했다.* 그런 까닭에 그 후손들이 금과 닿아 있는 존재임을 누구나 받아들였다. 서라벌 왕가의 사람들이 스스로를 '금인'이라 한다 해도 이상하게 여길 사람은 없었다. 금은 본래 신의 흔적이니 신을 뿌리로 둔 왕가의 사람들이 금인이 아니면 누가 금인이겠는가. 왕가 사람이나 여염의 백성들은 신라가 금신을 시조로 둔 나라라는 사실을 자랑 중의 자랑으로 여겼다.

서라벌에서도 왕가 사람이 아니면서 금을 지니고 있는 자는 왕가에 대들려는 마음이 있다 하여 중죄로 다스렸다. 신라 지경 안에서 발견된 금은 모두 서라벌의 왕궁으로 보내졌다. 그러나 신라는 왕가

---

*9년(65) 3월에 왕이 밤에 금성(월성) 서쪽 시림(始林) 숲속 사이에서 닭이 우는 소리를 듣고, 날이 밝자 호공을 보내 이를 살펴보게 하였다. 그가 시림에 이르러 보니 금색으로 된 조그만 궤짝이 나뭇가지에 걸렸고, 흰 닭이 그 밑에서 울고 있으므로 돌아와 이 사실을 아뢰었다. 왕이 사람을 시켜 그 궤짝을 가져오게 했다. 궤를 열어 보니 조그만 사내아이가 그 속에 들어 있는데 용모가 기이하게 뛰어났다. 왕이 기뻐하며 군신들에게 이르기를, "이 어찌 하늘이 나에게 아들을 보내준 것이 아니겠는가?" 하고 거두어 길렀다. 아이가 자람에 따라 아주 총명하고 지략이 많았으므로, 이름을 알지(閼智)라 하고, 그가 금궤 속에서 나왔다고 하여 성을 김(金) 씨라 하였다. 또 시림을 고쳐 계림(鷄林)이라 하고 이를 국호로 삼았다. 《삼국사기》 권1, 〈신라본기〉 1, 탈해니사금)

가 여러 갈래였고 일가붙이들이 나라 여러 곳에 퍼져 사는 땅이다.

신라에서는 왕궁 바깥의 왕가 사람들, 서라벌 바깥의 왕가붙이들도 금을 가질 수 있었다. 다만 왕궁 안의 사람이 아니면서 금을 많이 지니고 있다고 자랑하는 것은 금기시되었다. 왕가 사람이어도 금자랑은 왕실에 대한 반심을 보이는 자로 여겨졌다.

너무 많은 이들이 몸에 지닐 수 있었던 까닭에 희미해지던 금인으로서의 자부심이 선화로 말미암아 서라벌 왕가 사람들에게 되살아나기 시작했다.

'그래, 우리도 금신의 자손 아닌가? 그러면 우리가 금인임을 안팎에 알려야지! 우리 일족이 금족임을 누구나 알아야지', '그렇다면 이제 금을 신라 바깥으로 보내는 일은 그쳐야 해. 비록 고구려 대왕이 이 나라에 큰 덕을 끼쳤다 해도 감사는 다른 것으로 해야지. 하필이면 금인가? 금은 이 나라가 금신으로부터 시작됐음을 나타내는 '얼'이야. 북국 대왕이 원한다고 해도 이제는 안 된다고 해야지!'

왜인과 가야인의 서라벌 포위를 풀어준 데 대한 감사 표시로 신라에서 북국 고구려에 '금'을 보내기 시작한 지는 이미 오래되었다.

처음 이 이야기가 돌자 서라벌 민심은 크게 요동쳤다. 그러나 오래가지 않았다. 고구려의 힘을 두 눈으로 생생하게 목격한 뒤라 더는 다른 소리가 나오지 않았다. 그런데 나라가 다시 안정을 찾고 신라의 왕자가 고구려 왕녀를 아내로 맞아 제 나라로 돌아오는 지경에 이르자 민심의 흐름이 달라지기 시작했다. 보해가 조용히 아무도 모르게 금인대(金人隊)를 만들기로 마음먹은 때도 이 무렵이다. 보해는 저잣거리에서 어떤 하급 관리가 지껄이던 말을 마음에 깊이 담아두고 있었다.

'금인의 나라에서 금을 바깥세상으로 보내다니, 도대체 누가 이런 생각을 했어. 이 나라가 이제는 금인의 나라가 아니라는 것인가? 이렇게 고구려가 시키는 대로 하다가는 알지신의 나라가 온전하겠는가?' 보해는 북천에서 금이 나와 백성들이 줍는다는 소리를 듣자 언짢은 마음을 감출 수 없었다. '물에서 금이 나다니, 말도 안 돼. 그런 일이 있어서도 안 되고, 금은 하늘에 계신 알지신이 내리는 것이야. 하늘에서 내려오는 것이 어떻게 물에 있는가?'

그러나 보리가 북천에서 거뒀다는 금 알갱이를 한 줌 구해오자 보해의 생각은 바뀌었다.

'뭔가가 있어. 알지신이 부러 흘린 것이 아니면 이렇게 백성의 손에 금이 들어올 수가 있겠는가? 대신궁의 아로님이 아니면 알 수 없는 일이 서라벌에, 신라에 벌어지고 있어. 나을신궁에 사람을 보내봐야겠군.'

나
을
신
궁

나을신궁

나을신궁은 서라벌에서도 가장 성스러운 곳이다.* 왕명도 나을신궁에는 미치지 못한다. 천년 숲에 둘러싸인 나을신궁이 바깥세상과 만나는 길은 천년 숲 사이로 난 외길뿐이다. 평소에는 신궁에 쓰일 물건을 실은 우차 한 대만 이 길을 오간다. 신궁에 들어온 자는 누구도 나가지 못한다. 죽어서도 신궁 뒷문 너머 작은 터에 머문다.

신궁의 어미 신녀는 언제나 '아로'로 불린다.** 왕실의 여인으로 신

---

*9년(487) 봄 2월에 신궁(神宮)을 나을(奈乙)에 설치했다. 나을은 시조(始祖)께서 처음 태어난 곳이다.《삼국사기》권3,〈신라본기〉3, 소지 마립간)

**남해차차웅(南解次次雄)이 즉위했다. 차차웅은 또는 자충(慈充)이라 한다. 김대문(金大問)은 이렇게 말했다. "[차차웅은] 방언으로 무당을 가리킨다. 세상 사람들은 무당이 귀신을 섬기고 제사를 받들므로 이를 경외하여 마침내 존장자를 가리켜 자충이라 부르게 되었다. 그는 혁거세의 친아들이다. 신체가 장대하고 성품은 침착 중후하였으며 지략이 많았다. 어머니는 알영부인(閼英夫人)이고

숲(경주)

궁에 들어온 자, 신의 말씀을 직접 받았음을 어미 신녀가 확인한 자가 새로운 아로가 된다. 아로와 그를 모시는 아기 신녀 한 사람만 신궁 뒤켠 신이 노니는 숲에 드나들 수 있다. 신의 숲 한가운데 있다는 거울나무에는 아로와 아기 신녀만 다가갈 수 있다.

지진

땅이 크게 일렁거렸다.* 처음 사람들 귀에 들린 것은 으르렁거리는 듯도 하고 웅얼거리는 듯도 한 묘한 신음 소리였다. 커다란 호랑이나 곰이 바위에 치이거나 발목을 삔 뒤 내는 앓는 소리 같았다. 낮고도 길게, 묵직한 여운을 담은 울림이 사람들의 귀와 가슴을 파고들었다. 듣는 이의 마음을 언짢게 하는 기이한 소리였다. 저절로 소름이 돋고 두려움에 빠지게 하는 그런 소리였다.

'세 번째인가?'

사람들이 긴장한 채 소리에 귀를 기울이며 고개를 갸우뚱거리던 거리던 그때, 땅이 우르릉거리며 오르내렸다. 모든 사람에게 어지럽고 메슥거리는 느낌을 주는 그런 울림이 왔다. 길이 갈라지고 흙벽이 무너졌으며 기왓장이 우수수 떨어졌다. 궁성의 돌 성벽이 이지러지고 아름드리나무가 뿌리를 드러내며 자빠졌다. 못 바닥이 터지며 순식간에 물이 빠졌다. 영문 모른 채 바닥에 내동댕이치다시피 된 잉

왕비는 운제부인(雲帝夫人)이다. 또는 아루부인(阿婁夫人)이라고도 하였다. 아버지를 이어 즉위하여 원년을 칭하였다.《삼국사기》권1,〈신라본기〉1, 남해차차웅; 이때 남해왕은 그 아이 탈해가 지혜로운 사람임을 알고 첫째 공주를 그에게 시집보냈다. 이가 바로 아니부인(阿尼夫人)이다. (《삼국유사》권1,〈기이〉1, 제4 탈해왕)

* 42년(458) 봄 2월에 지진이 일어났다. 금성(金城)의 남문이 스스로 무너졌다. 《삼국사기》권3,〈신라본기〉3, 눌지 마립간)

어와 메기들이 급하게 푸드덕거렸다. 무너진 우리에서 뛰쳐나간 소며 돼지들이 미친 듯이 거리를 내달리다가 제풀에 고꾸라지기도 했다. 나을신궁 앞의 깊은 우물에서는 물이 한 길이나 위로 솟았다.

그러나 신기하게도 신유림(神遊林)의 나무는 한 그루도 뽑히거나 쓰러지지 않았다. 신유림 전체는 고요했고 땅의 일렁거림도 겪지 않았다. 신유림 한가운데 있는 거울나무도 그 자리에 그대로 있었다. 거울나무에서 사방으로 뻗어 나온 거대한 뿌리는 땅의 움직임을 알게 하는 어떤 흔적도 보여주지 않았다. 나뭇가지에 걸린 세 개의 커다란 구리거울만 숲속의 작은 바람을 타는 듯 조금씩 흔들렸을 뿐이다.

거울나무

거울나무는 서라벌에 사로라는 이름의 나라가 세워질 때 이미 거목이요, 노수(老樹)였다.* 신이 노니는 숲, 신유림은 천 년 된 거울나무를 어미로 삼은 나무들이 무리 지은 곳이다.** 나을신궁이 들어서기 전에도 이 숲은 성스러운 곳이었다. 천군(天君)의 땅이었다.*** 아무리 큰 죄를 지은 자라도 신유림으로 들어가면 그만이었다. 아무도 그를

---

*진흥대왕(眞興大王) 즉위 5년(544) 갑자(甲子)에 대흥륜사(大興輪寺)를 지었다. 《국사(國史)》와 향전에 의하면, 법흥왕 14년 정미(丁未)(527년)에 터를 잡고, 21년 을묘(乙卯)(535년)에 천경림(天鏡林)을 크게 벌채하여 처음으로 공사를 일으켰다. 서까래와 대들보를 모두 그 숲에서 취해 쓰기에 넉넉했고, 계단의 초석이나 석감도 모두 있었다. 진흥왕 5년 갑자에 절이 낙성되었으므로 갑자라고 한 것이다. 《승전(僧傳)》에 7년이라고 한 것은 잘못이다. 《삼국유사》 권3, 〈흥법〉 3, 원종흥법 염촉멸신)

**이 나라 서울에는 일곱 곳의 절터가 있다. (중략) 여섯째는 신유림(神遊林)-지금의 천왕사(天王寺)이다. 문무왕(文武王) 기묘(己卯)(679년)에 개창되었다-이요, 《삼국유사》 권3, 〈흥법〉 3, 아도기라)

***여러 국읍(國邑)에는 각각 '天君'이라는 자가 천신(天神)의 제사를 주재한다. 또 소도(蘇塗)를 만들어 큰 나무를 세운 뒤, 방울과 북을 매달아놓고 귀신을 섬긴다. 《후한서》, 〈동이열전〉, 한(마한))

173

청동거울(함평 초포리 출토, 국립중앙박물관)

붙잡으러 그 안에 들어가지 못했다. 신군이 아니면서 신들이 노니는
숲으로 들어가면 살아서 돌아 나오지 못한다는 이야기가 있었다.
실제 누구도 그 안으로 들어가려 하지 않았다. 그 숲 한가운데 여러
채의 집보다 큰 나무가 서 있고 그 아래 천군이 앉아 있다는 소문이
돌기도 했다.

사람들의 입 사이를 떠도는 천군의 모습은 여럿이었다. 기괴한 복
장, 거대한 몸, 무서운 얼굴의 신인으로 그려지는가 하면, 온화한 미
소, 따뜻한 표정, 아름다운 장식물들이 돋보이는 제사장으로 묘사
되기도 했다. 그러나 어떤 표현에서도 천군의 가슴 한가운데 매달린
커다란 청동거울은 빠지지 않았다. 청동거울과 천군은 떼려야 뗄 수
없는 사이로 인식되었다. 선하고 악한 것을 비추어 '진실'을 읽어내
고 밝히는 힘이 이 거울에 있다고 모두들 믿고 있었다. 그런 신비한
능력을 지닌 성스러운 거울은 하늘의 신이 내린 것이다. 이 거울이

174

있는 곳은 천군이 아니면 가까이 갈 수 없다고 했다. 거울을 몸에 건다는 것은 거울을 모시는 것이었다. 누구도 거울의 힘이 미치는 곳에 가려 하지 않았다. 천군은 늘 홀로 있다고 믿어졌다.

사로가 나라로 서자, 시조왕 혁거세 거서간이 신유림 앞에 하늘신을 모시는 신궁을 짓게 했다. 거서간의 누이 아로가 신궁의 신녀가 되었다. '천군이 숲 가운데 있는 신령스런 나무에 거울을 걸어두고 하늘로 올라갔다'는 소문이 백성들 사이에 널리 퍼진 뒤였다.

청동거울은 신물(神物)이어서 신과 하나 된 사람이 아니면 만질 수도 없다고 했다. 가슴에 거울을 매달 수 있던 천군과 달리 어미 신녀인 아로는 거울을 몸에 지니지 못했다. 거울은 이제 나무와 함께 있었고 그 나무는 신목으로 불렸다. 세상의 일에 대한 신의 뜻을 알려고 할 때 아로는 거울나무로 갔다. 신의 뜻이 거울에 비치면 신녀는 그것을 읽고 신궁으로 돌아왔다. 신의 말씀을 기다리던 '왕의 사자'는 아로에게 들은 것을 왕에게 전했다. 왕의 사자는 자주 신궁 바깥에서 신의 말씀을 기다렸다. 아로는 아기 신녀를 통해 신의 말을 전했다.

대면

나을신궁이 잠시 부산스러워진다. 갈문왕 보해의 아내이자 고구려 왕녀인 선화 왕비가 신궁으로 오겠다는 전갈을 보내온 까닭이다. 전례 없는 일이다. 그러나 아로가 그를 맞겠다고 답했으니 신궁 사람들이 바빠질 수밖에 없다. 아닌 밤중에 홍두깨 내밀 듯 하는 일이어도 어미 신녀의 말에는 누구도 토를 달지 않는다. 신궁 안팎이 거듭 깨끗이 손봐진다. 그러면서도 모두들 궁금해한다. 비록 마립간보다 권세가 더하다는 갈문왕 보해의 왕비라고 해도 신녀가 아니면서 어떻게 나을신궁에 올 수 있을까? 이전에는 없던 일이라는데, 아로님은 왜 그분이 오는 것을 허락하셨을까? 알지신께서 아로님에게 이런 일이 있으리라고 말씀하셨나?

아로는 갈문 왕비를 신궁 별채로 인도하며 '기품 있고 아름다운 분'이라는 느낌을 받았다. 선화의 머리와 팔, 손에서 번쩍이는 금제 장신구가 신궁의 공기를 금빛으로 물들이는 듯한 분위기가 연출되었다. 서로를 만나고 아는 게 다라는 것을 둘 모두 알고 있었다. 정갈한 다과로 손님맞이 절차를 끝내자 아로가 갈문 왕비를 신궁 본채로 안내한다. 기둥과 들보가 붉은 주사로 덮인 본채에 신단은 있어도 신상은 없다. 고구려의 졸본 대신궁과 다르다. 신단도 낮은 계단 몇 위의 평상 넓이만 한 공간 앞에 붉은 천을 드리운 게 다인 듯했다. 선화는 제상 앞에 무릎 꿇고 절하고 일어나 다시 허리를 숙이며 속으로 묻는다.

'무슨 뜻일까? 알지신은 하늘에 계시다는 걸까?'

아로가 선화를 별채로 다시 인도하여 자리에 모신 뒤 미소 띤 얼굴로 말한다.

"왕비님, 알지신은 늘 우리와 계시지만 말씀은 저에게 하십니다. 저도 본채 뒤 신의 숲에 들어가야 알지신의 말씀을 들을 수 있습니다. 숲 한가운데 있는 신목 앞에서요. 그때는 저도 왕비님처럼 온몸을 금으로 장식하지요."

선화가 묻는다.

"그러면 본채에 모신 분은 신께서 계신 숲이고 나무군요?"

아로가 눈으로 웃으며 고개를 끄덕인다.

"왕비님도 신궁살이를 해보신 분 같습니다. 제가 그런 기운을 느낍니다. 신녀들은 서로 통하지요."

선화도 입술 끝 웃음으로 답한다.

작은 조각구름이 스치듯 해를 살짝 가렸다가 하늘 저편으로 흐른다. 청명한 날이다. 신궁 주변에서는 새 소리만 가끔 들릴 뿐이다.

금인대

고구려 바람

주위에 고구려 것이 아닌 게 없다. 그릇이니 기와니 모두 고구려에서 오거나 고구려 공장이들이 만들었다. 옷도 고구려식이요, 머리 장식도 고구려 사람을 흉내 냈다. 어쩌다 이 지경에 이르렀나. 보루 말이 맞다. 걱정할 만하다. 십 년은커녕 몇 해 안에 서라벌이 온통 고구려 사람으로 채워질 참이다. 옷도 그릇도 고구려식이면 뼈만 신라 사람이지 살은 고구려 사람이나 마찬가지 아닌가?

내가 왜로 가기 전에 벌써 백제의 기세가 크게 꺾였으니 이제 이 땅에 고구려에 맞설 나라는 없다.* 지난 전쟁으로 가야 나라들도 여

---

*9년(399) 기해(己亥)에 백잔[백제]가 맹세를 어기고 왜와 통(通)하였다. 왕이 평양으로 내려갔다. 신라왕이 사신을 보내 아뢰기를, "왜인이 국경에 가득 차 성지(城池)를 부수고 노객(奴客)을 백성으

178

문고리(경주 안압지 출토, 국립경주박물관)

럿 망해 궁벽 진 곳의 몇 나라만 숨 쉬며 눈치 보는 꼴이 되었다. 왜
는 가야 사람들 돕다가 낭패를 본 뒤 고구려에서 배를 내 바다를 건
널까 두려워한다. 북국신왕의 병사들이 제 땅에 발 딛을까 겁먹고
있다. 이 땅이 고구려 천하처럼 바뀌었으니 알지신의 나라가 제 명을
보존이나 할 수 있을까?

형님 보해는 고구려 대왕에게 크게 은혜를 입었고 형수 선화는 고
구려 공주다. 그러니 저들이 고구려 바람 막자고 나설 수도 없다. 혹
그리 하면 고구려 사람들도 '은혜 모르는 사람'이라며 크게 언짢아
하리라. 게다가 형님은 마름재 고구려 군관 염모와도 막역한 사이란
다. 그런 형님이 그럴 수 없는 노릇이다. 염모 덕에 갈문왕이 된 것 아
닌가? 결국 고구려 바람을 잦아들게 할 사람은 나뿐인가?

미해는 갑자기 마음이 묵직해지는 것을 느낀다. 그렇다고 해서 달
리 뾰족한 수가 보이지 않는다. 사람들의 눈이 다른 곳에 쏠리게 해
야 하는데, 마땅히 눈에 띄는 것이 없다. 지금 이 신라에 고구려에 비
할 만한 무엇이 있을까? 이제는 답답함이 목구멍까지 차오른다.

미해가 문갑에서 작은 청동거울을 꺼낸다. 오랫동안 갈지 않은 탓
인지 거울에 제 얼굴이 제대로 비치지 않는다. 고개를 주억거리며
억지로 자기 모습을 읽어내보니 신라 사람 같기도 하고 아닌 것 같기

로 삼으려 합니다. 왕께 귀의하니 구원해 주십시오" 하였다. 태왕이 은혜와 자애로 그 충성을 아껴 사
신을 보내 돌아가 (고구려의) 계책을 알려 주도록 하였다. 10년(400년) 경자(庚子)에 왕이 보병과 기
병 오만 명을 보내 신라를 구원하게 하였다. (고구려군이) 남거성(男居城)을 거쳐 신라성(新羅城)에
이르렀더니 그곳에 왜가 가득하였다. 관군(官軍)이 도착하자 왜적이 퇴각하였다. 그 뒤를 급히 추격
하여 임나가라(任那加羅)의 종발성(從拔城)에 이르니 성이 항복하였다. (중략) 예전에는 신라 매금
(寐錦)이 몸소 고구려에 와 일을 논의한 적이 없었다. 국강상광개토경호태왕 (중략) 매금이 (중략)
조공하였다. 《광개토왕릉비》)

도 하다. 고구려풍은 아니나 왜색이 없다고 하기도 어렵다. 십여 년 왜에서 먹고 자고 입었으니 뭔가 제 몸에 붙었다면 왜색이리라. 오랜만에 형 보해를 보자 대뜸 고구려풍을 느낀 것과 진배없으리라.

우선 나부터 서라벌 사람으로 되돌아와야 한다. 다시 내 몸에 신라 빛이 들게 해야 한다. 고구려도 아니고 왜도 아니며, 백제나 가야는 더욱 아니다. 신라가 내안에 들어와 밖으로 뿜어 나올 정도는 되어야 하지 않겠는가? 미해가 방문을 열고 솔 향 가득한 마당으로 나온다. 그래, 이게 서라벌 냄새야!

미해가 서라벌의 힘 있는 사람들과 만나 그 마음에 알지신과 서라벌이 되살아나게 하려 애쓰는 동안, 갈문왕의 수하들은 부지런히 고구려 거리를 오간다. 석제상의 아들 보루는 열흘이 멀다 하고 고구려 장사치와 장인들 가운데 손이 크고 사람 여럿 거느린 자들을 제 집으로 불러 대접한다. 이것저것 고구려 물화를 주문도 한다. 한 달에 한 번 정도 마름재의 고구려 군관 염모를 만나는 일은 갈문왕 보해가 직접 나선다. 술상 놓고 마주 앉기도 하고 산과 숲으로 함께 사냥 나가기도 한다.

아지

'저런 것은 어디서 구하지?'

아지는 속이 끓는다. 왕가 사람이 아니니 감히 금으로 된 것은 바랄 수 없다. 그러나 갈문 왕비가 머리와 귀, 손에 장식하고 나왔다는 그런 치레걸이를 흉내 낸 비슷한 것은 어떻게든 갖고 싶다. 그냥 집 치레걸이 함에 넣어두고 날마다 꺼내서 한 번씩 보기만 해도 속이

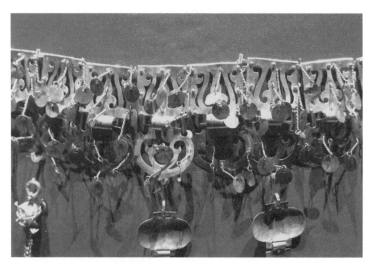

금제 허리띠 장식(경주 황남대총 출토, 국립경주박물관)

시원할 것 같다. 그러나 서라벌 어디에서도 구할 수 없다. 시종을 시
켜 고구려 거리에 몇 차례 다녀오게 했지만 구해오지 못했다.

아지는 서라벌에는 왜 그런 치레걸이를 만드는 신라 공장이가 없
는지 부아가 난다.

'고구려 사람들은 별난 재주도 다 있어.'

아지가 온갖 궁리를 하며 안채 마당을 돌다 제 방으로 돌아온다.
안방 안벽에 붙여 만든 벽감 문을 열고 알지신단 앞에 무릎을 꿇더
니 무작정 빌기 시작한다.

'알지신이시여, 우리 서라벌에도 눈 좋고 손 좋은 공장이를 보내
주소서. 그로 하여금 갈문 왕비가 자랑하는 그런 귀걸이며 팔찌, 가
락지를 만들 수 있게 하소서. 저 고구려 공주의 콧대를 꺾을 수 있게

하소서. 우리도 고구려 사람들 앞에 목을 세우고 턱을 쳐들며 우리 재주를 자랑할 수 있게 하소서.'

자성

"고구려 바람이 점점 더 거세집니다. 온통 고구려 타령입니다. 서라 벌의 귀족이나 백성 모두 좋은 물건은 고구려에서 온다며 고구려 것 을 구하느라 안달복달입니다. 고구려 팔찌며 가락지 구해달라고 성 화가 이만저만 아니어서, 귀족 어른들이 안채에 발을 딛지 못한다는 소리도 들립니다."

보루의 말에 보해가 조금 무거운 표정으로 되묻는다.

"그 정도로 심한가? 백성들도 너나없이 그런가?"

보루가 말 기세를 조금 낮추며 답한다.

"서라벌의 좀 산다 하는 사람들은 그렇습니다. 서라벌 바깥은 아 직 그렇지 않은 모양입니다. 그래도 바람에는 발이 없답니다. 바람이 자꾸 불어 제끼면 왕경 바깥에서도 고구려, 고구려 하겠지요. 재물 좀 모으면 귀족 흉내 내려는 자는 어디에나 있으니까요."

갈문왕의 얼굴이 다시 평상시의 고요함을 되찾는다.

"그렇겠군. 좀 더 살펴보고 낌새가 어떤지 내게 알리게. 고구려 물 화를 다루는 큰 손들과도 더 친해두고. 서라벌 귀족 중에 이런 일에 적극 나서며 바람을 일으키려 애쓰는 이가 혹 있는지도 살펴보고 알 려주게."

보루가 아래 입술을 지그시 물어 마음을 단단히 먹고 있음을 얼 굴에 드러낸다.

"예, 그러겠습니다. 바람이 주로 어디서 불어오는지 잘 살펴보겠습니다."

보해가 주의를 주듯 낮은 소리로 말한다.

"서두르지 말게. 알려고 한다는 것도 알지 못하게 하면서 살펴야하네. 그런 이들과도 넌지시 모르는 척 얼굴을 터두게."

'점점 어려워지는구나. 고구려 바람이 서라벌 숲을 더 세차게 흔드니 이러면 나라도 넘어간다! 이 바람이 불기 시작한지도 곧 이십 년인데…'

생각할수록 마음이 무거워진다. 거리의 백성들도 고구려 물화에 마음이 쏠릴 정도가 되었다 한다. 왕실이 선 자리가 흔들리기 시작한다는 뜻 아닌가? 그렇지 않아도 고구려는 크고 힘 있는 나라다. 신라에 앞서지 않은 것이 없다. 혹 고구려 대왕이 눈길을 이 나라로 돌려 백성들의 마음 얻기에 나서면, 그것으로 이 나라는 끝이다. 신라는 잠깐 사이에 고구려 땅이 된다.

'아마 백성보다 귀족과 왕족들이 먼저 고구려 대왕의 마음 얻기에 나서리라. 한번 민심이 저 나라로 쏠리기 시작하면 걷잡을 수 없으리라. 돌이키려 해도 돌이킬 수 없겠지. 한순간에 끝날 거야.'

보해가 저도 모르게 한숨인지 탄식인지 모를 소리를 뱉는다.

"어허, 참!"

가만 생각해보니, 왕비 선화가 가락지니 팔찌로 서라벌 여인들의 마음을 흔들어놓은 것이 시작이라면 시작이다. 고구려 물화야 진작부터 서라벌에 들어와 백성들의 거리며 궁중으로 흘러들었다. 하지만 신라의 귀족 여인들이 고구려 치레걸로 맵시 낸 고구려 왕녀의 모습을 이전에는 보지 못했다. 선화가 저들의 정신을 빼놓은 것이다. 서라벌 여인들이 아름다운 고구려 치레걸이를 얻겠다며 성화를 내게 만든 건 왕비 선화다.

'고구려 바람이 내 집에서 시작되었구나. 내 아내와 나로부터 나왔구나.' 보해가 멍한 표정으로 천장을 쳐다보다가 일어나 제 생김이며 옷차림을 훑어본다.

'그래, 내가 원흉이다. 내 차림이 고구려풍이요. 내 행동거지가 고구려식이다. 그런 내가 고구려 바람이 어디서 시작되었는지 알아보라 했구나. 나부터 서라벌 사람이 아니요, 신라 왕족답지 않다. 누가 누구를 탓하겠는가. 내 집에서 나간 물결이 파도가 되고 큰 바람을 타게 생겼어. 어찌하면 좋을꼬? 그래, 고구려 것이 좋기는 좋지. 내가 다 겪은 바요. 내 아내 선화를 봐도 그렇다. 나도 아내도 이제는 신라 왕족으로 돌아가야 한다. 서라벌 사람이 되어야 해. 저가 크게 섭섭해하더라도 말을 꺼내야겠어. 나라를 다시 반듯하게 세우려면 어쩔 수 없다. 귀걸이니, 팔찌니, 신라 것을 쓰라고 말해야겠어.'

결의

"고구려가 온다. 우리 안에 고구려 대왕의 사람이 되려는 자들이 여럿 있다. 우리 김씨 가문의 큰 사람 가운데에도 그런 자가 있다. 신라를 지키는 우리 12촌 용사들이 서지 않으면 서라벌이 고구려 땅이 된다. 알지왕의 후예들이여, 맹세하라. 신의 손으로 쓴 이 글, 신이 내려주신 이 탈 앞에 서라. 알지신의 나라를 지키기 위해 기꺼이 피를 흘리며 목숨을 내놓겠다고 말하라. 박씨와 석씨 사람들은 알지신 앞에서 했던 맹세대로 살지 않았다. 알지신이 그들의 씨를 가물거리게 하셨다. 그들의 자리에 우리 금인이 있다. 우리가 알지신을 잇는 자가 되었다.* 금인의 사람들이여, 앞으로 오백 년, 천 년, 해와 달이 이 나라에 뜨고 지는 동안 언제까지라도 맹세를 지키겠다고 말하라. 그럴 마음이 없으면 지금 이 자리에서 떠나라."

미해가 전사들의 뜻을 더욱 굳게 하는 말을 마치자 보루가 검붉은 말 피로 가득한 뿔잔을 미해에게 건넨다. 두 손에 누런 귀신 탈 하나씩 받쳐 든 전사들이 미해의 말에 소리를 모아 답한다.

"아니오, 우리는 이 자리에 이대로 있겠소. 이미 오백 년을 지킨 맹세니 오백 년을 더하리다. 그 뒤의 천년도 이전처럼 하기로 맹세하리다. 금인의 나라를 지키라는 조상들의 말씀은 이 땅에 오기 전부터 지켰소. 새 땅, 신라에서도 지키리다. 누구도 우리 12촌 안을 허락 없이 지나지는 못하리라. 서라벌, 알지신의 나라를 우리가 지키리다."

시림(始林) 뒤 깊은 숲 한가운데 모인 이 사내들에서 차가운 기운이 풍겨 나온다. 숲 그늘이 더욱 서늘해진다.

희생양

갈문왕이 마립간을 따로 만나기를 청한다. 눌해가 보해를 궁궐 안 별전으로 들어오게 한다. 미해도 자리에 함께한다. 오랜만인 형제 모

---

*14년(297) 봄 정월, 옛 이서국(伊西國)이 금성(金城)을 공격해왔다. 우리 측이 크게 군사를 일으켜 방어했으나 물리치지 못했다. 문득 이상한 군사들이 왔는데 그 수가 헤아릴 수 없이 많았으며, 사람들이 모두 대나무 잎을 꽂고 있었다. 우리 군사와 함께 적을 공격해 격파하였다. 후에 어디로 갔는지 알 수 없었다. 사람들이 대나무 잎 수만 장이 죽장릉에 쌓여 있는 것을 보았다. 이로 말미암아 나라 사람들이 이르기를 "선왕(先王)이 음병(陰兵)으로써 싸움을 도왔다"고 했다. 《삼국사기》 권2, 〈신라본기〉 2, 유례이사금)

임이다. 왕에 대한 예의를 차리고 안부를 주고받으며 자리를 정하자 갈문왕 보해가 말을 꺼낸다.

"대왕, 알지신의 나라가 많이 어지럽습니다."

눌해가 갑자기 무슨 말이냐는 표정으로 되묻는다.

"무슨 말이오? 갈문왕."

미해는 두 사람의 대화를 듣고만 있다.

"죄수도 아닌 멀쩡한 사람이 머리를 밀고 거리를 활보하니 서라벌 백성들이 다 놀랍니다. 서라벌이 감옥이 되었느냐는 표정으로 서로를 돌아본다 합니다."

"좀 자세히 말해보시오. 무슨 말인지."

"예, 서역 여래를 받든다는 자들이 여럿 고구려에서 들어왔습니다. 이들이 죄수 몰골로 궁궐 담 곁을 얼쩡거린답니다. 알지신도 놀랄 일이지요."

"그래요? 고구려 대왕이 백성들에게 서역 여래 믿어도 좋다고 한건 알고 있소. 그로부터 고구려에 여래 바람이 크게 분다는 말도 들었소. 그대도 국내성에 있었으니 잘 알 것이오. 그러나 서역 여래 사람들이 서라벌에 와서 활개 치다니, 처음 듣소. 이 나라 법에서도 금하는 일 아니오."

보해가 자못 진지한 표정으로 눌해 마립간의 얼굴을 마주 본다. 갈문왕이 다시 입을 뗀다. 소리가 낮으나 무게가 실렸다. 듣는 이를 불편하게 할 수 있는 그런 소리. 평소의 보해는 이런 식으로 말하지 않는다. 그러나 오늘은 다르다. 미해도 그런 느낌을 받으며 두 사람의 대화를 주시한다.

"대왕, 그렇습니다. 국법으로 금하는 일입니다. 서라벌 저잣거리에서 내놓고 서역 여래를 말하면 붙잡아다 죽일 수 있습니다. 나라 밖으로 내칠 수도 있지요. 그러나 그런 자들이 거리를 다니기만 하면 붙잡아 들이지는 못합니다. 그들도 이를 잘 압니다. 그래서 부러 보라는 듯이 다닙니다. 서역 여래를 믿으라고 말하지는 않지요."

보해가 잠시 말을 끊었다가 잇는다.

"저들은 고구려 거리에 머물며 서라벌 저잣거리를 다닌다 합니다. 고구려 마을에 절집이라는 것이 있어 거기에서 말을 한답니다. 어떤 자는 서라벌의 알지신도 저들이 믿는 여래보다 못하다고 한답니다."

눌해가 보해의 말을 듣다 말고 미해를 본다. 의견을 묻는 것이다. 미해는 자못 심각한 얼굴로 고개를 끄덕인다. 보해의 말이 맞다는 뜻이다. 보해가 얼른 말을 덧붙인다.

"저들은 또한 부모 곁을 떠나 저들이 믿는 신의 심부름을 하며 살면 저 세상에서 더 좋은 곳에 태어날 수 있다고 가르친다 합니다. 사람의 도리를 버리라는 것이지요. 집도, 부모도, 나라도, 임금도 버리라고 가르치는 것입니다. 이런 가르침이 고구려 마을에서 서라벌 거리로 흘러들다가 서라벌 바깥으로 번져나가기는 순간입니다. 도랑물이 개천으로 흘러들면 바다로 섞여들기 어렵지 않은 것과 같은 이치이지요."

사태가 심상치 않다는 판단이 들었는지 눌해 마립간이 보해와 미해를 번갈아 본다. 눌해가 의논조로 두 동생에게 말을 건넨다.

"그러면 어찌하는 게 좋겠소? 좋은 방도가 있으면 말해보시오."

기다렸다는 듯 갈문왕 보해가 답한다.

"저들 중 어떤 자들은 서역 여래 사람들도 나라와 부모형제를 귀히 여긴다며 둘러댄답니다. 하지만 다 거짓입니다. 알지신의 나라에 큰 해를 끼치는 자들은 고구려 사람이건, 신라 사람인건 다 나라 밖으로 내쫓아야 합니다. 되돌아오면 붙잡아 죽이든지 해야지요. 고구려나 백제, 가야 사람이라도 이 나라에 있으면 이 나라 법대로 살아야 함을 알게 하고요. 고구려 거리의 사람이라도 서역 여래를 믿거나 전하면 손발에 차꼬를 채우고 목에 칼을 걸어야 합니다. 제멋대로 살게 두면 안 되지요. 다른 이들이 보고 이러면 안 되는구나 하도록 본보기를 보여야 합니다."

바람

"여보게, 소식 들었는가?" "무슨 소식?" "귀신인지 사람인지 모르는 것들이 야밤에 사람을 해치고 다닌다네. 우리 같은 상것들은 물론이고 귀족도 황천으로 보낸대!" "무슨 일로? 조상 밥 훔쳐 먹고 애비 무덤 파헤치지 않고야 그런 일을 왜 당한대?" "그거야 모르지. 그런데 말일세. 알지신 잘 모시는 집은 그런 것들이 들어가지 않는다는 게야. 집 뒤꼍에 알지신 사당 반 칸짜리라도 세워 제 올리는 집은 멀쩡하다네. 냉수 한 사발로 빌고 있어도 얼씬도 안 한다는데? 알지신은 무서워한다는 게야." "그럼 다른 신을 모시는 집은 멀쩡하지 못한가? 우리 신라에는 다른 신들도 많이 계시지 않는가?" "글쎄…." "탈해신 모신 집은 탈나는가?" "잘 모르겠네만, 그 서역 여래 모신다던 양산촌주 가문에도 비명횡사한 이가 있다네. 둘째네 아들이 아침 문안 인사 한다고 본채에 올라갔더니 애비가 죽어 엎어져 있더래."

"그럼, 알지신이 서역 여래보다 세다는 얘긴가? 무슨 얘긴가? 도무지 앞뒤가 잡히지 않는 이야기일세, 그려." "그거야 알 수 있는가? 알지신 모신 집은 어쨌거나 멀쩡하다니, 거참!"

"고구려 거리에도 서역 여래 사당이 있다던데, 거기 드나드는 사람들은 해코지 당하지 않았는지 모르겠네. 귀신들이 거기는 가지 않았다든가?" "그 거리에도 우리 신라 사람들이 산다고 들었네만. 이보게, 그 거리는 야경 전에 문이 닫히고 높은 담벼락 모서리마다 사람이 지키고 서 있어. 귀신인지 사람인지도 거기 드나들기는 어렵지 않겠는가?" "그래, 그래서 그렇구먼. 그 거리에 사는 이들은 아무 일 없겠군." "자네는 집에 알지신당이 있지 않나?" "그럼. 우리 집은 걱정이 없네. 우리 집 신당은 차려놓은 지도 오래되었지. 알지신 치성 덕에 우리 집안에는 아프거나 역귀 들린 사람도 없다네."

"신궁의 아로님은 나라든, 사람이든 길흉을 다 보신다 하네. 알지신이 몸에 내릴 때면 모든 것을 아시고 말씀하실 수 있다고 그러지. 우리야 신궁 근처에 얼씬거리지도 못하지만 말일세." "듣기로 알지신이 신녀님을 떠나시면 아무것도 기억 못하신다더군. 그런 얘기는 들었는가? 그러고는 삼일 밤낮 넋이 나가 누워계신다고 하네." "그런가? 사람 몸으로 신을 모시는 게 정말 힘든가 보이." "안 그렇겠는가? 신녀님도 제정신을 찾기까지 삼 일이라니 우리 같은 사람은 그냥 죽을 게야. 바로 황천 건너 조상님 뵈러 가는 거지." "그러게. 조상님 뵙고 엎드려 절하는 동안 세상에서는 넋 나간 내 몸뚱이 붙들고, 아이고 어쩌나 하겠지."

왜곡

"갈문왕, 야밤에 서라벌 저잣거리에 귀신 다닌다는 소리가 돌고 있다 하오. 무슨 일인지 알아보셨소?"

눌해 마립간이 걱정스런 얼굴로 묻는다.

"예, 대왕. 신도 그 소리를 얻어들은지라 한번 자초지종을 알아보았습니다."

보해가 답하는 데 소리가 편안하고 여유 있다. 눌해가 다그치듯 서둘러 묻는다.

"그래, 무슨 일이오. 정말 어디 뿌리도 모르는 귀신들이 무리로 나타난답디까? 서라벌 백성들을 해코지라도 하는 것이오?"

갈문왕 보해가 근심거리가 아니라는 투로 답한다.

"대왕, 다행히도 그런 일은 없다 합니다. 지난 달포 사이에 서라벌에서 까닭 없이 황천길 간 자가 여럿이라 하여 하나씩 알아보게 했습니다. 급체로 죽은 양산 허씨 가문 둘째 아들 외에는 모두 몹시 허약하여 오늘내일했으나 바깥에서는 알지 못했다 합니다."

보해가 잠시 말을 그치고 뜸을 들인다. 마립간이 재촉한다.

"좀 자세히 마저 말해보시오."

보해가 천천히 또렷한 소리로 말을 잇는다.

"그 까닭을 모르는 백성 하나는 날마다 헛것을 본 듯 자다가 깨어 집 안팎을 돌아다녔답니다. 그러다 발을 헛디뎌 뒤뜰 못에 빠져 죽었다 하고요. 의원의 말로 잠에 깊이 빠지면 꿈인지 아닌지 모르게 되어 그러는 일이 있다 합니다. 넋이 허깨비에 잡힌 것이지요. 허깨비라는 게 그야말로 안개 같은 것이라 약재를 제대로 다려 먹었으면 그런 일은 씻은 듯이 없어진다 합니다."

마립간이 혼잣소리처럼 중얼거린다.

"그래, 그 백성은 어찌하여 약재를 다려 먹고 제정신을 찾지 못했을꼬?"

보해가 답한다.

"그 백성은 빈한하여 의원에게 신세를 질 수 없었다지요. 하여 대왕의 은덕을 보이고자 제 종으로 하여금 그 집에 소금과 쌀을 져다 주게 했습니다. 남은 자라도 잘 먹고 입어야 허깨비 꿈에 빠지지 않으리라 여겨서지요. 제 집 창고의 것을 먼저 보냈습니다."

눌해 마립간이 그제야 안심이 된다는 표정으로 기분 좋게 덕담을 한다.

"허허, 갈문왕은 참으로 덕이 깊으오. 늘 내가 말 꺼내기 전에 그 일을 하니, 내가 나라 창고에서 그것을 내어 일성궁으로 보내리다."

보해가 바쁘게 손사래 치듯 급히 답한다.

"대왕, 이미 나라를 위해 제 창고의 것을 헐었으니 그리 하지 마소서. 그런 백성들을 더 찾아 그리로 보내심이 좋을 듯합니다. 제 창고의 것도 나라로부터 받은 것이요, 대왕의 은덕으로 쌓은 것입니다. 나라가 편하고 민심이 두터우면 그것으로 다 되었다 생각됩니다."

눌해 마립간의 얼굴이 더 환해진다.

"하여튼 귀신이 백성들 담 너머로 기웃거리는 일은 없다 하니 참 다행이오. 잘못된 말이 거리에서 돌다 민심을 건드려 술렁이게 하면 그보다 안 좋은 일이 어디 있겠소? 저잣거리에서 가벼운 입이며 혀가 백성의 마음을 쑤석거려 그 마음이 이리 쏠리고 저리 구르게 하다가 궁궐 담 밖에 이르면, 그 또한 왕과 백성 사이를 나누게 됩니다. 공은 그런 일이 없도록 지금처럼 열심히 살펴주시오. 공에게 늘 신세를 지고 있으니 그저 고맙기도 하고 미안하기도 하구려. 알지신이 곧 공에게 좋은 것으로 갚으리다."

그늘

선화는 서라벌 왕가 안팎에서 떠도는 소문, 미심쩍은 일에 대해 알려고 하지 않았다. 시녀 조리가 귀띔하듯이 저잣거리의 말을 건네려 해도 부러 입을 다물게 한다.

'알아서 좋을 것이 없어!'

어쩌다 선화의 방에 들르는 보해의 눈빛으로 충분하다. 그를 둘러싼 미심쩍고 불편한 기운이 방에 남지 않게 유화신께 빌고 빌 뿐이다. 어쩌다 이렇게 되었을까? 그 선하고 따뜻한 사람이 어쩌다 이런 맑지 못한 기운에 쌓이게 되었을까? 그 사람 안에 본래 이런 것이 있었는가?

'아니야, 그렇지 않아.'

선화가 고개를 흔들며 강하게 도리짓 한다.

'오늘 한 번 더 해볼까?'

선화가 머뭇거린다. 금침 만들기를 유화신이 허락하지 않는다. 아주 가늘게, 곧으면서도 부드럽게 몸 안으로 흘러들 수 있어야 한다. 그렇게 할 수 있을 정도로 가는 금침이 만들어지지 않는다. 졸본신궁의 어미 신녀가 그립다. 꿈에서라도 뵙기를 바라건만 옷자락도 뵐 수가 없다.

193

도용(경주 용강동 출토, 국립경주박물관)

'이 땅이 그렇게 먼가? 주몽신왕의 신마(神馬)로는 잠깐일 텐데. 이
서라벌이 작은 나라 신라의 서울이라지만 고구려의 국내성이니 평
양에 비하면 손바닥 크기이건만.'

선화는 금침이 보해의 몸을 돌게 하고 싶다. 그러나 금침을 만들지
못하니 그럴 수가 없다. 조금씩 외로 가는 듯한 보해를 이전의 다정
하고 따뜻한 사람으로 돌아오게 하려면 금침 넣기뿐 방법이 없다!

'내 낭군 갈문왕이 혹 어둔 골짝 깊이 발을 내딛으면 어쩌지? 그러
면 나는 어떻게 해야 하지?'

걱정이 걱정으로 그치기를 바라며 선화가 다시 얇게 금실 수가 놓
인 치레걸이 주머니를 꺼내본다.

분열

"그대도 잘 알지 않는가? 우리 힘만으로는 안 돼. 방편일 뿐이니 받

아들이시게."

보해가 답답하다는 듯 미해를 쳐다본다. 미해가 감았던 눈을 뜨며 보해를 본다. 표정이 어둡다. 고개를 한 번 좌우로 흔들더니 결심한 듯 입을 연다.

"안 됩니다. 백제도 안 되고, 왜는 더 안 됩니다. 잘 아시지 않습니까? 그들은 겉 다르고 속 다릅니다. 속으로는 틈을 찾으면서도 겉으로는 세상에 둘도 없는 이웃처럼 행세합니다. 웃으면서 등 찌르는 자들이에요. 우리처럼 안팎이 같지 않지요. 우리야 두말 안 하는 사람들이지만, 저들은 세 말도 하고 네 말도 합니다. 늘 시치미 뗄 준비가 되어 있어요. 저는 저들을 믿지 않습니다. 저들과는 어떤 약속도 맺어서는 안 돼요."

'말이 먹히지 않는구나!'

보해는 아무리 해도 소용없다는 것을 새삼 느낀다.

'왜에서 살면서 왜가 철천지원수가 되었어. 왜왕도 동생이 편하게 지내도록 여러모로 신경 써주었다는데, 어찌 이리 왜를 미워할까? 게다가 백제는 저에게 어떻게 한 적이 없는데, 마찬가지고.'

보해는 어찌할지 갈피를 잡기 어렵다.

아무도 몰래 왜에도 사람을 보내고, 백제에도 보냈다. 백제에서는 이미 '그러자'는 답이 왔다. 이제 왕에게 말씀드려 백제에 정식으로 사신 보내는 일만 남았다. 왜에서도 좋은 답이 올 것이 확실하다. '적의 적은 내 친구가 될 수 있다.' 고구려를 막기 위해서라면 수백 년 원수도 이웃이 될 수 있는 것이다. 지금 북국 고구려는 지나치게 강하다. 중국의 큰 나라들도 고구려에 함부로 하지 못한다고 한다. 서라벌에 고구려 성채가 선 지도 벌써 삼십 년이다. 내 나라 신라의 내일이 어떨지 대체 누가 기약할 수 있는가?

'지금은 원수라도 손을 잡아야 해.'

보루가 요지부동인 거야 이해가 되는 일이다. 미해를 탈출시키면서 석제상이 왜인에게 불에 그슬려 죽은 것은 서라벌 누구나 안다.* 보루는 금인대에서 나가게 하면 될 일이다. 대령채를 지키는 장수로 내보내도 된다. 그러나 미해는 어떻게 할 수가 없다. 그가 없으면 금인대를 누가 꾸릴 것인가? 금인대는 있어야 한다. 백제, 왜와도 동맹을 맺어야 하고…. 보해는 달리 방법을 찾기가 어려움을 느낀다. 밤이 깊다. 선화를 찾고 싶으나 그가 문을 열어줄지 확신이 서지 않는다. 보해가 선화의 방을 찾지 않게 된 지 벌써 여러 달이다. 아마 방문을 두드리면 선화는 조용히 보해를 안에 들여놓을 것이다. 그러나 선화는 보해가 신라를 고구려 대왕의 손에서 벗어나게 하려 애쓴다는 사실을 잘 안다. 말은 하지 않아도 잘 알고 있을 게 틀림없다. 선화와 보해는 이심전심으로 서로를 안다. 보해가 차마 선화에게 가지 못하는 것도 이 때문이다. 결국 보해는 그 밤을 뜬눈으로 지샌다.

---

* 이에 제상을 가두어 두고 묻기를 "너는 어찌하여 너희 나라 왕자를 몰래 보내었느냐?" 하자 [제상이] 대답하기를 "나는 계림의 신하이지 왜국의 신하가 아니오. 나는 단지 우리 임금의 소원을 이루려고 했던 것뿐이오. 어찌 당신에게 말할 수 있겠소" 하였다. 왜왕이 노하여 이르기를 "이미 너는 나의 신하가 되었는데도 계림의 신하라고 말하느냐? 그렇다면 반드시 오형(五刑)을 모두 쓸 것이나 만약 왜국의 신하라고 말을 한다면 후한 녹을 상으로 줄 것이다." 대답하기를 "계림의 개, 돼지가 될지언정, 왜국의 신하는 되지 않겠다. 차라리 계림의 형벌을 받더라도 왜국의 작록은 받지 않겠다" 하였다. [왜]왕이 노하여 제상의 발 가죽을 벗기고 갈대를 베어 그 위를 걷게 하였다 지금 갈대의 붉은 빛깔이 나는 것은 제상의 피라고 한다. 다시 묻기를 "너는 어느 나라 신하인가?" 하자, [제상이] "나는 계림의 신하다"라고 하였다. 쇠를 달구어 그 위에 제상을 세워놓고 묻기를 "너는 어느 나라 신하인가?" 하자, [제상이] "나는 계림의 신하다." 왜왕은 제상을 굴복시키지 못할 것을 알고 목도(木島)라는 섬에서 불태워 죽였다. 《삼국유사》권1,〈기이〉1, 나물왕 김제상)

자결

미해는 '이렇게 되는 건가?' 하면서도 달리 아쉽거나 안타까운 마음이 들지 않는다. 형은 형의 길을, 나는 나의 길을 가는 것이다. 길이 엇갈려 함께하지도, 만나지도 못하는 것 또한 어쩔 수 없지 않은가? 뜻하는 대로 풀려나가지 않아도 굳이 억지를 쓰지 않는 것이 좋은데? 형 보해는 그렇게 하지 못할 뿐이다.

'백제나 왜와 손잡고 고구려를 이 나라에서, 서라벌에서 쫓아낸다고 해서 이 땅이 정말 알지신의 나라가 되는가?'

미해는 여전히 그 답이 모호하다고 느낀다. 왜에서 돌아온 이래 누구보다도 열심히 알지신의 나라를 마음에 담고 살았다. '알지신을 위해' 앞장서 험한 짓을 여러 차례 했다. 알지신도 믿지만 서역 여래도 믿겠다는 자들 여럿이 자신이 이끄는 금인대의 손에 목숨을 잃었다. 그러자 알지신을 받든다며 혁거세신, 탈해신을 믿는 자들에게도 해코지를 하는 자들이 나타났다. 금인대로 하여금 그런 일에 휩쓸리지 않도록 주의도 주고 당부도 했다. 그러나 오히려 그런 일을 부추기는 자들도 있었다.

'신라는 정말 알지신의 나라가 되어야 하는가? 그게 신라를 위해, 서라벌을 위해 좋은가?'

어느 날 미해는 이렇게 묻는 자기 자신에게 놀랐다. 혹 그런 마음을 누가 알아채기라도 할까 주위를 둘러보기까지 했다. 굳이 백제나 왜를 끌어들여 신라에서 고구려를 쓸어낸다고 해서 그것이 신라에 덕이 되는지를 묻는 자신에게 미해는 한 번 더 놀랐다. '내가 왜 이러지? 뭐가 달라졌지?' 했다.

'이용하려다가 이용당한다. 제 꾀에 제가 넘어가는 식이다. 백제와 왜를 놀이패로 쓰는 것이 결코 신라에 덕이 되지 않는다.'

미해는 이런 생각을 바꾸기 어려웠다. 그런 자신을 형 보해는 받아들이지 못했다. 그 끝이 이럴 수밖에 없었나 보다. 미해는 마음을 정리한다. 딸 이화를 보지 못하고 가는 것이 마음에 걸린다. 아내 지로에게는 이런 일이 있을 수 있음을 넌지시 말해두었다. 그래도 아내에게는 많이 미안하다는 마음을 지우기 어렵다.

미해 앞에 선 자는 얼굴을 탈로 가렸다. 그러나 눈빛만으로도 누군지 짐작이 간다. 그가 공손하고 삼가는 눈빛으로 미해 앞으로 나와 작은 칼을 탁자 위에 놓는다. 미해가 눈빛으로 그 뜻을 받아들인다.* 그가 한 번 더 눈인사를 하더니 그림자 걸음으로 조용히 사라진다. 달빛에 덧창 너머 모과나무 가지가 그림자를 드리운다.

---

* 여름 5월에 미사흔(未斯欣)이 죽자 서불한(舒弗邯)으로 추증하였다. 가을 7월에 백제가 사신을 보내 화친하기를 청하므로 이에 따랐다. 《삼국사기》 권3, 〈신라본기〉 3, 눌지 마립간 17년)

이
화

신의 숲

신유림은 신이 내려와 사람과 만나는 곳이다. 물론 사람이라도 신과
의 만남을 견딜 수 있어야 한다. 신녀들 외에는 신의 기운을 견뎌내
지 못한다. 왕이라도 신의 기운을 이겨내지 못하면 죽을 수밖에 없
다. 아기신녀 시절 신유림은 이화의 놀이터였다. 아름드리 상수리나
무로 가득한 숲에 들어가면 이화는 어머니 품안에 있듯 마음이 편
했다. 생명을 다한 듯 껍질이 마르고 거무죽죽해진 고목에서 새순을
발견할 때는 새 친구를 만난 듯 마음이 좋았다.

　그늘과 햇살 사이를 오가며 숨바꼭질하다가 몸이 지치거나 놀이
가 지루해질 즈음에는 숲 가운데 있는 거울나무로 갔다. 그늘이 많
고 축축한 기운이 강한 숲 가장자리와 달리 거울나무 근처는 늘 맑

붉은 입술연지를 한 마부(송죽리벽화분, 북한 연탄)

고 밝았다. 이화는 거울나무에 매달린 커다란 거울 앞에서 왜에 있다는 아버지가 서라벌로 돌아오게 해달라고 기도하곤 했다. 신녀가 되면 신궁 바깥으로 나가지 못한다고들 했다. 하지만 이화는 몰래 입을 삐죽이며 '흥, 나가면 그만이지. 아니면 아버지가 이리로 오면 되고' 했다.

나무의 가장 굵은 가지 안쪽에 걸린 큰 거울은 정체 모를 빛으로 쌓여 있어 온전한 모습을 보기 힘들었다. 신궁 사람들 말로는 어미 신녀 아로가 알지신의 뜻을 물을 때만 잠시 빛이 둘레로 물러나고 거울에 상이 맺힌다고 했다. 이화는 '정말?' 하면서도 겁이 나 거울을 온전히 들여다보지는 못했다. 하긴 거울 달린 가지가 키위로 뻗어 있어 아기 신녀 이화는 거울 아래에서 뱅글뱅글 돌다가 몇 차례 거울을 향해 깡충거려 보는 것이 다였다.

거울나무에 걸린 큰 거울은 하나였지만 작은 거울은 여러 개였다. 굵고 가는 가지마다 가지에 어울리는 크기의 거울이 매달려 있었다. 하지만 그 거울들은 빛에 쌓여 있지도 않았고 무언가를 비추지도 않았다. 그저 오래된 구리거울일 뿐이었다. 신궁 사람들은 그 거울들이 신궁이 서기 오래 전 숲에 살던 천군들이 가슴에 달던 것이라고 했다. 천군이 하늘로 올라가면서 거울을 나뭇가지에 걸어두면 거울은 빛을 잃고 그 자리에 그대로 있게 된다는 것이다. 빛에 싸인 큰 거울은 알지신이 남긴 '영원한 거울'이라는 이야기도 덧붙였다.

출궁

어미 신녀의 얼굴이 굳어 있었다. 이화는 '무슨 일?' 하면서 특유의 귀여운 미소를 머금으며 아로를 보았다. 아로가 옅은 한숨이 담긴, 체념의 기운이 섞인 소리로 말한다.

"이화야. 신궁을 나가야겠다. 왕명이다."

이화는 어리둥절하다. 아로님이 신궁에서는 들을 수 없는 말을 한다. 무슨 말이지? 이화의 입에서 외마디 비명처럼 "어머니!" 소리가 나온다. 누구든 신궁에 들어오면 나가는 일이 없다. 노비들도 신궁 일꾼이 되면 그것으로 끝이다. 신궁에서는 아로가 왕이요, 신이다. 신궁 바깥에서도 신궁 일에 대해서는 이러쿵저러쿵 말하지 않는다. 말하는 것이 곧 알지신에 대한 불경(不敬)이다. 왕도 신궁의 궁주 아로는 신하로 여기지 않았다.* 알지신의 뜻과 말씀을 전하는 자는 신의 화신이기도 했으므로 왕이 그를 함부로 대해서는 안 된다. 왕이라도 굳이 신의 노여움을 사려 할 이유는 없지 않은가?

무슨 일이 일어난 것일까? 어떻게 아로님의 입에서 왕명이라는 말이 나오는 것일까? 알지신과 하나이기도 한 아로님에게 왕명이 내렸다! 나라에 무슨 변고가 있는 것인가? 왕과 백성 누구도 범하지 않던 일이다. 아로님의 뒤를 이을 작은 신녀를 신궁에서 나오라고 하다니, 신궁의 역사에 없던 일이다. 신궁 사람들은 모두 위아래 할 것 없이 숨죽인 채 일이 어떻게 되는지 지켜볼 뿐이었다. 신궁의 누구에게서나 사랑받던 아이. 고요하고 때로는 깊은 적막으로 가득 차 있기도 한 나을신궁에 빛과 소리를 가져다주던 이화님이 궁을 나간다고? 신궁 사람들은 가슴이 큰 돌에 눌리는 듯한 느낌으로 왕명이 내

---

* 17년(495) 봄 정월에 왕이 몸소 신궁(神宮)에 제사 지냈다. 《삼국사기》 권3, 〈신라본기〉 3, 소지 마립간)

린 첫날과 둘째 날을 보냈다.

셋째 날 이화는 신궁 바깥에서 기다리던 가마를 타고 어미 신녀와 이모들, 친구들을 떠났다. 어미 신녀 아로에게는 신궁 내전에서 인사를 드렸다. 아로는 신궁의 딸이던 이화에게 금알과 금패, 금장식이 든 작은 상자 하나, 향주머니 몇 개를 선물로 주었다. 신녀의 일을 곁에서 돕던 궁녀들도 제각기 손으로 짜거나 엮은 장식물들을 작은 신녀에게 건넸다. 신궁에서도 수백 년 만에 처음 있는 일이라 모두들 헤어지며 어떻게 해야 할지를 몰랐다. 그저 가만히 서로를 쳐다볼 뿐이었다. 사실 신궁 입구까지 왕이 보낸 가마가 들어온 것도 처음 있는 일이었다.

해후

이화는 어머니 지로 부인을 만난다는 사실이 현실처럼 느껴지지 않는다. 조금은 낯설고 어색한 상황이 눈앞에 기다리고 있다는 생각이 든다. 너무 어려서 헤어져서일까? 사실 얼굴도 잘 기억나지 않는다. 그래도 핏줄로 이어져서인지 큰 거리감이 느껴질 것 같지는 않다. 대택의 문 앞에서 딸을 기다리던 어머니는 가마가 나타나자 가슴이 쿵쿵거리는지 두 손을 가슴에 올린다. 가마 밖으로 한 소녀가 모습을 드러낸다. 딸이다. 소녀티를 막 벗어난 딸의 얼굴이 눈에 들어온다. 갑자기 숨이 막히고 가슴이 터질 듯하다.

이화

이화는 우아하면서도 기품 있는 특유의 표정과 자세를 조금도 흩트리지 않았다. 보일 듯 말 듯한 미소 역시 잊지 않았다. 그 미소, 표정, 자세는 주변 사람 누구나가 이 여인을 잊지 못하게 하는 요소 중 하나이기도 했다. 그러나 이화의 마음속 깊은 곳에서는 또 한 사람의 여인이 분노, 질투, 고통, 좌절 등으로 어쩔 줄 몰라 하고 있었다. 자신이 받고 있는 이 분노와 고통을 다른 누군가에게 던져주고 싶다. 당혹감, 질투, 좌절감을 가까운 곳에서 만나는 다른 어떤 이에게든 넘겨주고 싶다. 아름답고 화려한 왕비복을 아무렇게나 벗어 갈기갈기 찢고 싶은 마음도 간신히 억누르고 있다. 짐짓 평온하고 인자한 얼굴로 시녀 아지가 아뢰는 이런저런 말에 차분히 귀를 기울이는 모습을 연출하고 있을 뿐이다. 이화가 마음속으로 저간의 상황을 정리해본다.

'이해할 수 없어. 숙부는 무슨 마음으로 나를 이곳으로 불러들였을까? 자기가 아버지를 죽게 한 것을 속죄하려는 건가? 내가 신궁 신녀로 있는 것이 마음에 부담이 되어서? 나를 갈문 왕비로 삼으면 내가 자기를 용서할까 해서? 내 아버지를 왜에서 구해냈지만 그래도 당신은 내 아버지, 당신의 동생을 결국 죽게 하지 않았는가?'

마음이 어지러워진다. 아지가 아뢰기를 마치고 왕비의 말을 기다리고 있다. 아마 오랫동안 엎드려 있어 힘들었는지, 가냘픈 몸이 미세하게 흔들린다.

"그래, 애썼다. 물러가 쉬렴."

왕비의 말을 듣고 아지가 물러간다. 기다렸다는 듯이 이화전은 침묵에 싸인다. 왕비의 심기가 어떤지 몰라 궁녀들이 이러지도 저러지도 못하는 낌새가 문밖에서 안으로 흘러든다. 이화가 짐짓 편안한 목소리로 차를 부탁한다. 문득 고구려로부터 들어왔다는 서역차를 한 번 더 맛보고 싶다는 느낌이 들어서다. 그 안에서 마음을 다스릴 무언가가 가슴 안으로 들어올 수도 있다는 생각이 이화의 머리를 스쳐 지나갔다.

서역차에는 묘한 꽃향기가 어려 있다. 신라차와 달리 입술이 찻물에 닿을 때 이름 모를 꽃향기가 코끝을 부드럽게 감싼다. 그 향기는 국화의 그것과 비슷하면서도 다르다. 온몸의 긴장을 풀어주는 특별한 힘이 그 향에 들어 있다.

서역은 어떤 땅일까. 이 꽃은 어디에서 어떻게 자라며 모습은 어떠할까. 저 국경 마을에 몰래 숨어 산다는 서역 스님도 이런 차를 마실까? 이 차에 대해 알겠지? 이화는 언젠가 기회가 되면 그 서역 스님을 만날 수 있으면 좋겠다는 생각을 한다. 물론 갈문왕과 신하들은 '말도 안 되는 소리!'라며 두 눈에 도끼날이 어리겠지만 말이다.

고구려 공방

금실

선화가 버릇처럼 몸 치레걸이들을 꺼내 하나하나 살펴본다. 고국 고구려에서 가져온 귀한 것들이다. 은은하고도 밝은 빛이 방 안을 가득 채운다. 치레걸이들에서 사람을 안도하게 하는 기운이 흘러나오는 것 같은 착각에 빠진다. 작은 귀걸이를 손으로 집어 창 쪽으로 올린다. 바깥에서 온 빛이 귀걸이를 감싸는가 싶더니 금에서 빛이 솟는다. 선화의 가슴 안으로 알 수 없는 느낌이 빛처럼 파고든다. 부드럽고 아늑하다. 마음이 편안해진다.

치레걸이들을 다시 금주머니에 넣는다. 가느다란 금실로 수놓은 이 주머니도 고구려에서 가져왔다. 졸본신궁 신녀님이 주신 아쉬운 마음의 한 조각이다. 선화가 주머니를 탁자 위에 둔 채 반짇고리를

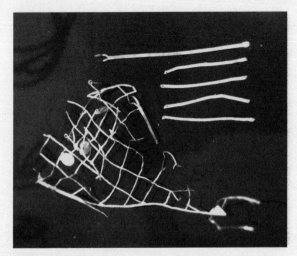

금실(경주 황남대총 출토, 국립경주박물관)

들고 와 그 곁에 놓는다. 반짇고리에서 아직 구색뿐인 작은 주머니 하나를 꺼낸다. 이제부터 이 주머니에 색실로 수를 놓을 참이다. 고향 땅에서 가져오지 않았으면 이런 아름다운 색실도 구하지 못할 뻔했다. 서라벌에는 없는 것이 많았다.

공장이

"모부지님, 혹 고구려거리에 갈문 왕비님이 지니신 그런 귀걸이며 팔찌를 만들 수 있는 공장이가 있는지요?"

이서지의 물음에 모부지가 고개를 약간 갸우뚱거리며 답한다.

"글쎄요. 대개 귀걸이며 팔찌 같은 것은 미리 부탁을 받지요. 고구려 장사치가 제 나라에서 구해와 물화를 받고 넘긴답니다. 그런 귀한 분이 지니신 치레걸이는 아무나 만들 수 있는 것은 아니고요. 이 고구려 거리에도 그런 귀한 것을 만드는 공장이가 있다는 소리는 듣지 못했습니다."

이서지가 답답한 표정을 감추지 못한다. 이서지가 다시 묻는다.

"혹, 흉내라도 낼 수 있는 이가 있다면 한번 만나보게 해주세요."

이서지가 물러서지 않자 모부지가 할 수 없다는 듯 대장간 마루에게 그를 데려간다. 모부지가 마루에게 조심스레 묻는다.

"여보게 마루, 혹 대장간 곁 공방에서 일하던 고구려 젊은이가 치레걸이도 만들던가?" 마루가 눈을 크게 한 번 끔벅거리더니 대뜸, "두모는 그런 일 할 줄 몰라요. 나무를 깎고 다듬는 것은 보았어도 쇠나 구리 만지는 것은 보지 못했습니다. 게다가 이제는 그 일도 하지 않아요" 한다.

모부지가 마루에게 이서지를 소개하며 부탁조로 말한다.

"여기 이분은 일성궁에서 나온 분일세. 갈문왕을 모시는 분이야. 고구려에서 오신 왕비님이 치레걸이 잘 만드는 공장이를 찾고 계신 다네. 혹 아는 이가 있으면 소개 좀 해주시게."

마루가 다시 눈을 끔벅거리더니 말을 툭 던진다.

"저기 길 모퉁이 주막주인한테 한번 물어보시오. 그 집 귀퉁이에 붙어 잔심부름하는 노인네가 예전에는 솜씨 좋은 공장이였다지요, 아마, 고구려 국내성 출신이라던데, 어찌어찌 이 거리까지 흘러온 모 양입디다."

지모

고구려 거리 대장간 곁에 공방이 하나 더 생겼다. 이서지가 부탁하며 내놓은 은으로 모부지가 마련한 공방이다. 공장이는 지모다. 지모가 눈이 흐려지고 손이 떨려 무슨 일이라도 할 수 없다며 버텼지만 소용없었다. 여차하면 서라벌에서 쫓겨나 대령채 너머로 되돌아가야 할 수도 있다며 을러대는데 어찌 할 것인가? 지모는 아무도 기다리지 않는 고구려로 되돌아갈 마음이 없다. 모부지가 가실이라는 신라 젊은이까지 데려다 지모에게 붙여준다. 지모로서는 공장이 일을 다시 시작하지 않을 방도가 없다.

지모는 본래 국내성에서 공장이로 잔뼈가 굵은 사람이다. 땔감지기로 시작하여 온갖 귀한 치레걸이를 다 만들어내는 으뜸 공장이에까지 올랐던 이다. 아비 공장이에게 붙어 금귀걸이며 팔찌도 만들어보았다. 그는 서라벌에서 갈문 왕비 선화가 맡기려는 일을 할 수 있는 유일한 쇠붙이 장인이다. 그러나 이 일에 손대지 않은 지 벌써 십여 년이다. 스스로도 일을 제대로 해낼 수 있을지 자신이 없다. 그래도 이서지는 지모가 이 일을 해내야 한다며 밀어붙인다. 지모가 땅이 팰 정도로 깊게 한숨 쉰 뒤, 연장통에서 작은 끌이며 망치를 꺼내 손에 쥔다.

일

지모는 손에 연장을 잡으면 앞뒤좌우에서 무슨 일이 일어나는지 모른다. 일할 때에 그는 모든 것을 잊는다. 보지도 않고 듣지도 않으며 말하지도 않는다. 금판 오리기에 들어간 뒤 지모는 입과 귀를 아예 닫고 있다. 언뜻 보면 손과 눈만 있는 사람처럼 보인다. 불편한 기색도 없다. 한 자리에 몇 시간이고 그대로 있다. 온몸이 굳거나 좀이 쑤시거나 둘 중에 하나일 텐데, 지모는 그대로 붙박이다.

일에 붙박였던 지모가 문득 자리에서 일어난다. 긴 탁자 둘레를 한 바퀴 돌더니 가실을 부른다.

"가실아."

"예, 저 여기 있습니다. 어르신."

"솔불을 이 끝과 저 끝에 하나씩 더 놓아라."

"예, 어르신."

공방 문을 열고 들어온 가실이 공방 안 뒤편 쪽문을 열더니 그 안으로 사라진다. 가실이 쪽문 안에서 나와 공방으로 다시 들어선다. 두 손에 솔불 등잔대 둘이 들려 있다. 탁자 위에 솔불이 넷이 되니 희미하게 가물거리던 그림자 몇이 바닥으로 스미듯 사라진다. 어둑

어둑하던 공방 안이 제법 훤해졌다. 지모가 다시 낮은 탁자 앞에 쪼그려 앉으며 말한다.

"됐다. 이제 나가 쉬어라."

"예, 어르신."

가실이 공방 문을 열고 나간다.

"그래, 꽃 모양, 잎 모양으로 잘라내는 게 먼저가 아니야. 알 만들어 골라 붙이는 게 일 중의 일이지. 앞뒤 없이 판 자르면 아무 소용이 없어. 일도 앞뒤가 맞아야 해. 그래야 되풀이하지 않지. 그럼, 그렇지!"

지모가 조곤조곤 곁에 누가 있는 듯이 말한다.

혼자 중얼거리는 습관이 다시 도졌는가? 지모가 다시 입을 연다.

"꽃잎 끝에 줄을 달아 침구멍 사이로 빼고 뒤에서 꼬아 안으로 감아두는 데도 반나절이야. 알 사이에 감람석 박아 넣을 때도 틈 없이 하려면 눈이 밝고 손도 재게 놀려야 하고. 기운이 받쳐줄려나?"

지모가 잠시 입을 닫는다. 생각에 잠긴 듯 눈은 감은 채다. 손도 놀리지 않는다. 또 말을 꺼낸다.

"이제 이틀 남았어. 그 안에 마무리 지어야 해. 슬슬 숨이 차오르는 것 같기도 하니 부지런히 마쳐야지. 유화신, 주몽신께 매달려보아야 겠군. 신당 앞이 아니라고 답을 안 하시려나?"

늙은 공장이 지모가 벌떡 일어나다 바로 주저앉는다. 다시 일어서더니 곁방 문 옆으로 간다. 그 앞에 무릎을 꿇고 고개를 주억거리며 유화신이며 주몽신께 빌기 시작한다. 제상도 없고 신주도 올리지 않았다. 지모 곁에는 아무도 없다. 가실은 눈 붙이러 공방 아래 제 작은 집으로 들어간 지 오래다.

"그저 마치기까지 숨이 붙어 있게 해주시오. 손끝에 일할 힘이 있고, 손이 떨리지 않게 해주시오. 이 늙은이 숨 거둘 검은 손이 곁에서 기웃거리지 않게, 눈 한 번만 크게 흘겨주시오. 어머니 유화신이여, 일이나 마치면 데려가십시오. 일 마치지 않은 놈이 조상신 곁에 가면 낯이 안 섭니다. 그저 이 일만이라도 마치게 해주시오. 조상신 곁에서 눈칫밥 먹지 않으려면 제 일은 마쳐야 할 것 아닙니까? 주몽신이시여, 조상신에게 갈 때까지 이 늙은 놈 눈과 손만은 멀쩡하게 해주시오."

가실

"어르신, 긋고 자르기가 영 마땅치 않습니다. 제대로 나오지 않네요."

"힘들더냐?"

"그건 아니올시다만, 제 눈과 손이 따르지 못하니 그저 답답하기만 합니다. 기운이 쭉… 빠져, 긋고 자를 마음이 나지 않습니다."

"욕심이야! 우물에서 숭늉 달라는 꼴이지."

"동이에 물 길어 나르고 솥에 넣어 끓여야 따신 물이라도 마시네. 다 때가 차야 해. 손에 익으려면 기다려야지."

"자네도 알게야. 눈으로야 보이지. 그래도 눈과 손이 맞으려면 기다리고, 또 기다려야 해. 우리 일이 그저 눈과 손에 익기를 기다리는 것 아닌가. 또 하고, 또 하면서 말이야."

"어르신 말씀이 옳습니다. 제 마음에 욕심이 차 있던 모양입니다. 빈 바가지에 바람 담으려는 꼴이지요. 마음이 너무 앞섰나 봅니다."

"그래, 자네 마음은 나도 알아. 기다려야 해. 자네 손은 하늘이 내

212

린 귀한 손이야. 때가 차면 자네 눈으로 보고, 또 보고, 다시 볼 물건이 자네 손에서 나올 게야. 정말 내 손으로 한 일인가? 물을 정도로 말일세. 그때는 먼저 조상신께 감사해야 해.”

지모의 눈에 가실은 하늘 공장이의 손을 지닌 젊은이다. 사십 년 전 국내성 공방 앞에서 눈만 굴리던 자신과는 아예 비교가 되지 않는다. 몇 마디 말로 가실의 눈이 고요해지니 적이 안심이 된다. 가실은 머지않아 서라벌에서 첫째가는 공장이가 될 사람이다!

지모는 이 일이 공장이로서 마지막 일임을 잘 안다. 나이도 나이려니와 눈과 손이 맞지 않을 조짐이 벌써 보인다. 그 전에 손을 놓아야 한다. 공방살이 처음 시작할 때에는 먹고 잘 곳이 있다는 것만으로 감지덕지였다, 제 손끝이 이 일에 맞는지 어떤지는 알지 못했다. 그저 주몽신 모셨다는 큰사당 쪽에 대고 코가 땅에 붙도록 절하고 절했다.

땔감 줍고 모으고, 찾아 한 짐 지고 오는 일에 몇 해를 보냈다. 공방 일을 묻거나 살필 겨를도 없었다. 장작 패어 불 때는 일도 쉽지 않은데, 공방 바깥에서 다람쥐처럼 뛰며 해야 할 허드렛일도 적지 않았다. 늦가을부터 초봄까지는 하루 낮이 너무 짧았다. 첫 해에도, 둘째 해에도 공방 대장간에서 쓸 땔감 지고 오는 일은 지모 몫이었다.

좋은 땔감 얻는 일조차 발품에 눈썰미가 더해야 했다. 철마다, 일마다 쓸 땔감이 다르고 구해올 수 있는 곳도 같지 않았다. 다 알아두고 때맞추어 모아야 했다. 도끼질조차 공방 대장간에서 처음 배웠다. 막도끼가 달랐고 손도끼가 달랐다. 쥐는 법도 다르고 패는 법도 달랐다. 인적 없는 산기슭에서 눈빛 사나운 짐승과 마주치면 어떻게 해야 하는지도 결국은 스스로 깨쳐야 했다. 눈싸움에 기싸움까지, 말 못하는 짐승도 대하기가 여간 까다로운 게 아니었다.

땔감도 정말 가지가지였다. 굵기에서 마른 정도까지 질긴 놈, 부드러운 놈, 거친 놈, 찰진 놈, 성긴 놈, 잔가지 많은 놈에서 적은 놈까지. 옹이도 잘게 박힌 놈, 굵게 한두 군데 있는 놈, 모인 놈에 흩어진 놈! 땔감 타령 한 곡조 길게 뽑아도 밑천 마르지 않을 정도가 되었다. 그제야 공방 앞마당에서 팬 땔감을 안에 들이는 일이 허락되었다. 공방 둘레 십리 길 산야에 모르는 곳이 없게 된 그 무렵, 공방 큰 어른이 지모를 안으로 불러들였다.

"옛날 일이다! 옛날 일."

지모가 나지막이 혼잣말로 중얼거린다.

불

그래, 제일 어려운 게 불이다. 지금도 안다고 말 못하는 게 그거지. 가실에게 가르쳐주겠다고 나서기도 마땅찮은 일. '불 다루기!', 들려주어 알 일이 아니다. 조상신의 나라로 갈 때까지도 제대로 알 수 없으리라.

불은 정말 알기 어렵다. 유화신도, 주몽신도 그 끝자락에 대해 조금씩 알려주실 뿐이다. 지모가 겪기로 불은 땔감 아는 만큼만 안다. 공방 안에서 쓸 땔감을 구하는 데 골머리를 앓자 공방 큰 어른이 한마디 툭 던졌다. 그 말이 지모를 젊은 공장이의 길에 들어서게 했다.

"땔감을 알아야 불을 알아. 불을 알면 일도 배울 수 있지."

불은 수시로 빛을 바꾼다. 불도 뜨겁기가 다 다르다. 시시각각 달라진다. 이곳저곳 불꽃이 일렁이며 오르내리는 순간순간을 잘 들여다보아야 한다. 그래야 공장이가 할 일도, 일의 마무리도 보인다. 물론 끝손질이 있다. 그러나 그 전에 빛을 제대로 머금고 있어야 만들어낸 고리며 알도 곱다. 빛이 길게 고요하게 뻗어 나와 사람 눈에 오래, 깊이 남는다.

지모는 공장이가 되면서 내내 불과 씨름했다. 불과 제대로 마주쳐야 될 때면 '유화신이시여, 주몽대신이여!' 하며 탄식하고 신음 소리를 냈다. 한 번 일에 들어설 때마다 수백 번, 수천 번도 더 탄식하고 신음했을 것이다. 겪고 겪어서 좀 알게 되었다 싶어도 불 앞에서는 늘 온몸에 땀이 내리다가 소름이 돋았다. 아마 가실도 조금씩 겪고 있으리라. 공장이가 되겠다고 이 일에 들어서려는 순간 처음이자 마지막으로 만나는 게 불이다. 공장이가 일에서 손 놓을 때까지 씨름하는 상대가 '불'이다.

공방

공방 일이 좀 더 수월해졌다. 고구려 마을의 신라 관리 모부지가 공방 일을 배우겠다는 젊은이 셋을 찾아 지모에게 붙여주었다. 한 사람은 가야에서 왔다고 했다. 말수가 적고 몸은 튼실하다. 손끝이 서툰 맛이 있으나 잘해보려는 의지가 쇠칼보다 굳다. 다른 둘은 신라 사람이다. 금은으로 치레걸이를 만들어본 적은 없단다. 그러나 말갖춤 일에는 잔뼈가 굵다고 했다. 눈썰미도 있고 손끝도 좋다. 사람 몸에 걸칠 치레걸이 만드는 일에는 잔손이 많이 간다. 두 젊은이는 쇠며 구리에 얇은 새김판을 올린 다음 그 위에 선 긋기도 어지간히 해

금제 귀걸이 각종(경주 출토, 국립경주박물관)

보았단다. 셋 다 지모 일에 덕이 되는 사람들이다.

　지모가 세 젊은이의 일 하는 품새를 잡아주고 본도 새로 만들어 준다. 가실도 곁에서 거든다. 이 일에는 옛것이 별 도움이 되지 않는 다. 새 본을 만들되 다듬고, 또 다듬어야 한다. 늘 그렇다. 새 일은 눈과 손에 익을 때까지 거듭해야 한다. 시일이 걸린다. 그럴수록 마음도, 몸도 잘 다스리고 일동무들도 서로 마음을 맞추어야 한다. 그래 야 틈이 나지 않는다. 사람 사이 아귀가 맞지 않아 삐걱거리면 일도 틀어지고 만다.

　대개들 있던 것, 하던 것이 아니면 투정을 낸다. 옛일로 되돌아가 려 온갖 핑계를 만들어낸다. 사람의 성정이 본래 그러하다. 힘이 좀 달린다 싶으면 지모는 고구려 거리의 주몽신 사당을 찾는다. 신께 비는 동안 기운이 돌아온다는 느낌을 받는다. 마음이 고요해진다.

공장이 속 썩는 일은 공장이만 안다 했다. 사실 그렇지도 않다. 서로 모르는 때가 오히려 많다. 신만 아신다. 이번 일도 주몽신이 잡아주어야 온전한 새 본을 내고 그대로 만들어낼 수 있다. 공장이 일은 신만이 아신다.

눈

공장이로 살기가 얼마나 어려운지…. 이제는 늘 눈이 아프다. 눈이 멀지 않아야 할 텐데, 걱정이다. 눈이 마른 물고기 눈깔 같을 때도 있다. 말라붙었다는 말이 딱 맞는 그런 상태다. 물기 하나 없는 커다란 구슬이 눈구멍 안에 든 것 같기도 하다. 눈에 눈물이 어리지 않은 지 오래 되었다. 언제부터인지 기억도 없다. 아직 손은 멀쩡하다. 그러나 공장이는 눈과 손이 하나여야 한다.

지모가 다시 주몽신 앞에 엎드린다.

'주몽신이여, 제가 굳이 서라벌에서 이것을 만들어야 합니까?'

코가 땅에 눌리도록 깊이 절한 뒤 그대로 엎드린 채 미동도 하지 않는다. 주위에서 아무런 소리도 들리지 않는다. 지모가 엎드린 채 아래채에 잠든 가실과 젊은 공장이 셋이 뒤척이는 소리라도 들릴까 기다린다. 아무 소리도 없다. 늦가을이라 아직 풀벌레 소리가 들릴 만한데, 공방 안팎은 그저 고요할 뿐이다.

금귀걸이

"왕비님, 장인 가실이 왕비님이 내놓은 것을 본떠 만든 팔찌며 가락지를 가져왔습니다. 한번 보시지요. 손볼 데가 있으면 말씀하시고요. 제가 전하겠습니다. 가실이 아래채에서 기다리고 있으니 직접 만나보셔도 됩니다."

"그래, 보자꾸나. 가져오너라."

'가실을 쓰라는 말인가?'

선화가 저간의 사정을 짚어보며 가락지를 살펴본다. 단순해 보여도 본뜨기 쉽지는 않을 텐데, 제법 틀이 잡혔다는 느낌을 받는다. 바탕은 고구려색이나 외양은 신라풍이다. 가락지 머리에 알을 둘러 꽃처럼 보이게 하였다. 고구려 것보다 투박하다. 더 굵다. 둥글기도 온전하지 않다. 그런데도 가락지답다. 날렵하기보다는 묵직한 맛이 더하다. 이걸 신라스럽다고 해야 할까.

'신라풍의 뚝심인가? 이 가실이라는 장인의 마음이 밴 것일까?'
팔찌는 요철(凹凸)을 낸 얇은 황금판을 말고 휘었다. 살짝 팔뚝에 걸어본다. 고구려 것과 느낌이 다르다. 역시 고구려 팔찌보다 굵고 매끄럽게 감기는 맛도 덜하다. 신라풍을 내려는 장인의 의지 같은 것이 느껴진다. 어설프지만 뚝뚝한 이 작품 다음은 어떨까? 살짝 호기심이 돈는다.

선화가 말을 낸다.

"수고했다고 하렴. 좋은 보리 석 섬을 장인 지모의 공방에 내려라. 가실이라는 공장이에게는 따로 빻은 입쌀 닷 말을, 지모의 집에는 한 섬을 보내라. 가실에게는 귀걸이도 이 가락지 만들 듯 만들어보라 해라. 다 되면 기별을 넣지 않더라도 곧바로 이리로 가져오도록 하고."

"예, 그리하겠습니다. 가실과 공방 사람 모두 기뻐하며 감사할 것입니다."

달기가 나가자 선화가 다시 가락지와 팔찌를 찬찬이 들여다본다. 일어나 문갑에서 제 노리개통을 꺼낸다. 고구려 국내성에서 가져온 가락지며 팔찌를 여럿 꺼내 다탁 위에 올려놓는다. 오른쪽 팔에 고구려 것과 신라 것을 같이 걸고 맵시를 비교해본다. 문득 보해와 말다툼 뒤 서로 보지 않은 지 여러 달이 지났음을 깨닫는다. 선화가 힘없이 의자에 앉는다. 보해가 서라벌 왕족으로 산다는 것을 적극적으로 보여주라는 식으로 다시 말하자 서운한 마음에 그를 제 방으로 돌아가게 했다. 조리를 통해 몇 차례 기별을 보내왔지만 답하지 않았다.

"그래요, 나는 고구려 사람이지 신라 사람이 아녜요! 서라벌 왕족? 온 서라벌이 고구려 것이라면 기를 못 쓰는데, 그럼, 나만 어쭙잖은 신라 치레걸이를 몸에 붙이고 걸라는 거예요? 서라벌 귀인들은 고구려 것을 쓰고, 고구려 왕녀는 신라 것을 쓰라니, 말이 되요?"

보해가 대답할 틈도 주지 않고 세게 쏘아붙였다. 그러면서 몸에 달았던 치레걸이를 모두 떼어 문갑 안에 넣어버렸다. 보해를 방에서 쫓아낸 뒤 머리며 얼굴도 다듬지 않고 거울도 치웠다. 얼마 전부터는 보해에게서 선화 방으로 오겠다는 기별이 아예 없다. 그러자 궁금해지고 더 서운해진다.

'이화전에 붙어사는가?'

가슴 위로 조금씩 조바심이 올라오기 시작한다. 그 참에 지모가 아닌 가실이 고구려 것을 본뜬 팔찌며 가락지를 가져온 것이다.

마
름
재

재회

"장군, 참으로 오랜만이오. 이렇게 다시 만나니 정말 반갑구려."

보해가 환한 얼굴로 염모를 맞는다. 염모가 국내성으로 돌아간 지 이십삼 년 만이다. 그사이 고구려는 서울을 평양성으로 옮겼다. 신라는 백제와 비밀리에 군사동맹을 맺었다. 금인대를 만든 미해는 금인대의 그림자 안에서 죽었고 미해의 딸 이화는 아비를 죽게 한 숙부 보해의 두 번째 아내가 되었다.

"갈문왕 전하, 이런 좋은 자리에 나와 주시니 우리 대왕도 크게 기뻐하십니다."

이제는 수염에도 은빛이 서린 염모가 보해 앞에 반 무릎을 꿇어 절하고 일어나며 말한다. 고구려 대왕과 신라 마립간이 직접 만나 회

고구려 성채(아차산4보루 복원도, 서울대학교박물관)

맹의식을 치르는 자리다.* 경계가 삼엄하고 절차 하나하나에 긴장의 끈이 팽팽하다. 갈문왕 보해나 장군 염모나 이 의식이 무엇을 뜻하는 지는 잘 안다. 하지만 둘 사이 재회가 기쁘고 감회가 깊음은 숨길 수 없다. 산 위에 커다란 돌비를 세워 신라 마립간이 고구려 대왕에게 충성을 맹세하는 절차를 마치기 전 보해가 염모와 따로 이야기하는 자리를 마련한다.

"장군, 듣기로 우리 두 나라 사이 성채의 군장들이 가끔 다투다가 관문을 닫아걸어 사람이 오가지 못하게 하거나 서로 상하게 하는 일도 있다고 들었소. 그런 일이 앞으로 없으면 좋겠소. 그러나 어쩌다가 서로 험하게 눈 흘기는 지경에 이르면 장군이 나서서 사이를 풀어주시오. 서라벌에서 겪어봤을 것이오. 우리 신라 쪽에 가슴에 불이 나면 욱하고 눈 뒤집히는 자들이 가끔 있어요. 허나 평시에는 밭가는 소 같다오."

염모가 선선히 답한다.

"예, 전하. 걱정 마십시오. 저도 잘 압니다. 지난번에도 실직과 하슬라 사이에서 그런 일이 있다 들었습니다. 다행히 잘 삭여졌습니다. 제가 한 번 더 고구려 군장들에게 그런 일이 없도록 잘 말해두겠습니다."

---

* 5월에 고려 대왕(高麗大王)의 상왕공(相王公)과 신라 매금(寐錦)은 대대로 형제같이 지내고 상하(上下)가 화목하게 천도(天道)를 지키기를 원하여 동쪽으로 왔다. (중략) 12월 23일 갑인(甲寅)에 동이매금(東夷寐錦)의 상하가 우벌성(于伐城)에 와서 교(教)를 내렸다. 전부(前部) 대사자(大使者) 다우환노(多亏桓奴)와 주부(主簿) ▢▢▢▢이 국경 근처에서 300명을 모았다. 신라토내당주(新羅土內幢主) 하부(下部) 발위사자(拔位使者) 보노(補奴)와 ▢▢노(奴)와 ▢▢▢▢개로(盖盧)가 함께 신라 영토 내의 여러 사람을 모아서 움직였다. (《중원 고구려비》)

222

일탈

"무슨 마음으로 그런 일을 저질렀느냐? 그 끝이 어찌될 줄 몰랐더냐?"

엎드려 있던 쇳돌과 소류는 대답 없이 이마를 아예 땅에 박았다.

"비록 이 나라가 우리 고구려 대왕의 손 안에 있기는 하나 엄연히 왕이 있고 백성이 있다. 나라를 세운 신도 여럿 있다. 민심은 무서운 것이다. 이들의 조상이 났다는 숲에 함부로 들어가고 그것도 모자라 신당에 들어가 누워? 도대체 넋을 어디다 두고 사느냐? 아무리 술기운이라지만 해서는 안 될 일을 했구나."

재소가 호령을 멈추고 숨을 고른다.

"사냥할 데가 없어 시림에 들어가고, 먹을 것이 없어 시림 사슴에 활을 쏘아댔느냐? 그래, 쉴 곳이 그렇게 없더냐? 이 나라 왕족도 때 아니면 못 들어간다는 시조신당에 들어가? 그 죄가 얼마나 큰지 너희도 잘 알 것이다. 우리가 고구려 사람이라도 이 나라에 있으니 이 나라 법이 우선이다. 어찌하려느냐? 서라벌 사람에게서 죄를 받으려느냐? 그리하려면 그리하라. 그러나 너희들 마음에 그렇지 아니하면 스스로 잘못을 벌하라."

쇳돌이 이마를 잠시 들며 제 뜻을 재소에게 알린다.

"나리, 저 스스로 벌하게 하소서. 제 갈 길을 제가 아나이다."

소류는 고개를 처박은 채 그저 부들부들 떨기만 한다. 재소가 말 없이 쇳돌과 소류를 바라보다 고개를 돌려 부장 모루에게 눈짓한다. 모루가 허리춤에서 짧은 칼 두 자루를 꺼내 들더니 단을 내려가 두 병사 곁에 선다. 쇳돌이 몸을 일으켜 무릎 꿇은 그대로 모루를 쳐다

보더니 그에게서 칼을 건네받는다. 소류도 고개를 들어 몸을 세우더니 칼을 받는다. 쉰돌과 소류가 칼을 두 손에 받들고 무릎을 반쯤 일으켜 세웠다가 두 무릎을 접으며 염모를 향해 길게 절한다.

쉰돌과 소류가 칼로 제 목을 찌르며 시림과 시조신당 난입사건은 마무리되었다. 그러나 고구려 병사가 서라벌 김씨 왕가의 시조가 난 숲속 신당에 함부로 들어간 사건의 파장은 쉽게 가라앉지 않았다. 서라벌의 왕실과 귀족 사이에서는 오히려 웅성거림이 높아졌다.

"알지신이 가만있지 않을 게야. 신상의 눈에서 피눈물이 나왔으니, 이 나라의 앞날을 걱정함이라. 조만간 우리 신라에 큰 액운이 덮칠 징조 아닌가? 고구려 병사 둘이 죽은 것으로는 그 노여움이 가라앉지 않아. 우리도 뭔가 사죄하는 모습을 보여야 해. 신당에 죄지은 자들의 피로 우리의 죄를 씻어야 하지 않겠는가?" "이제부터 고구려에 황금을 보내서는 안 돼. 알지신이 노여워하는 일을 더 하다가 그 노여움을 어떻게 감당하려고?"

서라벌 안팎 백성들 사이에서는 이보다 더한 말들이 오갔다. 말에 자꾸 살이 붙었다.

"이 일로 고구려 병사가 둘이나 죽었대. 분개한 고구려 대왕이 곧 대군을 일으킨다네. 신라를 아예 고구려 땅으로 만들기로 마음먹었다고 주변에 말했다는군." "서라벌 큰 귀족과 왕실 사람들을 붙잡아 평양으로 데려간다네. 노예살이를 시킬 거래. 그것도 아주 험하게 말이야. 이참에 왜를 정벌한 군사를 내면서 우리 신라 사람들을 앞세워 방패막이로 쓴다는 말도 있다더군. 고구려 대군이 벌써 대재[죽령] 너머에 와 있다고 하네."

기둥머리에 그려진 벽사귀면(안악3호분, 북한 안악)

아무 근거도 없는 목격담까지 만들어져 백성들 사이를 돌아다녔
다. 처음 재소가 보낸 전갈에 보해는 답하지 않았다. 심부름 간 고구
려 병사를 문간에 들이지도 않았다. 고구려 대군이 신라 지경에 얼
쩡거린다는 목격담까지 나오자 오히려 갈문왕 쪽에서 사람을 보냈
다. 일성궁으로 오라는 소리에 재소는 한달음에 북천을 건넜다. 보해
가 제법 잘 갖춘 술상을 앞에 두고 재소를 기다리고 있었다. 술이 몇
순배 돌자 보해가 먼저 말을 꺼낸다.

"장군, 너무 걱정 마시오. 헛말은 오래가지 않습니다. 그 병사들이
제 목숨으로 제 잘못을 벌했으니 그리된 것 아니오. 알지신께서도
이미 용서하셨을 거라고 말들 합니다."

재소가 말한다.

225

"그래도 민심이 영 돌아서지 않는다 하니 마음이 놓이지는 않습니다. 당분간 병사들로 하여금 영채 바깥으로 나다니지 못하게 했습니다. 온전한 몸으로 고향 갈 참이면 아예 북천을 건너지도 말라고 엄포를 놓았지요. 그저 갈문왕 전하만 믿습니다."

보해가 한 번 더 재소에게 안심 시키는 말을 건넨다.

"혹 헛말을 전하는 자가 눈에 띠면 잡아다 볼기가 터지게 하라고 수하에 엄히 말해두었습니다. 고구려 병사들이 자중하는 모습을 보이게 하셨다 하니 민심도 곧 좋은 쪽으로 돌아설 것입니다. 걱정 마시오. 이 보해가 있는 한 장군의 영채와 병사들은 온전할 것입니다. 고구려 마을 사람들도 마찬가지고요."

보해가 잠시 말을 멈추고 미소 띤 다정한 눈으로 재소를 보더니 술을 권한다.

"장군, 내가 신라 왕실의 이름을 걸고 고구려 대왕 사람들의 성명에 아무런 해가 가지 않도록 할 것입니다. 제 아내도 고향은 고구려 아닙니까? 장군은 내 막역지우인 염모장군의 아들이고요. 그동안 장군의 부친에게서 받은 은혜가 있습니다. 그런 내가 어찌 고구려 대왕의 사람들이 온전토록 잘 지키지 않겠습니까? 편안한 마음으로 계세요."

결단

보해는 결국 눈짓과 고갯짓으로 답을 내리고 만다. 진솔이 고갯짓으로 예를 나타내고 입술을 안으로 말아 깨물 듯이 하며 즉시 자리를 물러난다. 바깥이 잠시 소란스럽다. 그러고는 조용해진다. 보해가 속으로 뇌까린다.

"한 식경 안에 가부간 결말이 나겠지!"

보해의 고갯짓으로 왕실의 운명이, 나아가 나라의 오늘과 내일이 걸린 일이 막 시작된 셈이다. '장군, 미안하오.' 보해가 다시 속말을 하면서 탁자 앞에서 일어난다.

보해와 염모의 우정도 이제 끝이다. 이 일이 제대로 진행된다면 아마 이 밤이 지나기 전, 고구려 대군장 염모와 아들 재소는 불귀의 객이 될 것이다. 서라벌의 고구려군은 씨가 마를 것이고 고구려 마을의 장사치와 공장이들은 노비가 될 것이다. 선화가 의지할 수 있는 사람은 몸종 달기와 조리만 남게 된다. 염모, 재소의 죽음과 함께 마음에 걸리는 일이다. 이 밤 이후로는 선화의 얼굴을 마주 대할 수 없을 것 같다. 보해가 짧은 신음 소리와 함께 깊은 한숨을 내쉰다.

기습

갑작스레 날아온 불화살로 보루의 여러 곳에서 불길이 올랐다. 날벼락을 맞은 병사들이 불 끌 물동이를 찾느라 이리저리 뛰며 내는 소리가 어지럽다. 목책 바깥에 늘어선 금인대 사수들이 요새 안으로 두어 차례 더 화살 세례를 퍼붓는다. 곧바로 머리에 귀신 탈을 쓰고 검은 옷으로 온몸을 가린 칼잡이들이 요새 안으로 뛰어든다. 이미 보루의 채와 채 사이는 화살에 엎어진 병사들로 즐비하다. 칼잡이들이 조심스레 보루의 채 사이를 오가며 돌쩌귀나 목책에 기대 신음하는 자들의 넋을 거둔다. 죽은 자나 산 자나 누가 무슨 일로 고구려 요새를 습격하는지 몰랐다.

백이 넘은 병사들이 영문도 모른 채 한밤에 잠자던 자리 안팎에서 불귀의 객이 되었다.* 대군장 염모는 술기운이 가시지 않은 채 자리에서 일어났다. 몸을 추스르고 부관 둘과 간신히 요새를 빠져 나온 게 그가 할 수 있던 일의 전부였다. 고구려 마을로 나간 아들 재소는 챙기지 못했다.

마름재를 나온 뒤에도 셋은 빠른 걸음으로 좌우를 살피며 산골짝 길을 짚어나갔다. 나이가 나이인지라 염모의 걸음이 자꾸 처진다. 두 부관이 그런 염모와 보폭을 맞추며 연신 앞뒤를 돌아본다. 잠깐 사이 귀신탈의 사내들에 뒤를 따라잡혔다. 칼을 휘두르고 표창을 쓰는 품새가 고구려나 백제 사람들과 다르다. 저들이 신라 사람들인 것이 확실했다. 달리며 술기운을 씻어낸 염모는 혹 저들이 서라벌 어둠 속에서 피었다 잦아들었던 금인대 무리가 아닌가 하는 생각이 들었다.

그러나 자초지종이나 갈래를 따질 때가 아니었다. 염모와 두 부관은 좌우에 달라붙어 빠르게 치고 들어오는 저들을 베고 찌르며 활

---

*8년(464) 봄 2월 무사노스쿠리아오[身狹村主靑]과 히노쿠와노타미노츠카이와카도코[檜隈民使博德]을 오(吳)나라에 보냈다. 천황이 즉위한 때부터 이해에 이르기까지 신라국은 천황의 명을 듣지 않고 마음대로 하며 공물을 보내지 않은 지 팔 년째가 된다. 그리고는 '중국(中國)'의 마음을 몹시 두려워하고 고려(高麗)와 우호를 맺었다. 이로 말미암아 고려왕이 날랜 병사 백 명을 보내 신라를 지켜주었다. 얼마 되지 않아 고려 군사 한 사람이 말미를 얻어 자기 나라에 돌아갈 때 신라 사람을 말몰이(말몰이는 우리말로 우마카히(うまかひ, 于麻柯比)라고 한다)로 삼았는데, 돌아보며 "너희 나라는 우리나라에 망할 날이 멀지 않았다"고 하였다(어떤 책에는 "너희 나라가 우리의 땅이 될 날이 멀지 않았다"하였다고 한다). 말몰이가 그 말을 듣고 거짓으로 배가 아프다며 뒤에 처졌다가 도망하여 자기 나라에 돌아와 그가 말한 것을 전하였다. 이에 신라왕은 고려가 거짓으로 지켜주는 것을 알고 사자를 급히 보내 나라 사람들에게 "백성들아, 집안에서 기르는 수탉을 죽여라"고 하였다. 나라 사람들이 그 뜻을 알고 나라 안에 있는 고려 사람들을 모두 죽였다. 그러나 살아남은 고려 사람 한 명이 틈을 타서 빠져나가 자기 나라에 들어가 모든 것을 이야기하였다. 고려왕이 곧 군사를 일으켜 츠쿠소쿠로사시[筑足流城](어떤 책에서는 도구사키카시[都久斯岐城]라고 한다)에 모여 진을 치고, 노래하고 춤추며 음악을 연주하였다. 《일본서기》 권14, 〈웅략천황〉)

로를 뚫느라 진땀을 빼야 했다. 백전노장인 염모나 젊고 힘 있는 두 부관 모두 칼 쓰고 주먹 지르는 데에는 내로라하는 이들이다. 염모 일행이 저들을 떼어내고 마름재 뒤 산기슭 길을 짚고 오르는 데에는 오랜 시간이 걸리지 않았다. 염모와 두 부관은 성채 뒤 산등성이 둘을 지나 세 번째 산등성이 중턱에 이르러서야 겨우 한숨을 돌릴 수 있었다.

돌아보니 모든 일이 한밤중 기습을 위해서였다. 대장군과 마름재 병사들을 위로한다며 갈문왕이 수하들과 수레에 싣고 온 좋은 술이며 안주. 술동이 둘을 깨끗이 비울 정도로 길게 이어진 보해와의 술자리. 서라벌에서의 재회가 너무나 기쁘다는 보해의 간절하고 진지하고 은근한 말투. 다 거짓이었다. 따뜻한 눈길, 여린 기운을 내비치는 말, 말, 말. 보해의 그런 모습이 다시 눈에 가득 들어온다.

무서운 인물이다! 갑작스레 온몸에 소름이 돋고 한기까지 든다. 이어 누를 수 없는 분노가 불길처럼 솟는다. 눈에서는 눈물이 차올라 볼을 타고 흘러내린다.

"극악하다. 참으로 잔인한 인물이로다!"

염모의 입에서 짐승의 울부짖음 같은 소리가 짧게 몇 차례 터져 나온다. 두 부관이 깜짝 놀라 염모의 좌우에 다가 붙으며 둘레에 눈길을 보낸다.

재소

귀신탈 사내들의 움직임이 너무 빨라 재소는 마름재 성채에 미처 기별을 넣지도 못했다. 고구려 마을에서 활로를 찾아 나오는 데만 바빴다. 뒤늦게 성채에 다다랐을 때에는 횃불을 든 사내들이 불에 타 반쯤 재가 되어버린 보루며 막사 사이를 부지런히 오가는 모습만 눈에 들어왔다.

고구려 마을을 드나드는 사람들 사이에 심상치 않은 말이 흐르기는 요 며칠 사이다. 고구려 마을 장사치며 공장이들 사이에 섞여 일하는 병사들이 전하기를, 고구려 거리가 어둠으로 덮이리라는 말이 잠시 입에서 입으로 옮겨 다녔다고 했다. 밑도 끝도 없는 이 말은 곧 자취를 감추었단다. 재소는 이 말이 마음에 걸렸다. 재소가 군관 둘을 데리고 서라벌 백성 옷차림으로 고구려 마을에 들어선 것이 이틀 전이다. 고구려 거리에서 일하는 병사 가운데 하나에게는 따로 기별을 두었다. 말꼬리가 아닌 몸통을 잡기 위해서는 일단 고구려 마을에 들어가 보아야겠다고 마음먹고 한 일이다. 요동과 부여에서 작은 군관 때에 해본 일이다. 재소로서는 낯설지 않은 엿보기이다.

'어둠이 어쩌고' 하는 말이 왕궁을 자주 드나드는 귀족 가문의 종에게서 나왔다는 사실이 귀에 들어온 것이 그날 저녁이었다. 재소는 긴가민가하면서도 하루 더 미심쩍은 부분을 알아보고 성채로 돌아가기로 했다. 고구려 마을 병사 하나에게는 재소의 뜻을 고구려 사신들과 함께 서라벌에 왔다가 따로 남은 부친 염모에게 전하라고 했다. 군관 둘은 고구려 마을 큰 길 모서리와 끝의 주막에 따로 나가 있게 했다.

이 일의 앞뒤를 읽게 되면 일성궁의 선화 왕비를 한번 뵐까? 아니면 갈문왕 보해와 직접 부딪쳐볼까? 고민하던 재소가 잠시 눈을 붙이려 주막 끝 방 자리에 눕는다. 설핏 잠이 드는가 싶을 때 누군가가

고구려 병사 (모형, 조선중앙력사박물관)

급하면서도 낮고 작은 소리로 재소의 방문을 두드린다. 급한 신호다!

　재소와 두 군관, 병사 하나는 가능한 한 빨리 고구려 마을을 벗어나려 했다. 마을을 둘러싼 사람 두 길 높이의 담도 그들에게는 장애가 되지 않는다. 그러나 그들만큼이나 빨리 소리 없이 뒤를 따라 붙는 사내들이 있었다. 얼핏 보아도 귀신 탈 비슷한 것을 머리에 썼다. 옷도 검어서 한밤중에는 담벼락이며 굵은 나무줄기에 붙어 움직이는 그들을 가려내기가 쉽지 않다. 네 사람은 단도와 표창을 던지며 달라붙는 저들을 떼어내느라 애를 먹는다. 결국 고구려 마을을 뛰쳐나와 북촌 건너 인적 뜸한 지경에 이르는 사이에 병사 하나를 잃었다.

두 나라 사이의 회맹, 부친 염모와 갈문왕 보해의 우정, 서라벌을 지키러 내려온 상국의 군장으로서 자신의 지위, 이런 사실로 말미암아 풀어진 경계심! 군에 몸담은 자로 반드시 지켜야 할 경계심을 잃고 있었다. 그 대가가 이것이구나! 여전히 남은 불씨가 여기저기 날아다니는 성채의 보루와 막사. 이를 내려다보며 재소는 자신의 불찰로 백이 넘은 병사가 창칼도 손에 쥐지 못하고 땅에 엎드러졌음을 직감한다.

'아버지는 어찌 되셨을까? 이제 이 죄를 어디에서 씻을까?'

재소는 너무 어처구니없이 당한 이 일이 현실처럼 느껴지지 않는다. 군관 하나가 낮은 소리로 "장군!" 한다. 이제 어찌할지를 묻는 것이다. 재소가 고개를 돌리며 눈짓을 한다. 셋이 자리에서 일어나 다시 성채 뒤 산기슭으로 이어지는 숲길을 짚어나가기 시작한다. 성채에서 솟은 불길 탓인가? 재소 일행이 짚어나가는 길 앞은 오히려 더 깊고 어둡다는 느낌을 준다.

보고

방 안을 서성거리다가 의자에 앉기를 몇 차례. 소식이 올 때가 되었는데 아무 기척도 없다. 사위가 너무 고요하여 방밖 시위무사들의 숨소리까지 들리는 듯하다. 쏜살같은 세월이라지만 지금은 너무 시간이 더디게 흐른다. 보해가 다시 의자에 앉는다. 다탁 위에 놓였던 찻잔이니 찻주전자에 물 한 모금 남아 있지 않은 지 오래다. 보해가 다시 찻주전자를 들어본다. 부르지 않으면 들어올 수 없는 곳이라 방 바깥을 지키던 사람들 역시 주군의 기척에 귀만 종긋 세우고 있을 뿐이다. 갑자기 바깥이 소란스러워진다.

진솔이 방문 앞에서 한쪽 무릎을 꿇은 채 머리 숙여 군례를 보인다. 방 바깥이지만 진솔에게서 피비린내가 훅 끼쳐온다. 보해가 급히 그를 방안으로 불러들인다. 진솔이 낮은 소리로 짧게 보고한다.

"갈문왕 전하, 이제 알지신의 나라 신라가 고구려 대왕의 손아귀에서 벗어났나이다."

보해의 얼굴이 환해진다. 보해가 더 자세한 보고를 표정만으로 독촉한다.

"마름재 고구려군은 전멸시켰습니다. 하지만 대군장 염모와 군장재소는 놓친 듯합니다. 시신을 찾지 못했습니다. 고구려 마을에 나가 있던 고구려군 몇도 순식간에 자취를 감춰 붙잡지 못했습니다. 고구려 마을의 장사치와 공장이들은 모두 붙잡아 들였습니다."

보고를 듣던 보해의 얼굴이 일순 굳어진다.

방문

선화는 갑작스럽게 그것도 달포 만에, 밤이 거의 지난 시간에 낭군 보해가 침소에 이르자 무슨 일이 일어났구나! 하는 생각이 들었다. 보해의 얼굴이 밝지 않다. 나라에 무슨 일이 있는가? 굳이 무슨 일이 있는지 여부를 묻기보다 왕의 말을 기다림이 더 낫겠다고 생각하며 왕에게 찻잔을 올린다. 보해는 탁자 앞에 앉아 침울한 표정으로 잠시 찻잔만 들여다본다. 선화가 참을성 있게 왕의 말을 기다린다.

'뭔가 할 말이 있어. 그리 좋은 소식은 아니야!'

"이보시오. 왕비! 내가 피를 봤소. 그러나 그대에게는 해가 가지 않으리다."

"무슨 말씀이신지요?"

"이 새벽에 우리 신라군이 북촌 건너 마름재 고구려군을 몰살시켰다오. 고구려 마을의 사람들도 모두 붙잡아 옥에 넣었소."

선화는 정신이 아뜩하다. 짐작조차 못했던 일이다. 그저 멍한 얼굴로 낭군 보해를 쳐다볼 뿐이다. 보해가 입술이 새파랗게 질리며 온몸을 떠는 선화를 얼른 붙잡는다.

"당신이 어찌 그런 일을."

"신라 사람들은 고구려 대왕의 손에서 벗어나기를 원하오. 서라벌이 고구려군의 눈치를 보며 살기를 원하지 않는다오. 당신은 이미 신라 왕족이 되지 않았소? 서라벌 백성의 큰 어미 말이오."

보해의 얼굴에 간절함, 비장함, 안타까움 같은 것이 뒤섞여 있다.

대답도 없고 마주 보지도 않으려는 선화의 얼굴을 마주 보려 애쓰던 보해가 자리에서 일어난다. 몸을 잘 간수하라며 일어설 때에도 선화는 낭군을 보지 않았다. 갈문왕이 침소를 떠난 뒤, 선화는 시녀들에게 아무도 들이지 말라 명했다. 침소에 잇대어 만들어둔 작은 벽감 문을 열고 그 안에 모셔둔 유화신과 마주본다. 이미 새벽빛이 방 안으로 흘러들기 시작해서일까. 신상의 얼굴이 약하게 빛나며 눈 주위에 물기운이 어른거리는 듯하다.

'신께서 고구려 병사들의 죽음을 슬퍼하시는가? 이제 신녀였던 내가 맞을 운명을 내다보고 계시는가?'

선화가 눈을 감은 채 신상 앞에 엎드려 절한다. 이미 떠나온 곳, 돌아갈 수 없다고 믿으며 뒤돌아보지 않았던 국내성, 그 높은 성벽

안의 붉은 기와집들이 눈에 선하다.

'신이시여, 왜 당신의 아들들이 이역의 이 작은 나라에서 한날, 한 밤에 숨을 거두게 두셨나이까? 비록 이 나라 갈문왕의 왕비가 되었으나 저도 주몽신 나라의 핏줄입니다. 어찌하여 저들을 위해 아무 일도 하지 못하고 원혼이 되었다는 소식만 듣게 하셨나이까? 이 나라에 덕을 끼치던 주몽신의 아들과 딸들이 앞일을 알 수 없는 신세로 저들의 손 안에 들게 두셨나이까? 저는 이제 이 나라 사람도 아니요, 당신의 딸로 살 수도 없게 되었습니다. 어찌하면 좋은지요? 신께서 제게 낭군으로 주신 이 나라 갈문왕과의 인연도 더는 남지 않게 되었습니다. 제가 이 나라에 남아 무엇을 해야 하는지요? 신이시여, 당신의 딸에게 말씀하소서. 길을 찾게 하소서.'

아침빛이 신상의 이목구비를 뚜렷이 드러내기 시작한다. 빛으로 말미암음인가? 신상의 얼굴선이 고개를 든 선화의 얼굴선과 거의 그대로 겹쳐진다.

북행

염모는 배신감에 치를 떨면서도 부지런히 북으로, 북으로 걸음을 재촉했다. 수하의 병사들 가운데 염모 뒤를 따르는 자는 부관 둘 밖에 없다. 마름재의 병사들은 하나도 살아남지 못했을 것이다. 고구려 마을 사람들도 죽거나 잡혔으리라. 아들 재소가 어떻게 되었는지도 오리무중이다. 고구려 마을에 하루 더 머무르겠다는 전갈을 받은 그날 밤 성채가 습격을 받았다. 그 밤에 고구려 마을이 어찌 되었는지는 아예 듣지 못했다.

．．．

　대왕께서는 조용히 듣고만 계셨다. 표정에 변화도 없었고 말씀도
달리 내리지 않았다. 마음속에 둔 뜻이 없다는 말인가? 염모는 한쪽
으로는 실망스럽고 다른 한쪽으로는 '그래도 하루 이틀 기다리면 무
슨 말씀이라도 내리시겠지' 하는 생각으로 스스로를 달랜다. 듣기로
도 대왕께서 큰 결정을 앞둘 때 오히려 말씀을 아끼신다 하였다. 그
럴 때에는 궁궐에서도 큰 귀족들도 긴장한다고 한다.

　염모는 선화 왕비를 서라벌에서 모셔 오지 못한 것이 못내 마음에
걸린다. 당장 급히 나설 일도 없고 마음 붙일 데도 없다. 하루에도
몇 차례 평양의 큰 강 아리수가로 나갔다가는 병부 관아로 되돌아오
는 게 다다. 거느릴 군사도 없고 직책도 주어지지 않은 채 벌써 보름
이 지났다. 오골성 근처 작은 성에서 처려근지[성주]로 있던 걸보가
곧 있을 병부 회의에서 말이 있을 거라 귀띔해주었다. 하지만 염모는
그저 작은 무리라도 군사만 주어지면 신라 지경으로 내려가고 싶은
마음뿐이다.

　염모의 발길이 평양성 동편 작은 저잣거리의 주몽신당으로 향한
다. 비록 평범한 백성들이 와 복을 비는 작은 신당이지만 염모는 이
곳이 좋다. 와서 빌 때에 귀족 거리의 커다란 주몽신당보다 마음이
편해진다.

　"아들 재소를 살려 보내주셔서 감사합니다. 군관 몇이라도 목숨
을 건지게 하시니 감사합니다. 신이시여, 이역 천리 서라벌에서 억울
하게 넋을 잃은 고구려 병사들의 한을 풀게 하소서. 비록 이 몸이 한

발은 조상신 세상에, 한 발은 이 땅에 두고 있지만 한 번만 더 기회를 주소서. 제 손으로 저들의 원수를 갚게 하소서."

염모가 오랜 시간 동안 신상 앞에 절하고 빈다. 신당 밖에서 기다리던 시종이 마당 끝 작은 바위 위에 엉덩이를 걸치고 앉아 졸기 시작한다.

석양

연금

선화는 이제 일성궁에서 나올 생각이 없다. 이화전의 안주인 이화가 나을신궁으로 다시 들어간다고 한다. 시녀 조리를 통해 이별을 안타까워하는 작은 표식을 함에 담아 보냈을 뿐이다. 보해가 몇 차례 안채로 찾아왔다. 조용히 맞아 차를 나누되 말은 나누지 않았다. 달기가 조심스레 바깥소식을 전했다. 마립간이 갈문왕을 불러 금인대를 해체하라는 명을 내렸다는 말이 돈다 했다. 선화는 '어떻게 그런 소문이 네 귀에 들어올 수 있느냐?'는 질문도 하지 않았다. 그냥 가만히 듣고 눈짓으로 '알았다. 물러나렴' 했을 뿐이다.

보해는 어떻게든 선화가 생기를 되찾게 해주고 싶다. 그러나 뾰족한 수가 없다. 조용한 못같이 지내던 선화가 자리에 눕자 보해는 마

귀족 부부(쌍영총, 북한 남포)

음이 급해진다. 하루가 멀다 하고 안채에 들르지만 자리에 누운 선화는 눈을 뜨려 하지 않는다. 달기와 조리가 정성을 다해 끓여 올리는 미음도 입에 대지 않는다고 한다. 곡기를 끊으니 누운 자리에서도 선화가 더 쇠약해지고 있음을 한눈에 알 수 있다. 보해가 결심한 듯 별채 길로 걸음을 옮긴다.

금인대로 하여금 마름재 고구려 성채를 습격하고 북천 남쪽 고구려 마을을 닫게 할 때, 마을 대장간 겸 자비사와 공방 사람들은 따로 빼어 일성궁 별채로 들어오게 했다. 보해로서는 선화 왕비가 의지하는 몇 안 되는 사람들까지 노비로 만들어 여러 관아에 나누어 보내기가 어려웠다. 그러나 달포가 지나고 한 해의 반이 흘러도 일성궁 별채에 들인 스님과 공장이들은 그들대로, 선화는 선화대로 서로 소식을 주고받거나 만나려 하지 않았다.

보해는 보해대로 마름재며 고구려 마을 일 뒷수습으로 정신없이 지냈다. 왕과 대소 귀족들이 보내는 따가운 시선에 억울한 마음으로 맞섰다. 그러나 그 결과는 금인대의 해체였다. 온 나라가 고구려 대왕이 대군을 보내 보복할 것이라는 소문에 마음을 졸였다. 이를 보며 보해는 눌해 마립간의 허락 아래 백제며 왜에 밀사를 보내 유사시 군대를 보내리라는 약조를 거듭 확인해야 했다. 두 나라는 약조를 이행하는 대가로 많은 황금과 물화를 요구했다. '고구려가 내려오면 서로 군대를 보내 돕는다'는 처음 약조와는 말이 달랐다.

'미해의 말이 맞구나.'

해는 뒤늦게 동생 미해의 예견이 맞음을 깨달으며 자신의 어리석음을 자책했다. 결국 밀사를 다시 보내 두 나라의 요구대로 하겠다

여래삼존상 금판(경주 안압지 출토, 국립경주박물관)

는 뜻을 전했다. 겨우겨우 온갖 사태를 수습한 뒤 일성궁 안채로 눈
길을 돌리니 선화는 자리에 누운 지 이미 오래다.

회복

스님 호두가 안채에 다녀간 뒤 선화는 달기와 조리가 애쓰며 달여
낸 약을 한 모금씩 입에 넣었다. 어떤 약재를 넣었는지 달여낼 때 번
져 나오는 향이 강하다. 두 시녀가 약을 달이는 동안에는 안채 마당
에 강아지도 얼씬거리지 않는다. 선화가 자리에서 일어나 앉았다는
소식을 듣자 보해가 한달음에 안채로 건너온다. 보해가 물기 어린 눈
으로 선화를 보며 가까이 다가앉자 선화가 마주 보며 빙그레 웃는
다. 어쩐 일일까? 선화의 얼굴에서 그늘이 걷힌 듯하다. 보해가 마음
속으로 놀라며 제 눈을 의심하듯 조금 더 다가서며 선화의 얼굴을
들여다본다. 선화가 달기를 부르더니 별채 자비사의 호두 스님을 모
셔오라 한다. 달기의 말을 이서지가 전하자 호두가 안채로 건너온다.

241

안채도, 별채도 향로에서 피어오른 향으로 가득하다. 선화로부터 감사 인사를 받은 호두가 서역 여래의 길을 말한다. 선화가 말씀 하나라도 놓칠세라 귀를 세운다. 시녀 달기와 조리는 무슨 말인지 알아듣기 어려워한다. 그러나 속으로는 '좋은 말씀인 것은 확실해. 듣는 것만으로도 복 받을 거야' 한다.

석양

보해는 다 허무하다는 생각을 뇌리에서 지울 수 없다. 금인대를 해체하자, 눌해 마립간은 "갈문왕은 이제 좀 쉬라" 한다. 겉으로는 과로한 몸을 회복시키라는 것이다. 그러나 속뜻은 그렇지 않음을 보해도 잘 안다. 마립간 곁 대소귀족들의 눈빛이 그 뜻을 거듭 머릿속에 새기게 한다. '나라가 큰 위기에서 벗어났으니 그대는 이제 뒤로 물러나라'는 것이다. 보해는 궁궐 문을 나오며 생각한다. '그래, 이것이 알지신의 뜻이야. 때가 되었어. 할 일이 끝났으면 물러나야지. 그러나 고구려와 신라, 신라와 백제, 왜 사이가 이것으로 끝날까?'

선화가 보해의 뜻을 묻는다.

"전하, 안채에 여래신상을 모시는 게 어떨까요?" 보해가 부드럽고 따뜻한 눈초리로 선화를 보며 답한다.

"왕비, 당신의 뜻이 내 뜻입니다. 공장이 두모에게 부탁하면 되겠지요." 선화가 입가에 미소를 띠우며 보해의 손을 잡는다.

"그럼, 이서지를 보내 말을 넣고 그쪽에서 필요한 것이 있으면 안채에서 마련해 보내겠습니다. 내일은 자비사에 안 가시렵니까? 스님 말씀 들은 지 며칠 되었습니다."

보해가 선화의 손을 마주 잡는다.

"그럽시다."

 • • •

갈문왕 보해가 감았던 눈을 잠시 뜬다. 자리에 누워 시름거린 지 달포 만이다. 삶의 의지를 놓은 것일까? 이마는 이미 빛을 잃었고 눈가에는 짙은 그늘이 어려 있다. 선화가 왕과 눈을 맞추며 마지막 말을 들을 준비가 되었음을 알린다. 보해가 천천히 낮은 소리로 속삭이듯 말한다.

"왕비, 미안하오." 선화의 눈에 눈물이 맺혀 방울지기 시작한다.

"당신이 나를 다시 마주 보고 웃어 주어 너무 감사했소."

선화가 흘린 눈물이 볼을 타고 내려온다. 길게 내린 발 너머에 앉아 불경을 외는 호두의 목소리가 가느다란 바람이 되어 흐른다. 대청마루 끝에 무릎 꿇고 앉은 이서지며 달기, 조리가 소리를 낮추어 흐느낀다.

보해가 들릴 듯 말 듯 더 낮은 소리로 말한다.

"고맙소. 내 손을 다시 잡아주어 고맙소. 여래 나라에서도 왕비를 만났으면 좋겠소. 은혜를 꼭 갚고 싶소."

선화가 두 손으로 감싸 잡았던 보해의 손 위에 이마를 붙이며 소리 내어 운다. 호두의 불경 외는 소리가 갑자기 높아진다. 안채 마당 매화가지 위에 앉아 고개를 갸우뚱거리던 멧새 한 쌍이 깜짝 놀란 듯 하늘 높이 날아오른다.

3부

호자의 길, 호두의 꿈

  신라 황금 문화의 끝은 어디인가? 끝을 알면 시작도 알 수 있을
까? 고민에 고민을 거듭하며 책과 논문을 뒤졌다. 다들 어느 정도 짐
작은 하면서도 깔끔하게 정리는 못하고 있었다. 금이 어디로 갔는지
는 명확했다. 눈으로 확인할 수 있으니까! 김씨 왕족의 몸에 걸렸던
금은 황룡사니 태화사니 거창하게 새로 지은 사원의 여래상, 보살상
의 옷이 되었다. 나로서도 처음인 실크로드 여행을 앞두고 이야기의
두 번째 꼭지에 매듭을 지으려고 애썼다. 마침표를 찍어야 홀가분하게
답사할 수 있을 것 같았다. 첫 번째 꼭지의 주인공 보해와 선화의 갈등
을 풀어내는 인물로 서역 스님 호자를 등장시키기로 했다. 누가 저들의
파국을 막을 것인가? 아무리 생각해도 호자 스님만 한 인물이 없다는
생각이 들었다.

  처음 호자는 선화 이야기에도 등장시킬 예정이었다. 그러나 호자
까지 가세하면 격동의 시대가 아예 혼란에 빠지는 것 아닌가? 걱정
이 되었다. 글의 구성이나 흐름이 너무 얽히고설킬 수 있다는 위험신
호가 감지되었다. 첫 꼭지 수정본을 읽은 뒤 찬우 씨가 낸 의견을 받
아들이기로 했다. 호자 이야기는 별도의 꼭지에서 펼쳐나가기로.

  "선생님, 아무래도 이야기 틀이 달라야 할 것 같아요. 정치적 파장
이 큰 사건이 급박하게 전개되는데, 중간중간에 깨달음이 어쩌고,

여래의 길이 저쩌고 하면 좀 뜬금없을 수 있어요. 맥도 풀리고요. 영화나 드라마도 같은 시간대에 여러 군데서 일어나는 사건을 죽 늘어놓으면 서로 맥락이 닿더라도 지루하거나 재미없어져요. 예술을 위한 예술 영화 중에 가끔 그런 게 있어요. 그런 영화는 보다가도 머리가 너무 복잡해져 '에잇, 참!' 하게 되거든요."

그러나 막상 호자를 주인공 삼는 글을 펼치려 해보니, 이것도 만만치 않았다. 선화 이야기와 겹치지 않으면서 같은 시공간을 무대로 사건을 설정하고 풀어나가기 쉽지 않았다. 어려웠다. 등장인물들을 겹치게 했다 말았다가 하다 보니 오히려 글 쓰는 내가 정신이 없어졌다. 답사일은 코앞에 다가오고 마음만 바빠졌다.

'내가 또 괜한 짓을 했어. 송충이는 솔잎 먹고 살아야 하는데.' 하는 생각이 들자 글쓰기가 싫어졌다.

방학이 시작되었는데도 연구실에 붙잡혀 사는 신세가 되었다.

'끝내고 가야지.' 할수록 글은 진도가 나가지 않았다. '실크로드 다녀오면 글 호흡 찾기가 어려울 거야. 틀림없이 후유증이 있어. 논문은 몰라도 이런 글은 감 올 때 써야 해.' 힘들어도 스스로 등을 떠밀 수밖에 없었다. '엉덩이를 붙이자. 엉덩이를 붙이자!' 모니터 위벽에 아예 이렇게 써 붙일까? 하는 생각도 했다.

　삼일가량 진도의 '진'자도 쓰지 못하는 참에 덕수가 전화를 한다. 대뜸 "형님, 뉴스 보셨어요?" 한다.

　"무슨?" 내가 영문을 몰라 하자, 특유의 바가지 물 내버리듯 후다닥 소식을 전한다.

　"신장에서 또 터졌대요. 우룸치에서. 칼부림이 있었대요. 위구르족과 한족 사이에요."

　"뭐라고? 언제?" 되물으면서 '이번 여행은 어떻게 되는 거지?' 생각한다. 덕수는 이런 생각이 떠오르지 않는 듯하다.

　"오늘요. 그럼, 또 전화 드릴게요. 실크로드 가는 거는 지장 없으시죠?" 하며 전화를 끊는다.

　결국 실크로드 여행은 취소되었다. 중국이 신강자치구 일대 여행을 기약 없이 금지시켰단다. 덕수는 순발력 좋게 중국 서남쪽 운남으로 여행지를 바꿨다. 실크로드 여행을 예정했던 이들에게도 동의를 받았단다. 그러나 나는 일이 있다며 여행에서 빠졌다. 운남도 가보지 않은 곳이라 이 기회에 가면 좋겠다고 생각하면서도 왠지 마음이 내키지 않았다. 두 번째 꼭지의 주인공 호자와 나의 여정이 마무리되지 않은 까닭이리라.

호자는 소그디아나의 작은 도시에서 나고 자란 소그드인이다. 불교에 귀의하여 스님이 된 뒤 천신만고 끝에 소원대로 고구려에 온 사람이다. 불교 전법 여정에 지친 몸을 고구려에서 누이고 깊은 휴식에 들어가리라 마음먹었던, 커다란 눈망울, 오똑한 코의 서역인. 고구려에 불교신앙을 전하면 자신의 소명을 다한다고 믿었던 심목고비(深目高鼻)의 스님 호자. 여래는 그를 생각지도 못했던 땅, 남쪽 끝 미지의 세계 신라로 걸음을 내딛게 한다. 왠지 가슴 한편을 저리게 하고 그런 삶의 노정에 애틋한 눈길을 보내게 하는 이 인물을 글 꼭지의 주인공으로 삼는 게 너무나 자연스럽게 느껴졌다.

그러나 내가 만든 가상의 연표에서 첫 꼭지의 주인공 선화와 두 번째 꼭지의 중심인물 스님 호자 사이에는 시간적 거리가 좀 멀다는 생각이 들었다. 게다가 고구려에서 이미 많은 것을 쏟아낸 이 인물의 지친 심신이 남쪽의 신라에서, 서라벌에서 얼마나 더 버틸 수 있을지도 의문스러웠다. 보해와 선화가 주인공인 시대에서 백여 년이나 흐른 뒤에도 신라의 불교신앙은 양지로 나오지 못하지 않았던가? '왕'을 칭한 법흥왕도 이차돈의 순교를 지렛대로 삼아 겨우 불교신앙이 가능하도록 했다.

'아무래도 새 인물이 필요하지 않을까? 호자로는 좀 어려워' 하는 생각을 떨치기 어려웠다.

　생각을 떨치기 어려웠다. 호자의 뒤를 이을 새로운 인물을 찾아야 했다. 누군가를 고구려에서 불러내야 이야기가 자연스럽게 펼쳐지겠어. 하며 이 시대의 유행이기도 했던 고구려 승려들의 잇단 남행을 머리에 떠올렸다. 5세기에는 서역 사람, 고구려 사람이 자신이 승려임을 감추고 잇따라 고구려와 신라 사이의 국경을 넘었다.

　'그들 중 한 사람을 내세우자. 누가 좋을까?' 하다가 등장한 인물이 호자의 아들 호두이다. 젊은 호두를 등장시키자 이야기가 술술 풀리기 시작했다. '젊으니 좋기는 좋군' 했다. 《일본서기》에 기록된 서라벌 주둔 고구려군 기습 몰살사건이 서라벌에 머물던 불교 승려의 입지에도 영향을 끼쳤으리라는 상정도 가능해졌다. 보해와 선화, 호두 사이에 얽힌 이야기꺼리도 풍부해졌다. 세 사람 외 두 번째 꼭지 속 다른 등장인물들에게 새로운 역할을 부여하는 데에도 여유가 생겼다. 글이 잘 풀리자, '운남 따라 갈걸' 하는 말이 목구멍까지 올라왔다. 호자, 호두 이야기가 종착역을 향해 부지런히 달릴 즈음 짧은 문자메시지가 손전화에 떴다. 운남여행에 합류했던 찬우 씨다.

　'선생님, 호자 이야기가 마무리되면 꼭 한번 읽어보게 해주세요. 꼭요!'

고구려에서 신라로 들어간 불교 승려들

〈신라본기(新羅本記)〉에 다음과 같이 기록되어 있다.

제19대 눌지왕(訥祇王) 때 사문(沙門) 묵호자(墨胡子)가 고구려에
서 일선군(一善郡)에 이르렀다. 일선군의 사람인 모례(毛禮)[또는 모
록(毛祿)이라고도 한다]가 자신의 집 안에 굴을 파서 그를 편하게 모
셨다. 그때 양(梁)나라에서 사신을 보내 의복과 향을 전해왔다[고득
상(高得相)의 영사시(詠史詩)에 이르기를, "양나라에서 원표(元表)라는 사
승(使僧)을 보내 명단[溟檀]과 불경·불상을 건네주었다"라고 하였다]. 임
금과 신하들은 그 향의 이름과 용도를 알지 못하여 사람을 보내 향
을 가지고 나라 안을 두루 돌아다니며 묻게 하였다. 묵호자가 그것
을 보고 말하기를, "이것은 향이라고 합니다. 그것을 사르면 향기가
많이 나서 신성(神聖)에게 정성을 전하는 데 쓰입니다. 신성은 3보
(三寶)보다 나은 것이 없으니 만약 이것을 사르며 발원하면 반드시
영험이 있을 것입니다"라고 하였다[눌지왕은 진송(晉宋) 시대에 해당하
니 양나라에서 사신을 보냈다고 한 것은 잘못인 듯하다].

이때 왕의 딸이 위독하였다. 묵호자를 불러 향을 사르며 기도를
올리자 왕녀의 병이 곧 나았다. 왕이 기뻐하며 후하게 하사품을 주
었다. 얼마 후 그가 돌아간 곳을 알지 못하였다. 또 21대 비처왕(毗

處王) 때 아도(我道) 화상(和尙)이 시자(侍者) 세 명과 함께 모례의 집에 왔다. 차림새가 묵호자와 비슷하였다. 수년 동안 머물다 병도 없이 죽고 그 시자 세 명은 남아 있으면서 경율(經律)을 강독하니, 왕왕 신봉하는 자가 있었다[주(注)에 이르기를, "본비(本碑) 및 여러 전기와 전혀 다르다"고 하였다. 또《고승전(高僧傳)》에 이르기를, "서축(西竺) 사람이다. 또는 오(吳)나라에서 왔다"고 하였다].

〈아도본비(我道本碑)〉를 살펴보면 다음과 같이 기록되어 있다.

아도(我道)는 고구려 사람이다. 어머니는 고도령(高道寧)으로, 정시(正始) 연간에 조위(曹魏) 사람 아(我)[성(姓)이 아(我)이다] 굴마(崛摩)가 사신으로 고구려에 왔다가 그녀와 사통하고 돌아갔는데, 이로 인해 아이를 가졌다. 아도가 5세 때 어머니가 그를 출가시켰다.

아도는 16세에 위(魏)나라에 가서 아버지 굴마를 뵙고 현창(玄彰) 화상이 강독하는 자리에 나아가 불법을 배웠다. 19세에 다시 돌아와 어머니께 문안을 드리니 어머니가 다음과 같이 말하였다.

"이 나라는 지금까지 불법(佛法)을 알지 못한다. 하지만 삼천여 월이 지나면 계림(鷄林)에 성스러운 왕이 출현하여 불교를 크게 일으킬 것이다. 서울에는 일곱 곳의 절터가 있다. 첫 번째는 금교(金橋) 동쪽의 천경림(天鏡林)[지금의 흥륜사(興輪寺). 금교는 서천(西川)의 다리를 이른다. 세간에서는 잘못 불러서 송교(松橋)라고 한다. 이 절은 아도가 처음 터를 잡았으나 중간에 없어졌다. 법흥왕(法興王) 정미(丁未, 527년)에 이르러 처음 창건되었고, 을묘(乙卯, 535년)에 크게 (공사를) 벌여 진흥왕

(眞興王) 때 마쳤다]이요, 두 번째는 삼천기(三川歧)[지금의 영흥사(永興寺)로 흥륜(사)와 함께 같은 시기에 개창되었다]요, 세 번째는 용궁(龍宮) 남쪽[지금의 황룡사(皇龍寺)로 진흥왕 계유(癸酉, 553년)에 처음 개창되었다]이요, 네 번째는 용궁 북쪽[지금의 분황사(芬皇寺)로 선덕왕 갑오(甲午, 634년)에 처음 개창되었다]이요, 다섯 번째는 사천미(沙川尾)[지금의 영묘사(靈妙寺)로 선덕왕 을미(乙未, 635년)에 처음 개창되었다]요, 여섯 번째는 신유림(神遊林)[지금의 천왕사(天王寺)로 문무왕(文武王) 기묘(己卯, 679년)에 개창되었다]이요, 일곱 번째는 서청전(婿請田)[지금의 담엄사(曇嚴寺)]이다. 모두 전불(前佛) 시대의 절터이고 불법이 길이 흐를 곳이다. 네가 그곳으로 가서 불교[大敎]를 퍼뜨리면 동방에서 석가를 모시는 일을 맡게 될 것이다."

아도가 분부를 받들고 계림에 와서 왕성(王城)의 서쪽 마을에 머물렀다. (이곳이) 지금의 엄장사(嚴莊寺)이고 때는 미추왕(未鄒王) 즉위 2년 계미(癸未, 263년)이었다. 대궐에 나아가 교법(敎法)을 행하기를 청하자 세상에서는 전에 보지 못하던 것이라고 하여 꺼리고 장차 그를 죽이려는 사람까지 생겨났다. 이에 속림(續林)[지금의 일선현(一善縣)] 모록의 집[록(祿)은 예(禮)와 (글자) 형태가 비슷하여 생긴 잘못이다. 고기(古記)에 다음과 같이 전한다. "법사가 처음 모록의 집에 왔을 때 천지가 진동하였다. 그때 사람들은 승(僧)이라는 명칭을 알지 못했기 때문에 아두삼마(阿頭彡麽)라고 하였다. 삼마(彡麽)란 곧 향언(鄕言)에서 승려를 가리키는 말이니, 사미(沙彌)라고 말하는 것과 같다"]으로 도망가 숨었다.

(미추왕) 3년에 성국공주(成國公主)가 병이 났다. 무의(巫醫)도 효

253

험이 없자 사람들에게 명을 내려 사방으로 보내 의원을 구하도록 하였다. 아도가 급히 대궐로 들어가 그 병을 고쳤다. 왕이 크게 기뻐하며 그 소원을 물었다. 아도가 대답하기를, "빈도(貧道)는 달리 원하는 것이 없습니다. 다만 천경림에 절을 지어 불교를 크게 일으켜 나라의 복을 비는 것을 원합니다"라고 하였다. 왕이 이를 허락하고 공사를 시작하도록 명하였다. (당시) 풍속이 수수하고 검소하여 띠풀을 엮어 지붕을 이었다. 아도가 여기에 머물면서 강연하니 가끔 천화(天花)가 땅에 떨어졌다. 절의 이름은 흥륜사라고 하였다.

모록의 누이동생 이름은 사씨(史氏)로 아도에게 귀의하여 비구니가 되었다. 그 또한 삼천기에 절을 짓고 살았으며 절의 이름을 영흥사라 하였다. 오래지 않아 미추왕이 세상을 떠나자 나라 사람들이 그를 해치려고 하였다. 스님은 모록의 집으로 돌아와 몸소 무덤을 만들어 문을 닫고 세상에 다시 나타나지 않았다. 이로 말미암아 불교 또한 끊어졌다. 23대 법흥대왕(法興大王)이 소량(蕭梁) 천감(天監) 13년 갑오(甲午, 514년)에 왕위에 올라 불교[釋氏]를 일으켰다. 미추왕 계미년으로부터 252년 뒤의 일이고 (고)도령이 예언한 삼천여 월이 들어맞았다.

이상에 의거하면 본기(本記)와 본비(本碑)의 두 설이 서로 어긋나지 않음이 이와 같다. 《삼국유사》 권3, 〈흥법〉 3, 아도기라)

불교를 믿게 된 신라

〈신라본기(新羅本紀)〉에 "법흥대왕(法興大王) 즉위 14년(527)에 소신(小臣) 이차돈(異次頓)이 불법을 위하여 제 몸을 희생하였다"라고 하였다. 곧 소량(蕭梁) 보통(普通) 8년 정미(丁未, 527년)로 서축(西竺)의 달마(達摩)가 금릉(金陵)에 온 해이다. 이해에 낭지(朗智) 법사가 또한 처음으로 영취산(靈鷲山)에 머물며 불법을 열었다. 불교(大敎)의 흥하고 쇠하는 것도 반드시 원근(遠近)에서 서로 동시에 감응한다는 것을 이 일로 해서 믿을 수 있다.

원화(元和) 연간(806~820)에 남간사(南澗寺)의 사문(沙門) 일념(一念)이 〈촉향분예불결사문(髑香墳禮佛結社文)〉을 지었다. 여기에 이 사실이 자세히 실려 있다. 그 대략은 다음과 같다.

옛날 법흥대왕이 임금의 자리에 있으면서 동방[扶桑]의 땅을 굽어 살펴보고 "옛날 한(漢)나라 명(明)이 꿈에 감응을 받아 불법이 동쪽으로 흘러왔다. 과인은 즉위하면서부터 창생(蒼生)을 위하여 복을 닦고 죄를 없앨 곳을 만들고자 기원하였다"라고 하였다. 이에 조정의 신하들[향전(鄕傳)에 이르기를, "공목(工目), 알공(謁恭) 등"이라고 하였다]은 그 깊은 뜻을 헤아리지 못하고 다만 나라를 다스리는 대의(大義)만 준수했다. 절을 세우겠다는 왕의 신성한 계획은 따르지 않았다. 대왕이 탄식하며 말하기를, "아, 과인은 덕이 없이 대업(大業)을 이었어도 위로는 음양의 조화를 저버렸고 아래로는 백성들의 즐거움을 없앴다. 정무의 여가에 마음을 불도[釋風]에 두고자하나 누구와 함께할 것인가?"고 하였다.

(이때) 속으로 뜻을 품은 자가 있었으니, 성은 박(朴)이고 자는 염촉(厭髑)[또는 이차(異次)라고 하고 또는 이처(伊處)라고도 하였다. 방언의 음이 다르기 때문이다. 번역하면 염(厭)이 된다. 촉(髑)·돈(頓)·도(道)·도(覩)·독(獨) 등은 모두 글 쓰는 사람의 편의에 따른 것으로, 곧 조사(助辭)이다. 이제 위 글자만 번역하고 아래 글자는 번역하지 않았으므로 염촉(厭髑) 또는 염도(厭覩) 등이라고 한 것이다]이었다. 그의 아버지는 자세하지 않으나, 할아버지는 아진(阿珍) 종(宗)으로 습보갈문왕(習寶葛文王)의 아들이다[신라의 관작은 무릇 17등급이다. 그 네 번째를 파진찬(波珍喰)이라고 하며 아진찬(阿珍喰)이라고도 한다. 종은 그 이름이고, 습보 또한 이름이다. 신라인은 무릇 추봉한 왕을 모두 갈문왕(葛文王)이라고 칭하였다. 그러나 그 내용은 사신(史臣) 또한 자세히 모른다고 하였다. 김용행(金用行)이 지은 아도비(阿道碑)를 살펴보면, 사인(舍人)은 그때 나이가 26세이며, 아버지는 길승(吉升), 할아버지는 공한(功漢), 증조부는 걸해대왕(乞解大王)이라고 하였다]. 그는 대나무와 소나무가 곧게 뻗은 것 같은 자질을 가졌고 맑고 깨끗한 자질과 뜻을 품었다. 선을 쌓은 이의 증손으로서 궁궐 안 인재로 기대를 모았다. 성조(聖朝)의 충신으로 태평성대[河清]의 시종이 되기를 바랐다. 그때 나이 22세로 사인(舍人)[신라 관작에 대사(大舍)·소사(小舍) 등이 있는데, 대개 하사(下士)의 관직

256

이다]의 직책에 있었다. 용안(龍顏)을 우러러보고 왕의 뜻을 눈치채고 아뢰기를, "신이 들으니 옛사람은 비천한 사람[蒭蕘]에게도 계책을 물었다고 합니다. 죄를 무릅쓰고 대왕의 뜻을 여쭙습니다"라고 하였다. 왕이 말하기를, "네가 할 바가 아니다"라고 하였다.

사인이 말하였다. "나라를 위하여 몸을 희생하는 것은 신하의 큰 절개이며, 임금을 위하여 목숨을 다하는 것은 백성의 곧은 의리입니다. 말을 잘못 전하였다고 하여 신을 벌하여 머리를 벤다면 모든 백성이 굴복하여 감히 (대왕의) 교(敎)를 어기지 못할 것입니다." 왕이 이르기를 "살을 베어 저울에 달더라도 한 마리 새를 살리려 했고, 피를 뿌리고 목숨을 끊어서라도 일곱 마리의 짐승을 스스로 가엾게 여겼다. 짐의 뜻은 사람을 이롭게 하는 데 있다. 어찌 죄 없는 사람을 죽이겠느냐? 네가 비록 공덕을 쌓는다고 할지라도 죄를 피하는 것만 같지 못하다" 하였다.

사인이 말하였다. "모든 것이 버리기 어렵지만 제 목숨보다 더한 것은 없습니다. 그러나 소신이 저녁에 죽어서 불교[大敎]가 아침에 행해진다면, 불일(佛日)이 다시 성행하고 성주(聖主)께서는 길이 편안하실 것입니다." 왕이 말하기를, "난새와 봉황의 새끼는 어려서도 하늘을 능가할 마음을 가졌고, 기러기와 따오기의 새끼는 나면서부터 물결을 다스릴 기세를 품었다고 하더니 네가 이와 같구나. 가히 대사(大士)의 행동이라고 이를 만하다"고 하였다.

이에 대왕은 일부러 위의(威儀)를 갖춰 동서로 풍도(風刀)를, 남북
으로 상장(霜仗)을 늘어놓고 여러 신하들을 불러 "경(卿) 등은 내가
정사(精舍)를 짓고자 하는데 고의로 지체시키는가?"[향전에 이르기
를, "염촉이 거짓으로 왕명이라고 하면서 공사를 일으켜 절을 지을 뜻을 전
하였더니 여러 신하들이 와서 간하였다. 왕은 이에 염촉을 꾸짖었고, 왕명을
거짓으로 전하였다고 하여 벌하였다"고 하였다] 하였다. 이에 여러 신하
들이 전전긍긍하며 황급히 맹서하고 손가락으로 동서를 가리켰다.
왕이 사인을 불러 물으니, 사인은 얼굴빛이 변하면서 대답할 말이
없었다.

대왕이 분노하여 그의 목을 베라고 명하니 유사(有司)가 그를 포
박하여 관아로 끌고 왔다. 사인이 서원(誓願)한 후 옥리(獄吏)가 그
의 목을 베자 흰 젖이 한 길이나 솟아올랐다[향전에는 다음과 같이 전
한다. '사인이 서원하기를 "대성법왕(大聖法王)께서 불교를 일으키고자 하
므로 저는 몸을 돌보지 않고 인연을 모두 버립니다. 하늘에서는 상서(瑞祥)
를 내려 사람들에게 두루 보여주소서"고 하였다. 이에 그의 머리가 날아가서
금강산(金剛山) 꼭대기에 떨어졌다']. 하늘은 사방이 컴컴해지며 볕은
기울어 밝음을 감추었다. 땅은 진동하고 꽃비가 내렸다.

임금[聖人]이 슬퍼하여 눈물이 옷을 적셨다. 재상은 근심하여 선
면(蟬冕)에까지 땀이 흘렀다. 샘물이 갑자기 말라 고기와 자라가 다
투어 뛰어올랐고, 곧은 나무가 먼저 부러지니 원숭이가 떼를 지어
울었다. 춘궁(春宮)에서 말고삐를 나란히 했던 벗들은 피눈물을 흘

리며 서로 돌아보고, 월정(月庭)에서 소매를 맞잡던 벗들은 창자가 끊어지듯 이별을 애석해하였다. 관을 바라보며 곡소리를 들으면 마치 부모님이 돌아가신 듯하였다. 모두들 이르기를, "개자추(介子推)가 다리 살을 벤 것도 이 군은 절개에 비할 수 없고, 홍연(弘演)이 배를 가른 일인들 어찌 그의 장렬함에 견주겠는가? 이는 곧 임금[丹墀]의 신력(信力)을 붙들어 아도(阿道)의 본심을 이룬 성자(聖者)로다." 하였다. 드디어 북산(北山)의 서쪽 고개[즉 금강산이다. 전(傳)에 이르기를 '머리가 날아가 떨어진 곳이기 때문에 그곳에 장사 지냈다'라고 하였다. 그런데 여기에 밝히지 않은 것은 무슨 까닭인가?]에 장사 지냈다. 나인(內人)들은 그를 가엾게 여겨 좋은 곳을 잡아서 난야(蘭若)를 짓고, 이름을 자추사(刺楸寺)라고 하였다. 《삼국유사》 권3, 〈흥법〉 3, 원종흥법 염촉멸신)

1

"스님, 이 나라는 부처님의 말씀을 알지 못합니다. 야만스럽고 괴이한 이야기 정도로 여기며 코웃음 칩니다. 부처님의 가르침이 저들의 신을 거스르고 백성의 마음을 괴롭힌다며 눈을 부라립니다. 그러고는 나라 안으로 말씀 전하는 자가 얼씬거리지도 못하게 하리라. 혹 기웃거리면 이 주먹으로 요절을 내고야 만다! 이런 말을 지껄이며 허공에 대고 주먹을 휘두른다 합니다. 저희와 같은 사람들을 몹쓸 역병 퍼뜨리는 자로 여긴다 합니다. 저 지경 안으로 들어갈지 말지 부처님께 한 번 여쭈어보는 게 어떨지요? 엊그제 전해 듣기로는 서라벌에서 나라님의 명이 지경 안 산천초목에도 두루 내렸답니다. 이역에서 온 야만스런 마음과 행동거지를 배우는 자는 알지신의 이름

미륵상(경주 남산 출토, 국립경주박물관)

으로 벌하겠다고요."

"스님, 잠시라도 더 이 땅에 머무시지요. 신라와의 경계에서 멀지 않은 바닷가 큰 마을에서 스스로 새 도량을 세운다고 합니다. 그리로 가서 깨우침의 말씀을 전하며 때를 보는 것은 어떠신지요? 마침 그 마을 사람들이 큰 스님을 모시고 싶어 백방으로 알아보고 있다는 소리도 들었습니다. 다만 몇 해 동안이라도 그리로 가 머무르며 부처님 가르침을 전하다 보면 길이 열리지 않겠습니까? 자연스레 국경 너머로도 부처님의 말씀이 흘러들어 신라사람 중에 제 발로 도량까지 와 스님을 모셔갈 사람도 나오지 않겠습니까?"

대재를 넘기 전 온술 땅에서 만난 장사치 을소는 노심초사 호자의 안위를 걱정했다. 남북으로 두 나라 사이에서 귀한 물건들을 넘기고 받는 게 그의 일이다. 그 까닭에 두 나라 사정을 누구보다 잘 안다. 그는 얼마 전 서라벌 저잣거리에서 벌어진 서역 스님 계도의 처형 사건을 잘 알고 있었다. 호자는 그가 서역 사람이라는 사실을 귀로 얻어 들었을 뿐이다. 서역 어디에서 왔으며 서라벌에서 부처님에 대해 무엇을 말하였는지 전혀 알지 못한다. 그 소식을 듣자 "여래 길 동무 하나가 또 정토행을 했구나"하며 그저 염불만 외웠을 뿐이다.

2

눈 내리는 소리다. 사락거리는 소리, 작으나 멀리서부터 오는 긴 울림! 이제 제법 쌓이고 있다. 폭폭 거리며 눈이 쌓인다. 소리가 점점 무거워진다. 두터워지는 그 소리들 사이로 다른 소리가 비집고 들어온다. 숨 쉬는 소리! 눈 더미 아래에서 조심스럽게 내는 숨소리. 사위가 희게 덮이면서 얼룩이 사라진다. 삶의 얼룩, 생명 사이에 부대끼며 만들어져 남는 얼룩들이 눈 더미 아래서 녹기 시작한다. 생명도, 시간도, 이 산과 길, 사람도 모두 눈 내리는 소리에 덮이고 있다.

이 먼 남쪽 땅에도 겨울이면 어김없이 눈이 내린다. '더 내려가면 눈이 없을까?' 스님과 함께 떠나온 너무 멀어진 북쪽 땅과 달리 이 땅의 눈에는 쏘고 베는 날이 없다. 살을 헤집고 생채기에 차가운 기운이 서리게 하는 그런 추위가 이 땅에는 없다. 모나지도 않고 날카롭게 찔러 들어오지도 않는 추위다. 눈 모양도 부드럽고 둥글다는 느낌을 준다.

이번 겨울은 눈이 제법 많을 모양이다. 내리는 소리가 무겁다. 두모는 스승의 말씀을 다 헤아리지 못하는 것 같아 마음이 깊이 가라앉는 느낌이다. 때 되면 눈 녹듯이 스승의 말씀도 제 안에서 녹으려나? 덧문 열고 밖을 내다볼까 하다가 그만둔다. 밤도 깊지 않았는데, 벌써 눈꺼풀이 천근만근이다. 세상에서 제일 무거운 것이 눈꺼풀이라고 했다. 세상 말에 틀린 것이 없구나 하면서 두모의 눈꺼풀이 스르르 내려온다. 하루 내 열렸던 창을 닫는다.

3

"빈자리는 채워집니다. 누군가 대신해요. 서라벌로 들어서는 발길이 또 있을 거요. 남쪽 바다에서도 가라[가야]를 지나 서라벌을 향하는 이들이 있다 합니다. 그러니 그냥 이곳에 머무르세요."

"그래요. 비워야만 채워집니다. 그래서 떠나려 하는 거지요. 때가 되었어요. 머물면 고입니다. 저도 몇 번 겪은 일이고요. 흘러야 내려옵

263

니다. 물이 흐르고 세월이 흐르듯이, 사람도 오고 떠나는 것이지요."

"더는 잡지 않겠습니다. 이 자리를 채울 누군가 또 오겠지요. 저 역시 맞고 보낼 뿐입니다. 빈자리는 채워지겠지요. 기다리는 시간이 길지 짧을지 모르나 그저 고요히 이 자리에서 기다리는 수밖에요. 이제 가시면 뵐 수는 없겠군요. 돌아온 이는 아무도 없었어요. 가끔 소식만 듣습니다. 인연이 다해 이 세상을 떠났다는 풍문이지요. 바다 끝으로 나갔다는 소리도 들었습니다."

속포 북쪽에서 잠시 머무는 동안 인연이 닿았다고 몇몇 고구려 비구가 호자의 발길을 잡으려 애썼다. 그들은 호자에게서 '길'에 대해 더 듣고 싶어 했다. '말씀' 한마디라도 더 마음에 담기를 원했다. 남쪽의 퉁명스럽고 고집 센 자들 손에 잡혀 이러지도 저러지도 못하는 호자의 모습을 상상하기 싫어했다. 호자가 저들의 아쉬워하고 붙잡으려 애쓰는 눈빛을 떨치며 남으로 발걸음을 내딛는 데에 다시 여러 달이 걸렸다.

4

실직에 들어서자 말투가 달라졌다. 너도나도 거칠면서도 굵고 짧게 말했다. 말 알아듣기는 어렵지 않았다. 실직은 본래 신라 땅이었으나 지금은 고구려 영토인 곳이다. 처음 성읍에서 마주친 이들은 호자 같은 사람을 낯설어 하며 두려워하는 기색이었다. 이목구비가 사뭇 다른 데도 고구려 말을 하는 호자를 고을 관아 사람들이 놀란 토끼 얼굴로 쳐다보았다. 호자가 국내성에서 받은 패를 내보이니 그제야 안심이 된다는 표정이다.

그곳 고구려 관리들은 호자와 두모가 남으로 더 내려가지 못하게 했다. 비록 신라가 고구려 대왕의 손 안에 있다고 하나 엄연히 왕과 관리가 있는 나라라는 것이다. 그 지경 안에서 고구려 사람에게 좋지 못한 일이 일어나도 고구려 관리가 손대지 못한다고 했다. 실직을 지나고도 한참을 내려가야 신라 지경에 들어서는 데도 굳이 호자의 남쪽 걸음을 막는다. 신라에서 저네 '법'을 어겼다며 호자를 붙잡고 해코지라도 한다면 어떻게 하냐는 것이다.

"신라 사람들은 조상신이 아닌 무엇에도 빌거나 치성 드리지 못하게 한답디다. 그냥 붙잡아다 주리 틀고 죽인다 합니다. 걸음을 내딛지 않는 게 좋지 않겠소?" 한다.

이렇게 길이 막히기도 처음이다. 호자와 두모는 결국 북으로 발길을 되돌린다. 다시 하슬라에 이르렀다가 서쪽으로 대령을 넘는다. 다들 바닷길로 내려가는 것이 편하다 했으나 고구려 관리들이 두 팔 벌리며 막아서니 방법이 없다. 대령 너머 서쪽은 온통 산골짜기 길이어서 사람을 만나기도 쉽지 않다. 사실 오래전부터 고구려 땅이었던 곳이라 마음으로는 편안하다.

골짜기 곳곳의 작은 마을 사람들은 순박했다. 호자의 이목구비가 좀 괴이쩍어도 저들과 말이 통하니 곁눈질하며 비켜서지 않고 오히려 다가선다. 마을마다 어른 되는 이의 사랑방에 자리 펴고 쉬게 한다. 그러고는 이것저것 바깥세상 큰 고을 이야기를 묻는다. 떠날 때는 이지가지 먹을거리까지 한 바랑씩 챙겨준다.

호자와 두모가 부지런히 남으로 걸음을 내딛어 마침내 대재[죽령] 앞에 이르니 고구려 성채의 장수가 몇 차례 다짐을 한다.

"아무리 순한 소 같은 신라 사람도 믿고 치성 드리는 데에서는 고집스럽습니다. 바늘 끝도 찔러 넣지 못할 정도로 엄하고요. 아니다 싶으면 그냥 다짜고짜 내쳐요. 돌아보고 뭐고 없어요. 성명 보전에 마음을 쓰십시오" 한다. 어떤 때는 신라 사람들이 그야말로 막무가내라는 것이다. 한번 눈에 불을 켜면 말로 어찌할 재간이 없다며 말하는 중에도 혀를 내두른다. 재 너머 신라 지경 성채 사람들과 이쪽 고구려 사람들 사이에 몇 차례 커다란 어깃장이 있었던 듯싶었다.

5

호자와 두모는 신라로 들어가는 고구려 장사치들 사이에 섞여 대재를 넘었다. 고구려 장수의 권유로 호자와 두모도 봇짐꾼 차림에 커다란 바리 하나를 등에 맨 채 신라 군사들 사이를 지났다. 신라사람 생김새는 고구려 사람과 같으면서도 달랐다. 이미 고구려 사람으로 산지 오래여서일까? 말투도 생김도 신라 사람들이 좀 더 투박하고 어설픈 듯 느껴졌다. 표정이 너무 없어 조금은 뚱한 얼굴들이 호자를 유심히 봤다. 그러나 말을 붙이지는 않았다.

봇짐꾼들과 함께 일선이라는 곳에 이르러 마을 우두머리 모례의 집에 여장을 풀었다. 일행을 맞던 모례가 호자를 보더니 다른 이는 알아채지 못하게 눈짓을 한다. 호자가 속으로 염불을 한 차례 왼 뒤 마루에 짐을 부린다. 이어 뒷간을 찾는 시늉을 하며 행랑채를 빠져 나온다. 다들 짐을 부리느라 다른 이를 볼 여념이 없다. 두모도 그들 사이에서 괜스레 바쁜 척 왔다 갔다 한다.

조심스럽게 호자를 안내한 머슴이 자리를 뜨자 모례가 허리를 숙여 읍하며 예를 표한다. 호자가 엉겁결에 마주하며 예를 차린다. 주인과 함께 마루 위로 오른 호자가 눈으로 묻는다.

"저를 아시는지…." 모례가 소리 내어 답한다.

"고구려 사람이 아니시지요? 저 서역 금인을 말씀하시는 분 아니시던가요?"

"금인?"

"예, 저희는 금인이라 합니다. 신라에서는 서역 사람이 가르치려는 그 말씀을 '금인의 길'이라고 합니다. 저희가 죽어도 알지 조상신의 나라로 가지 않고 다른 생을 살게 된다는 그 말씀 말입니다."

모례가 말하기를 호자보다 앞서 호자 같은 이가 모례의 집에 머물며 서역 금인의 가르침을 전했다고 한다. 모례도 처음에는 그가 말하는 것에 긴가민가하다가 조금씩 빠져 들었단다. 그러던 어느 날 그 서역 사람이 서라벌로 들어간다며 남으로 내려갔다는 것이다. 혹 소식을 들을까 귀를 세우고 있다가 거의 잊을 즈음 서라벌에서 온 장사치가 전하기를 "서역 사람이 알지신 아닌 이를 말하고 다니다가 죄를 입어 죽임을 당했다" 한다. 그 말을 듣던 호자의 입에서 신음하듯이 염불 소리가 흘러나온다. 모례가 다짐하듯 말한다.

"서라벌 들어갈 생각은 하지 마시오. 내가 지낼 곳을 마련해드릴 테니, 내게 금인의 가르침을 좀 더 알아듣기 쉽게 말해주시구려. 고구려와 그 너머 세상에 대해서도 알려주시고요."

6

두 해 동안 모례네에 머물며 호자는 반쯤 신라 사람이 되었다. 두모

267

는 젊어서인지 신라 사람이라 해도 그대로 믿을 정도로 말투며 행동 거지가 바뀌었다. 백제와 가야의 여러 나라들과 지경이 멀지 않고 나라 주인도 낮밤으로 여러 차례 바뀐 적이 있어서인가? 모례네 마을 사람들은 내 사람, 네 사람을 굳이 따지지 않았다. 말 그대로 들어오나 부다. 나가나 부다 했다. 왔소? 가오? 사람을 맞아들이고 보낼 때에도 평소 마을길에서 만나고 헤어지듯 한다. 많은 일을 겪고 겪다가 터득한 지혜요 방편일 것이다. 호자에게도 익숙한 태도요 마음가짐이다.

달포에 한 차례 호자가 별채에서 나왔다. 모례와 마을 사람 몇에게 금인이 아닌 여래의 법을 풀어 알리기 위해서다. 모례와 마을사람들에게 호자는 더는 검고 괴이한 몰골의 서역 출신 고구려 사람이 아니었다. 귀족이 아닌 무지렁이 백성에게도 금은주옥 속 낮밤이 가능하다고 말하는 산신령 같은 사람이다.

모례는 이제 호자의 사람이다. 호자 자신도 신라의 호자가 되었다. 여래의 가르침대로 살기로 마음을 굳힌 모례가 집 뒤뜰 신당을 불당으로 바꾸었다. 신당의 오래된 기물을 꺼내 울타리 밖 커다란 굴참나무 밑에 묻었다. 신단 위에는 호자로부터 받은 작은 불함을 모셨다. 그날부터 제물 차림에 쓰던 신당 안 작은 공간이 호자의 방이 되었다.

호자는 모례 집 뒤 작은 언덕배기 안쪽 양지 바른 곳에 굴방을 하나 별도로 마련했다. 고향에 있던 승방을 흉내 낸 그런 공간이다. 국내성 시절 호자가 머물던 굴방과 다르지 않다. 불심을 되찾기 위해 용맹정진 하던 그 시절을 떠올리게 하는 굴방!

모례네 굴방은 번뇌와 잡스런 욕망을 씻기 위한 곳이 아니다. 신라에 불심을 온전히 비추기에 앞서 호자 자신을 담금질하기 위한 장소이다. 비록 서라벌에 들어가지 못한다 하더라도 이 나라가 자신의 육신이 머물 마지막 터가 되리라는 사실을 호자도 잘 알고 있었다. '모례굴방'은 호자가 육신을 버리고 여래와 만날 기약의 장소였다.

7

금은 특별하다. 누구도 만들지 못한다. 사람들 사이에 '금은 신과 함께 있는 자에게 온다'는 말이 떠돈다. 금은 만나기도 지니기도 어렵다. 금은 신의 흔적이라고도 한다. 신이 다녀간 곳에 금이 있다는 것이다.

호자는 여래의 모습이 금으로 가려져서는 안 된다고 믿었다. 백성들이 넘어야 할 마지막 고개도 금 숭배라고 생각했다. 호자가 알고 있는 여래는 백성들이 믿듯이 금에 쌓인 신이 아니다. 금이어서 금처럼 빛나므로 감히 쳐다볼 수 없다고 여기는 그런 분일 수 없다. 호자는 여래를 금빛에 가려질 수도 없고, 금에 갇히지도 않는, 그 너머까지 가신 분이다.

'그래, 여래의 법은 금 바깥을 말해. 여래는 금에서 자유로운 분이야.'

왜 금이 경외되고 숭배되는지 호자도 잘 안다. 금은 아름답다. 천왕과 보살조차 그들이 이른 깨달음의 경지를 금과 보석으로 나타낸다. 완전한 자유를 얻기 이전에는 누구도 금에서 자유로울 수 없다. 금은 경외와 경배의 끝에 있다.

금 치레걸이((경주 황남대총 출토, 국립경주박물관)

그러나 여래는 다르다. 이 세상의 눈과 생각 너머로 갔고, 사람이 상상하는 세계, 신의 세상 바깥에 있다. 그 세계의 모습이 사람의 눈에는 금과 보석으로 가득한 곳으로 그려진다. 그림자놀이와 비슷하다고 할까.

그래도 호자는 고민스럽다. 여래의 법을 전하면서 '금에서 자유로워라.' '금에 묶이지 말라' '여래의 법은 금보다 더한 것이요. 그 너머를 말한다'고 말할 수는 없지 않은가? 알아들을 수 없는 말은 입에서 꺼내는 것이 아니다. 그런 말은 알아듣지 못하는 자에게 무지를 깨닫게 하고 분노와 적의를 품게 한다. 서라벌 바깥에서 온 이방인이요, 생김도 행동거지도 다른 호자가 그런 말을 하면서 서라벌 거리를 돌아다닌다면 십중팔구 거친 말과 행동에 맞닥뜨리게 된다. 돌팔매질을 당할 수도 있다. 겉보기도 다른데 속까지 다르다는 것을 알게 되면 받아들이기보다는 내쫓으려는 것이 사람의 마음이다. 무슨 일이건 험한 꼴 당하지 않으려면 할 말과 하지 않아도 될 말을 구분해야 한다. 금에 대한 말이나 생각도 그 가운데 하나일 것이다.

신라 사람들은 저들의 조상이 금알에서 나왔다며 금을 귀히 여긴다고 한다. 왕실의 친인척까지만 금으로 만든 물건을 집에 두거나 몸에 지닐 수 있단다. 사정이 이러니 언젠가 서라벌 사람들이 불법을 크게 보고 여래 앞에 엎드리게 된다면, 금을 여래에게 드리려 할 것 아닌가? 받을 수도 없고 내칠 수도 없다.

젊은 시절 여래의 법을 전하겠다고 여러 나라를 떠돌 때다. 호자는 금이 사람만 살리고 죽이는 게 아니라 나라도 세우고 무너뜨린다는 사실을 두 눈으로 생생히 보았다. 온몸으로 겪었다. 나라 사이도 오가는 금의 양으로 가깝고 멀기가 정해졌다.

'금은 아름답다! 그러나 금을 보고 다루는 사람의 마음은 그렇지가 못하구나. 금은 깨끗할 수 있어도 그것을 보는 눈은 맑기가 어렵구나.'

호자는 가는 곳마다, 만나는 이들 누구에게나 금 너머의 세상에 대해 말했다. 그럴 때마다 그 대가로 내침을 당했다.

'모두들 금에 눈이 멀었어. 얼굴 생김도, 말도, 사는 모양새도 다 다른데, 어째서 금에 대한 생각은 모두 같은가? 왜 다들 금에는 눈이 뒤집히는가?'

호자의 고향 땅에서도 금은 귀한 것, 가치가 극히 높은 것, 가장 아름다운 것이었다. 금은 왕과 신을 위해 쓰는 물질이었다. 보통 사람이 금을 지니고 있으면 무섭고 큰일을 겪었다. 백성들이 여래를 믿게 되자 신과 왕을 경배하는 데 쓰던 이 물질이 여래의 집으로 쏟아

271

져 들어왔다. 여래상에 금이 입혀졌고 여래의 말씀을 담은 책에도 금이 들어갔다. 여래를 경배하는 데에 쓰일 무엇을 만들게 되면 그 물건의 안과 밖이 금으로 장식되었다. 왕과 귀족이 다투어 내는 금으로 여래의 집은 금이 들어가 쌓이는 금집이 되었다. 덩달아 여래의 집에서 먹고 자고 일하는 자들, 여래의 법을 따르려 애쓰는 자들도 금에 묻혀 금과 함께 지내게 되었다. 금으로 만들거나 금을 입힌 물건을 쓰거나 몸에 지니고 다니게 되었다. 금을 입힌 옷을 걸치고 다니는 자들도 생겨났다. 호자는 여래의 집이 금 범벅일 때 그 안으로 들어갔다.

8

일선은 산이 깊다. 구할 수 있는 게 많다. 열매나 뿌리가 아니어도 약 될 수 있는 것이 많다. 그런 까닭에 호자는 모례네에 있어도 심심할 틈이 없다. 잎이건 가지건, 껍질이든 뿌리든 이것저것 가려내 말리고 다려내다 보면 향만으로도 약효를 짚어낼 수 있다. 게다가 모례네는 오랫동안 약초를 모으며 써본 집안이다. 호자는 이틀이 멀다 하고 모례네 사랑방에서 신라의 약재에 대한 이야기를 듣는다. 사실 신라 약초 이야기라기보다는 일선이 자리한 산골짜기 사람들의 경험담이다. 선대로부터 내려온 귀한 지혜다.

기침이 심하던 모례의 큰 아들 모종이 멀쩡한 얼굴로 사람들 사이를 돌아다니자 고을에는 자초지종에 대한 소문이 여럿 돌았다.

'그 호자라는 사람이 제가 믿는 금신께 기도하자 바로 나았다네!'

'호자가 모종의 가슴에 손을 얹고 주문을 외니 모종이 가래를 한 말

272

이나 쏟아냈대. 그러더니 속이 시원해졌다지, 아마.' '그 거무튀튀한 사내가 품에서 나뭇조각 같은 것 몇 개를 꺼내 약탕기에 넣어 다려 냈다네. 그 물을 모종에게 먹였대. 모종이 밤새 첫소리 내며 앓더니 그냥 씻은 듯이 나았다더군. 종놈 시지가 제 눈으로 다 봤대.'

앞뒤가 없지 않은 소문이었다. 어쨌든 호자의 손은 약손이요, 호자의 보따리에 신비한 약재들이 들어 있다는 이야기였다. 입에서 입으로 옮겨지던 이런 말에는 호자가 믿는다는 그 금신이 신통한 기운을 내는 정말 '신'일지도 모른다는 뜻도 들어 있었다.

고을 사람들 가운데 호자의 약손과 기도에 덕 보려는 자들이 나타나기 시작했다. 기침병으로 골골거리던 모종이 고개를 곧추 세우고 거리를 다니니 그럴 밖에 없다. 제 몸이건 살붙이건 병 있는 자들이 모례가를 기웃거리면 두모가 그들을 불러들였다. 물론 모례가 고개를 끄덕이지 않으면 할 수 없는 일이다.

호자는 자신을 찾는 자는 누구건 가리지 않았다. 모례의 도움을 받아 자초지종을 알아들으면 바로 맥을 짚고 처방을 해주었다. 한 다리 건너 온 자에게는 병자에게 어떻게 해야 할지를 일러주고 쓸 만한 약재도 알려주었다. 호자 덕에 좋지 않은 증상이 없어지거나 차도가 뚜렷한 자들이 하나둘 수를 더해갔다.

호자가 국내성에서 익힌 침법(針法)은 일선 고을 사람들이 호자를 아예 신인으로 여겨 받들 마음이 들게 하였다. 막 숨이 넘어가던 사람조차 호자가 쓴 침 하나로 얼굴색이 돌아왔다. 신라 사람들도 체하면 바늘로 손가락 끝을 따 피를 내는 정도는 알고 있었다. 그러나 손과 발, 심지어 얼굴에도 침을 놓아 이런 증세도 없애고 저런 병세

여래의 길을 말하는 승려(무용총, 중국 지안)

도 차도 있게 한다는 이야기는 듣도 보도 못한 일이다. 일선 사람들의 눈에 호자는 신이 보낸 자가 틀림없었다. 참으로 용한 신이 그와 함께 하거나 그 자신이 사람의 탈을 쓴 신일 게다. 그가 믿고 전하려 한다는 그 신이 혹 그 자신이 아닐까?

9

"모례 어른, 정말 신기한 일이오. 여래의 손이 나를 이 땅, 이 집으로 잡아끌었음을 이제야 알 것 같소. 이 향초의 맛과 향은 서쪽 하늘 아래 있는 제 고향에서 나는 것과 쌍둥이처럼 닮았으니 말이오. 고향에서는 빵을 구어 향을 낼 때, 이것을 말려 가루 낸 것을 뿌렸다오.

잘 말린 것을 주머니에 담아 집안 여기저기 걸어두기도 했지요. 그러면 벌레들이 집에서 멀리 달아났소. 헌데, 이곳에서는 주로 어탕(魚湯)에 쓴다지요? 물고기 비린내가 싹 가신다니 그것도 이 향초를 잘 쓰는 일인 듯싶소.

모례 어른! 이 향초는 약재로도 쓸 수 있어요. 이것을 다려내 그 물을 마시면 속병이 그냥 낫습니다. 속병 앓은 지 오래면 보름동안 아침저녁으로 한 사발씩 진하게 다린 물을 마시면 되지요. 다른 약재와 섞어 다리면 또 다른 병에도 효험이 있고요. 이 향초는 약재 중에 아주 좋은 것이라오.”

“호자 어른, 저는 향초도 향초지만 그 두 손이야말로 약재 중의 약재가 아닌가 합니다. 호자 어른의 손은 하늘이 준 손이 아닌지요? 신이 그 손에 함께하시니 신의 손이기도 하고요. 어찌 그 손으로 짚기만 해도 자리가 달라지는지 신기할 따름입니다. 참으로 신이 내린 손이예요. 우리 조상 알지신이 다시 오시면 모를까, 사람의 손으로는 호자 어른 하듯이 할 수 없습니다.

그나저나 서라벌에서는 바깥세상 사람 몸에 생채기 내는 칼바람이 심하게 분다 합니다. 왕가 사람들이 뒤를 봐주는 무리들이 이상한 탈을 쓰고 서라벌 거리를 헤집고 다닌답니다. 쥐도 새도 모르게 사라지거나 죽어 자빠지는 사람들도 여럿이라 하고요. 알지신의 나라에 외인이 많아지면 재해가 크리라는 말이 거리에 흐른답니다. 이번 여름 서라벌의 큰 홍수도 외인들 때문이라 하고요. 호자 어른은 당분간 이곳에 머무는 게 좋겠어요. 저들이 나다니는 동안은 제 집에 계세요. 여기 있는 동안 일선 산간의 약 되는 향초나 나무뿌리들을 더 알아두면 뒤에는 좋게 쓰이리라 여겨집니다.

그나저나 오늘 저녁에는 거칠이 여기 오기로 했습니다. 일선 지경 산야의 향초와 약목 가운데 거칠의 눈길을 벗어난 것이 없다 합니다. 만나 보시면 나눌 말이 적지 않을 것입니다. 거칠도 호자 어른이 가져온 약초꾸러미를 보고 싶어 합니다. 안채에는 한상 잘 차리라 일러두었습니다."

호자가 고개를 끄덕이며 반 무릎으로 일어나 자리를 뜨는 모례에게 예를 올린다. 그러면서 머릿속으로 혼잣말한다.

"서라벌이 멀긴 멀도다. 빠른 걸음으로는 사흘만에도 갈 수 있다지 않은가? 길이 열리지 않으니 그 지경 근처에도 가지 못하는구나."

호자는 아무런 내색도 하지 않은 채 목구멍 깊숙이 아쉬움을 밀어 넣으며 작게 소리 내어 염불을 왼다.

10

일선 지경을 나온 뒤 호자 일행은 왕경 주변에서 열흘을 보냈다. 호자는 두모 외에 모례가 붙여준 마을 젊은이 이두를 앞세우고도 걸음을 늦추었다. 서라벌 둘레의 크고 작은 고을들에서 풍물과 사람을 겪어보려는 심사다. 밝은 얼굴에 붙임성 있는 이두는 호자가 모례네에 머무는 동안 두모와도 형제 사이처럼 친해진 젊은이다. 그래선지 이두에게는 서라벌 걸음이 즐겁기만 하다.

이두가 부지런을 떨어 호자네가 하룻밤 쉬어 갈 집 찾기는 어렵지 않았다. 고구려 장사치가 들렀던 고을에서는 너도나도 호자 일행에게 방을 내어주려 했다. 신라 사람처럼 말할 수 있게 되었지만 호자에게서는 아무래도 이국적인 그 무엇이 풍겨나는 듯했다. 게다가 생김새는 감출 수가 없다. 호자를 본 사람들은 그가 신라 국경 너머 먼 곳에서 왔음을 한눈에 알아차렸다. 그사이에 머리도 조금 길렀고 스님 차림도 아니어서 마을 굿 맡는 이들의 눈 흘김은 받지 않아도 되었다.

호자 눈에 비친 신라의 서울 서라벌은 고구려에서 내려오면서 지나온 평범한 고을들과 비슷했다. 벌은 넓었지만 귀족들의 저택이며 일반 백성의 집들이 몇 군데 나뉘어 모여 있는 정도였다. 북쪽보다 따스한 기운이 강해서인지 도시 전체가 주는 느낌은 편안했다.

다만 서라벌에 막 들어서는 순간 가슴속을 비집고 들어온 어떤 기운이 마음에 걸렸다. 무지근하게 밀어내는 것 같기도 하고 뾰족하게 찔러 들어오는 듯도 했다. 그 느낌이 호자의 가슴에 남았다.

"어르신, 고구려 거리로 갈까요? 아니면 어디 마음 두신 데라도 있으신지요?"

머리와 마음을 번갈아 짚으며 멈칫거리는데, 이두가 묻는다.

"먼저, 고구려 마을로 가세."

호자가 답한다.

고구려 거리는 서라벌 북쪽, 북천이라는 냇가의 남쪽에 있었다. 이두가 궁성과 그 둘레의 귀족 저택들이 있는 거리에서 조금 떨어진 곳이라는 설명을 덧붙인다. 높은 담으로 둘러진 거리의 초입에도 오가는 사람이 적지 않았다. 그러나 호자 일행을 눈여겨보는 사람은 없다.

서라벌 사람들에게 고구려 거리는 특별한 의미를 지닌 곳인 듯했다. 이두가 호자를 거리의 끝에 있는 주막으로 안내한다. 들어가는 문은 크지 않은데, 안으로 들어서니 제법 넓다. 아직 참 때가 아닌지 손님은 보이지 않는다. 약간은 어두운 구석이 있어 눈에 익기까지 안이 잘 보이지 않는다. 언뜻 보기에 국내성 시절 들른 적이 있는 주막 같은 느낌이 들었다. 그러면서도 어딘지 어설프다.

'북쪽 것이 남쪽에 와서인가? 제 옷이 아니어서, 몸뚱이가 불편해 하는 것 같군. 그저 느낌일 뿐인가?' 호자가 마음도 엉거주춤할 때가 있구나 하는데, 주막 안 부엌 쪽에서 누군가 나오며 한마디 한다.

"아직 때가 아니라오. 거리를 한 바퀴 천천히 돌다 오시지요. 혹, 무어 찾는 게 있소?"

11

한 바퀴 돌아보니 서라벌 사람들에게는 묵직한 무엇이 있다. 화려하고 세련된 옷과 표정은 눈 씻고도 찾기 어렵다. 하지만 제 나름의 멋은 지니고 있다. 이들은 믿는 신이 여럿이다. 어떤 신은 고구려가 나라로 서기 전에 이 땅에 왔다고 한다. 바다에서 왔다는 용신 탈해의 자손들도 있고, 하늘에서 내린 둥근 박에서 나왔다는 혁거세의 자손들도 이곳에 산단다. 그러나 왕가의 가장 강한 가지는 알지신의 후손들이란다. 금인이라 불리기도 하는 이 사람들은 금알을 깨고 나왔다는 알지신을 조상으로 섬긴다.

일선에서 모례와 나누었던 말이 호자의 머릿속에서 되살아난다.

"모례 어른도 알지신의 일가요?"

"선대로부터 그렇게 들었습니다. 하지만 지금의 서라벌 왕가와는

278

가지가 다르지요. 알지신의 자손이 이 땅에 발 딛은 지도 벌써 사백 년이나 되니까요. 대재를 넘어 이 지경에 처음 들어선 알지신의 다섯째 아들이 제 가문의 첫 어른입니다. 다른 이들은 서라벌을 향해 내려가고 저의 조상은 이곳에 머문 것이지요." 모례가 말을 잇는다.

"이 땅은 신라 땅 전체의 관문에 해당하는 곳입니다. 저의 조상이 이곳에 문지기로 남겠다고 했답니다. 벌써 오래전 일이지요."

"그러면 지금의 서라벌 왕실 사람들은 모례 어른 가문을 일족으로 여기는가요?" 문답이 오가던 와중에 모례가 빙긋이 웃으며 답했다.

"예, 저의 가문이 저들과 한뿌리라는 사실은 저들도 알고 있어요. 그러나 그것이 다지요. 다행이 이 땅이 저의 가문이 자리 잡은 곳이라 이곳 일에 대해서는 어떤 참견도 하지 않아요. 서라벌 군사들이 함부로 발을 들여놓지 못하는 몇 군데 가운데 한 곳입니다. 이 땅에 들어오고 나가는 일은 저의 가문 소관이니까요. 신라 안팎의 누구도 우리 가문에 이래라 저래라 못합니다."

모례와 지내면서 알게 된 것 가운데 하나가 신라의 큰 귀족 가문들 사이에 조용히 지켜지는 약속[黙契]이다. 신라 사람들의 조상은 갈래가 여럿이다. 그런 까닭에 다른 가문의 신들에 대해 함부로 말하지 않는다. 입이 무겁고 서로를 대할 때 예의를 차리는 것도 이 때문이리라.

호자는 모례 가문의 내력을 들으면서 다시 한 번 마음속으로 여래의 손길에 감사를 드렸다. 사실 염불이 절로 나올 만한 일이다. 서라벌 군사들이 모례가의 허락 없이도 일선에 발을 들여 놓을 수 있었다면 어쩔 뻔했는가? 호자같이 별스런 외인은 아무 때건 붙잡혀 가거나 나라 바깥으로 쫓겨났을 수 있다. 비록 고구려 사람으로 신라 지경에 발을 들였다고 해도 그 나라가 받아들일 수 없는 사람이라며 관문 바깥으로 내치면 어찌할 도리가 없다. 신라에서는 알지신이니 혁거세신이니 저들이 믿는 신보다 높은 신이 있다고 말하는 자를 큰 죄인으로 여긴다지? 호자야말로 그런 사람이다!

모례와 나눈 이야기를 되짚던 호자의 입에서 한숨 비슷한 것이 흘러나온다. 서라벌에 들어가 자유로이 다니며 백성들과 말을 나눌 수 있을지 짐작하기 어려운 까닭이다. 어설프게 여염을 다니며 백성들에게 말을 건넸다가는 "내가 알지신의 자손이 아닌 금인을 말하는 자요" 하는 꼴이 된다. 탈 쓴 자들이 그런 자를 찾아내려 눈에 불을 켜고 다닌다는데, 그들 손에 붙잡혀 조리를 당할 것이 불 보듯 뻔한 일이다.

호자는 스스로에게 되물으며 고개를 갸우뚱거린다.

'금인이라니?' 주몽신의 자손들 사이에도 금인이라는 말은 돈다고 했다. 그렇다고 그들이 백성들에게 금인이라 부르라 억지 부린다는 소리는 듣지 못했다. 초원에서 만난 여러 족속도 금과 은으로 사람을 나누지는 않았다. 그런데 이 나라 왕가에서는 내놓고 금인, 금인 한다. 여래를 금인이라 하는 이는 있어도 사람을 금인이라고 하다니 처음 듣고 겪는 일이다. 정말 서라벌은 별난 곳이다.

12

서라벌이라는 도시가 참 기묘하다. 맑고 밝은 기운이 묵직하고 거친 기운과 엇갈리며 흐른다. 사람들의 눈은 순박했다. 하지만 고집스럽게 버티며 튕겨내는 굳은 성깔이 그 아래에 깔려 있다.

'쉽지 않겠구나. 여래여, 저를 도우소서. 제가 저들을 버텨내야 합니다. 이제 첫걸음을 내디뎠습니다. 돌부리에 걸려 엎어지지 않게 하소서. 웅덩이 비켜 걸으려다 자빠지는 일이 없게 하소서. 그저 여래의 인도대로 나가기도 하고 멈추기도 하게 하소서. 운과 때의 흐름을 잘 보게 하시기를 원합니다.' 호자가 입속으로 여래에게 아뢰며 빈다.

서라벌에 발 딛은 지 며칠 되지 않아 신라의 왕자 한 분이 숨을 거두었다는 소식을 들었다. 스스로 목숨을 거두었다고 한다. 그런데도 거리에는 '무슨 일이 있다'는 말이 돈다. 이 안에서도 뭔가 어두운 흐름이 있는가? 문득 동방에 여래의 가르침을 전하겠다며 자신만만하게 길을 떠났다가 속고 팔리며 죽도록 고생했던 그 시절이 머리에 떠오른다. 가슴 한쪽 깊숙이 묻어두었던 기억이요 경험이다. 아프다!

'그래, 아픈 일이지. 사막과 초원에서 손, 발 잃고 목숨마저 내놓았던 동무 스님들, 그들은 도리천이든 범천이든 천계에 전생했으리라. 왕생의 길을 걷고 있는지도 모른다. 자초지종을 알 수 없으나 그 왕자는 스스로 목숨을 내놓아야 했는지도 몰라.'

그런 생각이 호자의 뇌리를 스친다.

'누군가를 살리기 위해 자기의 목숨을 버렸을 수도 있지.'

13

고구려 거리 한 귀퉁이에 만든 작은 절집 한 채가 마련되었다. 그럭 저럭 모색은 갖춘 집이다. 이 거리의 질서를 맡은 신라사람 모부지가 애써준 덕택이다. 모례가와도 막역하다는 사람이다. 그가 관아 뒤쪽, 고구려 대장간 곁 빈집을 호자 일행 숙소로 내주었다. 절집으로 만들어도 좋다는 뜻이었다. 본래 공방으로 쓰이던 집이라 안을 칸 질러 한 쪽을 절집으로 꾸미기에 딱 맞았다.

절집은 오래전 국내성이며 평양성을 떠나 서라벌에 와 사는 고구려 사람에게는 익숙지 않은 곳이다. 이곳을 기웃거리는 사람도 가뭄에 콩 나듯 했다. 그래도 호자의 마음은 즐겁기만 하다.

'올 곳을 왔다. 더 바랄 것이 무엇이랴. 때 되면 오는 것이고 인연 있으면 닿는 것이다. 만남이 시작이고 헤어짐도 시작 아닌가?'

두모는 절집이 절집 같지 않다며 툴툴거린다. 이두와 숙덕거리며 절집에 뭔가를 더하고 싶어 엉덩이를 들썩인다. 호자는 그러거나 말거나다. 절집이 큰 거리 안쪽이어서 낮에는 좀 와작거리고 쿵쿵거린다. 그래도 해 지면 조용하다. 호자에게는 이보다 좋은 자리가 없다.

14

"스님, 선화 왕비님이 한번 뵙자 하십니다. 이 나라 갈문왕과 혼인하여 서라벌에 온 분입니다. 국내성에서는 공주셨고요."

"나를 어찌 알고?"

"국내성 시절 귀동냥 아닐까요?"

"내가 서라벌에 있음은 어찌 알았을꼬?"

"고구려 거리에서 말이 흘러들었겠지요. 북천 너머 마름재 고구려 성채에서 알려주었을 수도 있고요. 왕비님이 국내성에서 내려올 때 군관 염모님도 함께 왔답니다."

"아직 이 나라 국법에 여래를 말함이 허락되지 않은 줄은 아시는가?"

신라의 관리(경주 용강동 출토, 국립경주박물관)

"아시겠지요. 그렇더라도 뵙고 싶은 마음이 더 큰 것 아니겠습니까? 부처님 말씀이 무엇인지 알고 싶고요."

"남편 된 갈문왕도 나를 만날 마음이 있는가?"

"그런 말씀은 없었습니다. 듣기로 갈문왕은 여래 법에 별 마음이 없답니다. 오히려 불편하게 여긴다지요? 서라벌은 알지신이 오신 땅이요, 신라는 알지신이 세운 나라인데, 백성들이 이를 잊거나 소홀히 여긴다며 한탄했다는 말도 들었습니다. 아마 그래서 왕비님이 스님을 뵙고자 한지도 모르지요."

"어려운 일이구나. 왕비님을 뵙기도 그렇고 그 뜻을 외면하기도 그렇구나."

"스님, 뜻이 서면 알려주십시오. 기별을 기다리는 자는 우선 돌아
가 있으라 하겠습니다."

15

"스님, 이두와 말을 나누었습니다. 절집을 좀 장엄하면 어떨까요? 아
무래도 공방으로 쓰던 곳이라 누가 오더라도 무엇 하는 곳인지 알지
못할 듯합니다. 여래와 함께 있는 곳이면 그런 기운이 조금이라도 내
비치는 것이 어떨지요? 저나 이두만 해도 집 보고, 살림 보고 그곳이
어떤지 압니다. 사당에 들어가면 사당 같고, 관아에 들어가면 관아
같아야지요. 아무래도 여기는 공방 같아요."

이두가 거든다.

"저도 이 집이 공장이가 일하다가 어디 갔는가? 하는 생각이 들
어요."

"그렇구나. 너희들 마음이 그러면 모르는 이들 마음은 더하겠구
나. 그렇다고 눈에 띄게 장엄하면 오히려 책잡힐 수도 있다. 괜스레
일을 내 모부지 어른이 곤란해질 수도 있다."

16

'혹 소용될까?' 하면서 그냥 봇짐에 넣어 온 책이다. 그런데 이 벽지,
외진 땅 신라에서 쓸모가 있을 수도 있겠다. 호자가 제 손으로 엮어
만든 장색(匠色) 본뜨기 책을 펼쳐본다. 때 묻고 낡은 명주조각 모아
본뜨기 그림을 그린 뒤 묶어낸 것이다. 목간이나 죽간 묶음과는 다

르다. 질 좋은 고구려 종이는 값도 값인 데 더하여 저자에서는 구하기도 어렵다. 그런 까닭에 그런 종이는 호자가 직접 만든 손바닥만한 경전 그림책에만 썼다. 그래도 책은 책이다. 호자 자신의 경험과 눈길, 손끝이 잘 어우러져 그려낸 것이라 장엄에 쓸 치레걸이 만들 때에 본보기 노릇은 할 수 있다.

호자가 두모와 이두의 손을 빌려 고구려 거리에서 쇠를 사고 연장을 빌린다. 두 사람이 절집 작은 마당에 내려놓은 크고 작은 연장들을 보던 호자의 기억 저편에서 초원 시절이 엊그제 일처럼 떠오른다. 이미 아득한 옛날의 일, 전생의 삶처럼 여겨지기도 한다. 어제 저녁이나 오늘 아침 겪었던 일처럼 생생히 떠오르기도 한다. 손발에 흔적이 있고 가슴에 상처로 남은 부분도 있다. 이십 년도 더 된 일이다. 잠시 마음이 흐트러진다. 그사이를 어두운 생각이 비집고 들어온다. '마귀다!' 기껏 애써 허락 받은 고요를 흩어버리고 그 한가운데 똬리 틀고 앉을 심산이다. 호자가 머리에 여래 법을 떠올리며 소리 내어 경문을 왼다. 절집으로 삼은 초옥에서 나와 마당을 지난다. 탑 돌듯이 집 둘레를 돌기 시작한다.

문득 속세에서 얻은 두 아들이 눈에 들어온다.

'호두는 무얼 하고 호지는 어디에 있을꼬? 속세를 떠났던 내가 세간으로 돌아가 이 둘과 혈육의 인연을 맺었구나! 깊고 무거운 사슬인가? 아니다. 열매를 맺는 인연이다. 끊을 것도 맬 것도 굳이 나누어야 하는가? 매이거나 붙잡혀도 탈 쓰는 일 아니면 길 닦는 걸음이다.'

거슬러 보면 전생에도 오백 번, 천 번 있었던 만남이다. 이것이 이생에서 더 짙어졌을 뿐이다. 생이 거듭될 때마다 인연에 인연이 더해진다. 그 끝이 혈육이다. 불가(佛家)에서 묶은 매듭을 풀어나가는 처음이다. 깊고 무겁다고 했을 때, 익은 열매가 떨어진다. 이로써 서로에게 자유를 준다. 아내는 그렇게 해서 보살행에 들었으리라.

달포 넘게 매달린 끝에 절집에 잇대 작은 공방을 차렸다. 호자의 마음이 비로소 편해진다. 책을 펼쳐 이미 눈에 익고 손에 잡혔던 치레걸이들을 그림으로 본다. 이로 말미암아 서라벌이라는 이 작은 도시에 여래가 무슨 인연을 맺어두었는지 알게 되리라.

탁자 위에 사고 얻은 쇠를 늘어놓는다. 질이 고르지 않다.

'죄… 다시 녹여야겠구나.'

두드리고 두드려 거칠고 잡스런 기운을 좀 덜어낸다 해도 좋은 장식 얻기가 만만치 않아 보인다.

'그래, 있는 것으로 하자. 초원에서도 그렇게 시작했고 얻어냈다. 서라벌에서 못할 게 무언가. 이곳은 산야도 사람도 그 안이 따뜻하지 않은가?'

17

호자가 허리춤에서 나무로 깎은 장신구 하나를 꺼내 두모에게 건넨다.

"쇠로도 이렇게 만들 수 있어야 한다. 우선 생김만 눈에 잘 익혀두어라." 두모가 손에 쥔 장신구를 뚫어지게 들여다보더니 눈으로 스승에게 묻는다.

"스님, 이렇게 정교한 것은 나무로만 깎을 수 있어요. 쇠로는 어림도 없습니다. 게다가 제 재주로는 그럴 생각조차 못하지요."

호자가 웃으며 말한다.

"나도 내 스승께 그렇게 말했다. 아주 오래전 일이지. 너는 나보다 눈도 좋고 손도 좋다. 네 마음으로는 이미 말하고 있지 않느냐? 한번 해볼까? 눈에 좀 익으면 나무로 같은 것을 만들어 보아도 좋다. 네 손이 그 물건을 알아야 할 테니 말이다."

두모는 때로 제 스승이 사람인지 신인지 잘 가려지지 않는다. 사람이면 재주가 너무 많고, 신이면 너무 따뜻하다. 뭔가 잘 맞지 않는다. 어떤 때는 앞가림이 시원치 않고 어떤 때는 미련조차 없다. 매이지도 않고 머무르지도 않는다. 그러면서 뭔가에 가까이 가려 하거나 그러지 못해 안타까워한다.

두모는 그런 스승을 보며 '저 어른의 진짜 모습은 뭘까?' 하며 고개를 갸웃거린다. 처음 그저 신기하면서 좋아서 따라다녔다. 그런데 이제는 가끔 마음이 무겁다. 이렇게 보고 저렇게 보아도 저는 그저 평범한 청년일 뿐이다. 큰 사람 될 씨앗은 어느 구멍에도 보이지 않는다. 평범해도 너무 평범하다. 이제 이 일이라도 주어졌으니 한번 잘해보고 싶을 뿐이다.

18

두모가 절집을 나와 대장간을 기웃거린다. 모루질에 한참 기운을 쏟던 마루가 한마디 툭 던진다.

"내게 볼일이라도 있으신가?"

두모가 손바닥으로 제 낯을 한차례 쓰다듬어 내리더니 멋쩍게 웃는다.

대장장이 신(오회분4호묘, 중국 지안)

"가만 보니 모루질도 장단이 있나 보이다. 얼굴에는 땀이 비 오듯 하나 몸은 덩실거리는 듯 보이니 말이오."

두모의 말에 마루가 일하던 손을 잠시 놓는다. 팔뚝으로 땀범벅 얼굴을 쓱 훑고는 크게 기지개를 켜며 말한다.

"이 사람아, 덩실덩실 하지 않으면 어쩌라고? 아니면 온몸에 힘이 들어가는데. 이렇게 덩실거리며 일해도 밥술이라도 뜨려 잠시 일손 놓아봐. 팔다리가 뻣뻣하고 저릿저릿하지. 일은 노래 부르고 춤추듯이 해야 해. 그래야 힘이 덜 들어. 기분도 좋고 말일세."

절집 마당으로 들어선 두모가 구석에서 빗자루를 찾는다. 마당이라도 한 번 더 쓸려는 듯 빗자루를 잡더니 이내 제자리에 둔다. 그러고는 곁의 돌쩌귀 위에 쪼그리고 앉는다. 두모가 혼자 중얼거린다.

"그러고 보면 도인이 따로 없어. 돌쟁이 돌 깨기도 결만 잡으면 술 방울 떼기보다 쉽다더니, 대장질이건 기름질이건 죄다 그런가 봐. 마루 어른처럼 춤추며 놀 듯 모루질 하면 커다란 쟁기 하나 두드려내기도 한나절 새참거리 정도겠지. 내 스승은 저런 사람 열보다도 더해. 에효! 나는 어느 나절에 그런 흉내라도 낼까?"

두모가 누구 보란 듯 어깨를 늘어뜨리고 길게 한숨을 내쉰다.

"아이고, 마당 꺼졌네! 허연 대낮에 마당이 꺼지니 이 무슨 조화란 말인가?" 이두가 싱글거리며 절집 마당을 들어선다. 호자의 심부름이라도 다녀왔는지 어깨에 진 망태에 뭔가 가득하다. 망태가 제법 무거워 보인다. 그런데도 이두는 언제나 그렇듯이 그저 싱글벙글이다. 두모가 고개를 세우며 엉거주춤 자리에서 일어난다.

"무슨 일인가? 걱정거리라도 생겼는가? 혹, 스님이 어려운 심부름 시킨 건 아니고? 초상집에 갈 거도 아니고, 관아에 죄 고하러 가는 것도 아니면 이 좋은 날 한숨은 무슨 한숨인가? 난 정말, 땅 꺼지고 집 내려 앉는 줄 알았네. 무슨 일인가? 말해보시게."

이두가 망태를 내려놓으면서 쉬지 않고 입을 놀린다.

19

"두모야, 되었다. 이 정도면 훌륭하다. 내가 준 것이나 네가 깎은 것이나 솜씨로는 크게 다르지 않구나. 그러나 네 마음에는 차지 않을 것이다. 익고 안 익은 차이다. 시간이고 힘이야. 네 것에는 힘이 들어갔고, 이건 힘이 녹아들었지."

"넌 아직 젊다. 이제 막 시작했어. 나무와 쇠에 네 힘을 녹여 넣기까지는 시간이 걸려. 형용을 할 수 있으면 문이 열린 게야. 나는 문을 여는 데에도 오랜 시일이 걸렸다. 허허, 그리고 보니 네 손은 참으로 신통한 손이다. 때가 되면 마음과도 하나될 것이야. 좋은 마음으로 계속해야 한다."

두모는 여전히 얼떨떨하다. 나름 열심히 깎고 다듬었다. 그러나 스승에게 이렇게 좋은 말을 들을 줄이야! 생각도 못했다. 제가 보기에 스승이 준 장신구와 제가 깎은 나무 조각은 솜씨며 느낌이 다 달랐다. 애써 흉내는 냈다. 하지만 마치고 보니 선이 다르고 눈에 들어오는 형상도 영 달랐다. 그런데 같다고 하신다. 문이 열렸단다.

"깎고 다듬기 겨우 한 달 남짓이다. 그런 내 앞에 공장이의 문이 열렸다는 것인가? 여래 절집 장엄할 솜씨가 내게 있다는 것인가?"

이것 참, 뭔가 뿌듯하기도 하고 불편하기도 하다. 약간 계면쩍은 얼굴로 슬그머니 스승의 얼굴을 본다. 호자는 만면에 웃음이다.

'정말 기분이 좋으신 건데, 평소에 거짓으로 칭찬하거나 남 비위 맞추지 않는 분이다. 이 말이 사실은 사실이야. 그래도 나로서는 내 솜씨에 믿음이 가지 않아. 열심히는 했으나 그 이상은 아니지.'

두모 자신이 누구보다 잘 안다. 그러나 스승이 시작되었다 하시고 문이 열렸다 말씀 하셨다. 이제는 앞으로 더 나가는 수밖에 없다.

20

일을 잡고 보니 나무를 고르고 다듬은 뒤 깎아나가는 건 시작일 뿐이다. 손에 쥐었던 나무 조각만 몇 개였던가? 나무에서 상을 보라고 했다. 하지만 풋내기가 어디 감히? 꿈도 꾸지 못할 일이다. 형용이 비슷하게 나왔다 싶으면 손이 엇나가고 나무가 미끄러진다. 하필 그 자리에 숨었던 옹이가 나오고, 그러면 정말 땅이 꺼질 만큼 한숨이 나

290

오기도 한다. 싱글벙글 얼굴의 이두도 이런 때는 그저 힐끗 보고 지나친다. '어설프게 말 걸거나 알랑거리다가 손칼 날아오면 어찌하누?' 하는 표정이다. 발뒤꿈치 들고 걷는 시늉을 하다가 슬그머니 공방 문 바깥으로 나간다.

오늘은 스승이 얇은 첫조각을 준다. 그러더니 조각된 것을 거기에 펼쳐 그려보라고 하신다. 이건 또 뭐람. 아직 형상도 제대로 못 깎는데, 다른 일을 주신다. 이것도 안 되고 저것도 못하면 어쩌라는 건가? 그래도 스승 말이라면 개울물도 핥아 먹어야 한다. 그렇게 하는 게 제자다. 언젠가부터 두모는 호자를 아버지처럼 여긴다. 절집에서야 부자지간이 없다. 그래도 두모는 스승이 아버지 같다. 그것도 싸움 걸 애비가 아니라 본이 되는 아버지다.

두모가 깎고 새기는 일에 열중하니 이두는 심심하다. 절집에 찾아오는 사람이야 가뭄에 콩 나기이다. 유일한 동무인 두모가 저러니 심심할 밖에 없다. 일선에 있으면 약초 캔다, 나무 한다며 산야를 쏘다닐 수 있다. 그러지 못할 땐 모례 어른 댁에 들러 잔심부름이라도 찾으면 될 일이다. 마을에는 품앗이할 일도 널려 있다. 잘 웃고 일 잘하는 이두는 어느 집에서나 환영 받았다.

그런데 서라벌은 영 다르다. 담장이 둘러 진 고구려 거리는 더 다르다. 공장이에 장사치들이라 아무나 일주지 않는다. 누구나 웃으며 노닥거릴 짬도 없이 바삐 지낸다. 일선에서 온 촌놈이 빌붙을 자리가 잘 보이지 않는다. 두모와 시시덕거리며 절집 잔일 하는 게 다였다. 그 두모가 절집 공장이가 되었으니 이두는 입이 근지럽고 손이 심심하다.

291

귀부인(수산리벽화분, 북한 남포)

'에잇, 나도 흉내나 내볼까?'

마침내 이두도 작은 망치와 끌을 손에 집어 든다. 그러더니 공방 구석 나무 등치 곁에 주저앉는다. 두모는 제 일에 빠져 이두가 들어와 어디 앉아 무얼 하는지도 모른다.

21

호자가 마음을 정하지 못하고 내내 미루던 일이 벌어졌다. 선화 왕비가 제 발로 절집을 찾아왔다. 이고 아니고 말을 건넬 틈도 없었다. 일성궁에서 보낸 사람이 절집에 들러 '오신다'고 말을 전한 뒤 반나절도 지나지 않아 일어난 일이다. 왕비님이 오신다 하여 달리 부산

떨 일은 없다. 그러나 왕비 일행이 고구려 거리를 오가는 일이다. 필경 사람들 눈에 띈다. 반은 숨어 있다시피 했던 호자의 절집이 사람들 입에 오르내리게 되었다. 두모의 눈에는 이것이 좋은 일인지 나쁜 일인지 가려지지 않는다. 호자로서도 가부간 답이 나오지 않는다.

22

"스님, 저는 주몽신과 유화신을 섬기던 신녀입니다. 신녀는 어떤 신이든지 모시게 되면 그분의 딸이 됩니다. 그러니 유화신이 제 어머니시지요. 서라벌에 온 뒤에도 늘 유화신에게 모든 일을 말씀드리고 말씀을 받았습니다. 그 덕에 이 나라 사람이 되는 데에도 큰 어려움이 없었지요. 제 낭군 보해님도, 국내성에서부터 저와 왕자 일행을 잘 지켜준 군관 염모님도 곁에서 잘 도와줬어요."

"이제 서라벌 사람이 되었구나! 싶어서 좋아하는데, 어머니 유화신이 말씀을 그치셨습니다. 밤낮으로 불러보아도 일언반구 답이 없으시고요. 아예 그림자도 비치지 않으십니다. 엎친 데 덮친다고 했지요? 남편인 갈문왕은 눈빛이 달라지고, 그런 탓인가요? 저희 부부와 군관 염모님이 함께하는 자리도 더는 없게 되었습니다.

제 주위에 있는 여인네들은 이전보다 저를 더 좋아하고 받들어요. 하지만 저는 마음이 헛헛하기만 합니다. 뭔가 큰 것을 잃었다는 생각도 들고요. 얼마 전부터 제 남편 갈문왕은 '알지신, 알지신' 합니다. 그럴 때마다 그 눈빛이 달라지지요."

"알지신이 이 나라를 세웠다고 알고 있습니다. 이 나라 왕족이 그 후손인 것도 잘 알아요. 저도 그 왕족의 일가가 되었으니 알지신을 모셔야겠지요. 해마다 한 차례 있는 알지신 제의에도 빠짐없이 나갔습니다. 큰 어려움도 없었고요. 알지신당의 신녀가 저로 말미암아 특별히 어려움을 겪은 것도 아닙니다. 그런데 제 남편이 알지신을 입에 달게 된 뒤부터 뭔가가 제 목에 걸려 내려가지 않습니다. 가슴도 답답해졌어요."

"어제도, 오늘도 유화신을 찾다가 너무 답답하여 여기 왔습니다. 신의 말씀도 받지 못하고 모습도 뵙지 못했어요. 이제는 홀로라는 느낌밖에 없습니다. 스님, 스님이 섬기는 여래신은 고구려나 신라에서 섬기는 하늘신, 조상신들과는 다른 분이라 들었습니다. 조상과 혈연이 닿는 것도 아니고 하늘에서 내려와 어떤 땅을 지키며 사람을 모으거나 헤치는 그런 신도 아니라지요? 어느 누구나 가리지 않고 받으며, 그 신을 따르는 자 또한 그렇다고 들었습니다. 한 말씀 듣고 싶습니다. 한 말씀 주십시오. 갈피를 잡을 수 있게 해주세요. 길을 찾고 싶습니다. 길을 알고 싶어요."

23

호자로서는 무슨 말을 하기가 어렵다. 선화 왕비는 여전히 국내성 사람이요, 고구려 신녀다. 그런 까닭에 서라벌 김씨 왕가의 알지신을 받지 못한다. 갈문왕은 유화신의 신녀인 선화가 아니라 알지신을 의지하고 따르는 왕비 선화를 찾고 있겠지. 고구려에 다녀왔기에 오히려 자신이 난 작은 나라 신라의 알지신이 더 크고 귀해 보이는지도 몰라. 저는 고구려에서 벗어나고 싶은데, 아내는 고구려 신녀. 나름 마음이 힘들고 속이 답답할 수도 있겠지. 왕이나 왕비나 같은 문제로 답답증을 얻었을 수도 있겠군.

"왕비님, 두 나라 사람이 믿는 신이 누구이며 두 나라 백성과 어떻게 닿아 있는지 잘 알지 못합니다. 유화신이니 알지신을 말할 처지도 못되고요. 제가 믿는 신은 여래입니다. 여래 이전에 왕자였고 수도승이었던 분입니다. 오랜 고행 끝에 깨달음을 얻어 석가모니가 되었지요. 참 자유를 알고 그 자유에 발 내딛은 분이고요. 그게 다입니다."

"석가여래는 그저 자유를 말했습니다. 무슨 신을 믿어라, 마라고도 않으셨습니다. 진짜다, 가짜다. 그런 말씀도 하지 않았습니다. 물질에 매이고 사람 사이 얽힘에 붙잡히는 것이 사람입니다. 여래는 그것을 경계했어요. 자신을 심하게 옭아매는 게 있으면 거기에서 먼저 자유로워지라고 하셨습니다. 소승이 할 수 있는 말은 이게 다입니다."

24

모례가에서 '급한 일'이라는 기별이 온 그날, 이두는 아예 등에 봇짐까지 매고 문간에서부터 종종걸음 쳤다. 호자도 걸음을 서둘렀다. 서라벌에 머문 지 꼬박 한 해만이다. 절집과 공방은 두모에게 맡겨졌다. 날랜 걸음으로 3일이라 했다. 하지만 장정도 아니요 봇짐꾼도 아닌 호자에게는 나흘로도 조금 벅찬 거리다. 고갯길 스무 번에 무릎 닳는다는 말도 있다. 보이는 게 산인 신라 땅에서 이틀, 사흘 사이에 갈 수 있는 거리는 거기서 거기다.

버선발로 뛰어나온 모례가 호자를 사랑방 안쪽 자리에 모신다. 주인 자리에 객을 앉히려 하다니, 격식에서 벗어난 일이다. 귀족가문에서도 특별히 격이 높은 어른이라도 두 번은 사양하고 앉는 자리 아닌가. 앞서 모례가에 머물며 사랑방에서 대화를 나눌 때에도 없던 일이다. 호자가 불편한 기색을 보이며 손님 자리에 앉으려 한다. 모례는 막무가내다. 무언가 그를 바꾸었는가? 우격다짐이 벌어져서는 안 되는 일이다 싶어 호자가 주인 자리에 앉는다.

서로 예를 나누기를 마치자 기다렸다는 듯 모례가의 여종이 차와 과자를 내온다. 호자가 알려준 바로 그 차다. 부드럽게 주위를 감싸는 향으로 보아 새봄 순이 날 때 마련한 차임에 틀림없다.

'고구려에도 이런 차는 없었지. 이런 첩첩산골에서나 구할 수 있는 귀한 차야.' 아직 자초지종을 나누기 전이라 차향에서 새봄을 다시 느낀다. 산과일을 조청에 절여 말린 과자도 맛이 그만이다. 한 조각만으로도 산골 깊숙이 걸어 들어가며 나무 향을 맡고 과일 냄새에 취할 수 있다.

"스님!"

조심스럽게 말문을 여는 모례의 입가에 살짝 긴장이 서려 있다. 호자가 과일 향의 여운을 밀어내며 모례를 마주 본다.

"모부지가 제게 사람을 보내 고구려 거리라 해도 절집은 안 된다는 전갈을 받았다 했습니다. 유화신, 주몽신이야 고구려 사람이 모시는 제 나라 신이니 어쩔 수 없겠지요. 그러나 절집은 뿌리를 모르는 서역 신의 사당이니 나라에서 그대로 두기 어렵다 했답니다. 왕명이 내리기 전에 거두는 게 좋으리라고 했고요. 두모도 지금 제가 보낸 다른 종들과 같이 이리로 오는 중일 겝니다. 스님이 가져가신 것들이며 공방에 두신 것들은 제 종들에게 모두 챙겨 오라고 말해두었습니다."

호자는 별 말을 않고 그저 모례를 물끄러미 본다. 그러더니 창 바깥으로 눈길을 돌린다. 모례도 함께 바깥 풍경을 본다. 호자가 혼잣말하듯 모례에게 말한다.

"언젠가 내 목이 달아나 흰 피가 솟는다면 얼마나 좋을까? 모례 어른, 다음 번에는 이런 일이 어른께 알려지지 않았으면 좋겠소. 때가 되지 않았으면 내가 내 발로 이리로 올 것이요, 아니면 서라벌에서 그냥 여래 곁으로 가리다. 그렇지 못해 천계며 축생에 다시 난다 해도 다 내 업 때문이 아니겠소? 또 때가 오리라, 다시 가야지 하면서도 그리 하지 못하면 어쩌겠소? 인연은 소승도 모례 어른도 어쩌지 못한다오. 서라벌이 스스로 문 열 때가 있으리다. 내 때일 수도 있고, 그 뒤일 수도 있고."

25

"두모야, 서라벌로 다시 들어가라. 대장간의 마루를 찾아가라. 그가 네게 그 공방을 맡기리니 대장간 일도 배우고 공방 일도 해라. 모례 어른이 사람을 보내 말해두었다. 대장장이 마루도 이곳 일선을 거쳐 서라벌로 들어갔단다. 그가 여래 절집에는 오지 않았고 여래의 법도 알지 못하나 그의 마음은 여래심이다. 나를 대하듯 그를 대해라. 공장이 일에 그만한 스승도 없으리라."

"예, 스님. 말씀대로 하겠습니다. 보여주신 길로 가겠습니다."

두모가 답하며 마음을 다진다.

"둘레둘레 고개를 돌리며 어릿거리지 않고 가리라."

두모가 스승에게 절하고 일어선다. 호자 앞에서 물러나기 전 미소로 한 번 더 설하며 한마디 한다.

"그래도 잊을 만하면 이두 손에 붙여 콩떡이라도 한 보따리씩 보내주십시오. 어디 가나 잘 먹는 저이지만 일선은 신라 땅의 제 고향 같은 곳입니다. 일선 콩떡으로 고향 그리운 마음 달래볼까 합니다."

호자도 미소로 절 받으며 답한다.

"허허, 그래라. 네 마음 같아선 이두를 동무 삼아 공장 일 하고 싶을 것이다. 그러나 그는 이곳 사람이요, 모례 어른에게 손발이 되는 사람이니 알면서 보내달라는 말은 못하겠구나. 마루 곁에 있다 보면 또 동무 삼을 젊은이가 네게 붙으리라."

"예, 그럼 바로 보따리를 싸겠습니다. 아직 해가 있으니 길 떠나도록 하지요. 제가 없더라도 편안히 계십시오. 때가 되면 서라벌로 돌아오실 줄 알고 있겠습니다."

"그래라. 이 책을 가지고 가거라. 이제는 이 안의 것이 다 네 것이오. 이 나라 것이라. 너로부터 이 나라 절집의 장엄이 시작되리라. 잘익히고 다 만들어라.

두모야, 네 품에 절집 장엄 공장이들 씨앗을 잘 심어두어라. 때를 만나면 싹 틔우고 열매 맺게 되리라. 네가 시작이니 하나부터 열까지 온전히 배우고 익히고 맺어라. 서라벌 사람들에게 절집 장엄의 첫 열매가 무엇인지, 어떠한지를 알게 해라. 네가 기꺼이 이 자리에서 일어나니 내 마음이 편안하고 편안하다."

26

"소승은 고구려 사람도 신라 사람도 아닙니다. 여래의 제자일 뿐이지

요. 때가 되면 이 또한 잊어야 하는 사람이올시다. 왕비님, 다 부질없
는 일이라오. 고구려 대왕이나 서라벌 마립간이나 인연에 매인 삶이
기는 한가지이지요. 산 것은 다 죽고 다시 납니다. 어디서 무엇으로
날지는 모르지요. 석가여래가 세상에 남긴 말씀에 나고 주고 맺고
푸는 것도 잊어야 한다 했습니다. 그래야지요. 이것도 저것도 나누
지 않게 되어야 합니다. 나눔도 모음도 없는 그런 자유에 들어야 해
요. 경계라는 것이 있다 해도 이곳도 저곳도 아닌 곳에 있기를 꿈꾸
는 것입니다. 있고 없음도 구별하지 않아야 하고요. 한 마음 한 생각
이어야 합니다."

선화는 호자의 말이 어렵다. 그래도 가슴에 와 닿는 것이 있다는
느낌을 받는다. 서라벌에서 문득 모습을 감추더니 다섯 해만에 다시
나타났다. 호자가 다시 서라벌을 찾았다는 소식이 귀에 들어와 긴
가민가하던 참이다. 별스럽게 생긴 이 서역 스님이 이두를 앞세워 제
발로 선화를 찾은 것이다.

호자와 얼굴을 마주 보는 순간 선화는 눈물을 감추지 않았다. 선
화는 이제 신통력 깊은 눈으로 세상을 보던 유화신의 신녀가 아니었
다. 고구려 거리 절집으로 호자를 찾아갔던 그날 밤 마지막으로 유
화신을 보았다. 안개로 가득하고 사위가 희부연 못 가운데서 유화신
이 모습을 드러냈다. 신의 얼굴에는 수심이 가득했다. 놀란 얼굴로
유화신을 쳐다보며 선화는 문득 그 얼굴이 자신의 얼굴이 아닌가
하는 생각이 들었다. 그것이 다였다. 그 순간 유화신은 모습을 감추
었고 아주 자연스레 선화를 떠났다.

"스님, 다시 그 절집을 세우시려는지요. 계시던 자리는 예전처럼 공

방이 되었습니다. 절집 곁 공방은 공장이들 집이 되었고요. 같이 계
시던 고구려 총각은 그 이후로 모습을 보이지 않는다고들 하더군요.
대장간에 새로 와 마루 밑에서 일 한다는 젊은이가 그 사람이라는
말도 합니다. 절집을 원하시면 제가 거리 한쪽에 두어 칸 초옥이라
도 마련해보겠습니다. 서라벌 한 가운데가 아니어서 오히려 사람 눈
도 타지 않아요. 절집 오가는 이에 눈 줄 사람도 없습니다."

"아닙니다. 왕비님이 많이 힘들다는 소식을 듣고 뵈러 잠깐 들른
것뿐입니다. 절집을 다시 세우려 한다면 갈문왕부터 가만히 있지 않
겠지요. 왕비님은 더욱 어려워지고요. 아직 여래께서 이 땅에 등불
올릴 대를 놓아주시지 않습니다. 오히려 서두르다가 멀어지지요.

저도 이곳에 뼈를 묻고 싶으나 여래께서 허락지 않으십니다. 다시
제 머물던 큰 산 골짜기 안으로 돌아가려 합니다. 서라벌 왕족도 손
을 댈 수 없는 곳입니다. 제가 이 삶을 마무리하고, 세상에서 얻은 것
을 돌려주고 가기에는 그만이지요. 비록 절집이 없더라도 제 말을 잘
새기고 또 새기다 보면 왕비님도 눈이 뜨이고 귀가 열릴 것입니다. 여
래의 자유가 무엇인지 알게 될 것이고요. 소승의 눈에는 여래의 자
유를 누리시는 왕비님의 모습이 잘 보입니다. 이미 이루어진 것이라
믿으십시오."

27

"스님 한 말씀만 주십시오."
호자가 보해의 얼굴을 뚫어지듯 들여다본다. 그러더니 입가에 미소
를 짓는다. 보해가 무릎걸음으로 한 뼘 더 호자에게 다가간다.

설법하는 승려(무용총, 중국 지안)
막새에 표현된 미소(경주 출토, 국립경주박물관)

"말씀을 주시면 좋겠습니다."

호자가 다시 물끄러미 보해를 본다. 보해의 표정이 상기된다. '이제 말씀을 주시는구나' 하는데, 호자가 눈을 감는다.

'스님이 꼭 저들이 말하는 서역여래처럼 보이는군.'

보해가 마음속으로 뇌까리며 스님이 눈 뜨고 입 열기를 기다린다. 시간이 얼마나 흘렀을까. 부글부글 끓어오르는 마음을 다독거리며 식히려 애쓰던 보해가 눈을 들어 천장 쪽을 본다. 기와가 떨어져 나갔는가? 서까래 위로 희미한 빛이 새어드는 듯이 보인다. 서까래가 맑고 밝은 기운으로 둘러진 듯이 보이기도 한다.

'이상하군. 비새지 않는 지붕이니 빛이 들어올 틈도 없을 텐데?'

호자가 눈을 뜨며 한마디 한다.

"손에 묻힌 것을 씻으려오?"

보해가 당황스런 표정으로 답한다. 그 말을 받아들이기 어렵다는 말투다.

"그건, 어쩔 수 없는 일이었습니다. 이 나라를 살리겠다는 생각뿐이었지요. 지금도 이 나라는 든든하게 제대로 서 있지 않습니다!" 호자가 미소를 거둔 얼굴로 보해를 본다. 호자가 다시 눈을 감는다. 둘 사이에 깊은 침묵이 흐른다.

보해가 반 무릎으로 일어나 다시 엎드리며 절한 뒤 호자 앞에서 물러난다. 호자는 눈 감은 그대로 침묵으로 답한다. 문을 열고 나서는 보해의 눈에 빛이 쏟아져 들어온다. 세상의 소리가 보해의 귀로 몰려든다. 보해는 문을 뒤로 하고 잠시 멍하니 섬돌 아래에 서 있다.

'이것이 내가 사는 세상인가?'

방 안은 여전히 조용하다. 보해가 곧바로 조그만 뜰 앞 사립문을 향해 걸어간다. 기다리던 호위무사들이 앞뒤 좌우에서 보해를 따라 붙으며 걸음을 맞춘다.

28

비록 서라벌에서, 아니 신라 온 땅에서 마립간보다 더한 권세를 가졌다는 보해지만 일선에서는 마음대로 어쩌지 못한다. 수하 무사들의 힘만으로 모례가를 무릎 꿇리는 것은 어렵지 않다. 그러나 그리 했다가는 일선 땅은 십중팔구 백제나 고구려로 넘어간다. 크고 작은 재 여럿을 나눠 맡은 왕가붙이들은 서라벌 왕가의 손발이나 다름 없다. 수백 년 서라벌 왕가의 방패로 살아온 이들이다. 가문 안의 땅

302

한 쪽에 서역여래 절집 하나 만들어주었다고 벌을 내리면 어느 가문이 '서라벌 뜻대로만 살겠소' 하겠는가. 가문 안의 일은 어떤 경우에든 가문의 일로 두기로 하지 않았는가? 비록 모례네에 있던 호자가 서라벌에 와서 얼마간 이런 저런 일을 벌였기로 이미 일선으로 되돌아갔다. 이제는 일선의 모례가문 소관이다.

보해는 무거운 마음으로 일선을 떠나면서 석가여래의 일이 저 서역 사람 호자만으로 그치지는 않겠다는 생각을 한다. 이미 서라벌에서 죽임을 당한 서역 사람도 여럿이다. 서라벌 안에서도 잊을 만하면 저잣거리에 여래 타령 하는 사람이 나온다. 이제는 아내 선화 왕비마저 여래의 법이라는 것에 마음을 두게 되었다! 알지신 신당 제의에 가지 않더라도 서역 여래 타령만 안 하면 좋으련만, 보건대 그럴 것 같지는 않다. 호자로 하여금 아내의 마음을 돌리고 여래는 여래 길로, 아내는 알지신의 길로 가게 말을 거들기를 바랐다. 그러나 돌이켜보건대 잘못 짚어도 많이 잘못 짚었다. 오히려 호자가 서라벌에 더 발을 들이지 않게 하는 게 좋을 듯하다.

29

꿈이다. 이 삶이 꿈이다. 깰까? 그대로 있을까? 호자는 의식이 가물거림을 느끼며 이 상태로 그대로 갈지를 망설인다. 어떻게 하는 게 좋을지 판단하기 어려워짐도 느낀다. 비몽사몽의 상태가 점점 깊어진다.

'그래, 내가 정토를 꿈꾸었지. 여래의 나라로 가려고 했어. 육신이라는 이 허물을 벗어버리고 자유로워져도 될 때가 된 거야. 나를 위해 애써준 이 육신도 이제는 지쳤으니까, 닳고 닳아 벌써 낡아졌으니까. 흙으로 돌아가게 놓아줄 때가 되었어. 깊이 감사하고 또 감사하며 놓아 주어야지. 제 모습, 원래 나왔던 그곳으로 돌아가 쉬게 해 주어야지.' 호자가 제 의식을 잡았다가 놓고, 또 잡았다가 놓는다.

'이 길고 긴 꿈에서 깨면 여래의 나라에 있는가? 내가 있던 곳이 정토인가? 처음부터 이렇게 여래의 나라에 있었으면서 왜 깨지 않으려 했을까? 무엇 때문에 이 꿈을 그리 오래 붙잡고 있었지? 육신을 벗기 싫어서? 꿈이 실은 꿈이 아니어서? 그럼 이 꿈이 실제란 말인가?'

막상 생의 끝에 다가서자 호자는 길다면 긴 이 시간을 조금이라도 더 붙잡고 싶은 마음을 누르기 어렵다. 고난과 상처로 얼룩진 이 생이 왠지 귀하고 아름답다는 느낌이 든다. 안타까운 마음이 강하게 일어 차마 그것을 지우지 못한다. 뼛속까지 파고들던 추위도, 잿더미가 된 고향마을 앞에 주저앉은 아내와 마주앉아 눈물 흘리던 그 순간조차 그대로 두고 떠나기는 너무 아쉽다. 경험과 기억, 마음이 놓아지지 않는다.

문득 호자의 의식이 과거에서 돌아오며 맑고 깨끗해진다. 지나간 순간이 깃털처럼 가볍게 공중에서 흩어지기 시작한다. 그것이 호자의 마음을 가볍게 한다. 남녘 겨울의 또 다른 추위, 깊은 어둠, 피 흘리며 절규하던 얼굴들, 분노와 회환을 가슴에서 덜어내며 자비와 용서를 구하던 마지막 숨결. 그런 것들이 빛을 받은 이슬처럼 녹아내린다. 호자의 의식이 육신으로 느끼던 감각이 다 사라진다는 걸 느낀다. 마음이 고요하고 편안하다. 그럼에도 호자는 삶의 마지막 끈을 차마 놓지 못한다. 정말 이 삶이 꿈이라면 잠시라도 더 꿈 안에 머물고 싶다. 호자가 스스로에게 한 번 더 묻는다. 그건 여래에게 건네는 말이기도 했다.

'도대체 여래의 정토란 내게 어떤 곳이었을까? 윤회의 수레바퀴를 벗어나는 순간 주어지는 또 하나의 삶이었던가? 정말 거듭되는 삶의 종착지로 삼고자 니르바나를 꿈꾸었던 걸까? 이 삶도 한 번뿐이지 않은가? 오백 번, 천 번 거듭되는 삶일지라도 이 한 번의 삶은 그것대로 가장 귀한 순간이 아닌가? 그 삶은 한 번이요, 거듭된다는 다른 삶과는 다르지 않은가?'

호자는 자신의 몸이 이미 많이 식었고 끝에서부터 굳어가고 있음을 생생히 느낀다. 딱딱해지는 육신 안에 의식이 자리 한쪽을 차지한 채 겨우겨우 버티고 있음을 잘 안다. 더 버티려 해도 한순간 이 생이라는 꿈은 깨질 것이다. 의식은 육신을 나와 갈 곳을 찾아야 하고 기억이며 경험은 바람처럼 흩어져 어떤 흔적도 남기지 않으리라. 호자라는 사람이 이곳 남녘땅에 잠시 머물렀음을 남은 육신이 알게 하리라. 그것도 잠시…. 호자가 마지막 숨을 천천히 뱉으며 스스로에게 말한다.

'이제 삶을 놓아야겠군. 꿈에서 깰 때가 되었어. 넋이 풀어지고 얼은 하늘로 오르게 놓아주어야지. 꿈에서 깨면 내가 어디 있는지 알게 되리라. 모르면 또 어떤가? 꿈은 꿈으로 두고 이 땅을 떠나는 게, 내가 갈 길 아니던가!'

30

"이보게. 두모, 호자 스님이 돌아가셨네."

"어, 어, 어헉!" 두모의 입에서 신음도 탄식도 아닌 비명이 터져 나온다. 두모가 마당에 그대로 무릎을 꿇는다. 머리를 무릎 사이에 머리를 파묻더니 크게 소리 내어 울기 시작한다.

한참을 바닥에 엎드려 있던 두모가 두 팔 소매로 얼굴을 문지르고는 이두를 공방 안으로 들인다. 해거름이라 공방에는 아무도 없다. 관솔불만 희미하다. 이두가 말을 잇는다.

"토방에서 앉은 채 저세상으로 가셨어. 모례 어른이 바로 자네에게 알리라 하여 이리로 걸음을 띄웠다네. 모례 어른 말로는 여래의 땅으로 가셨다 하네. 사람으로는 갈 수 없는 곳이라 하시더군. 자네는 스님의 제자이니 말씀하신 곳이 어디인지 알겠지."

두모가 아쉬운 마음 가득한 얼굴로 이두에게 한 소리 한다.

"그런 기미가 있을 때 왜 내게 알리지 그랬나? 세상 버리기 전에 뵙고 가르침 한 마디라도 들었으면 좋았을 텐데. 마지막 가시는 길 인사도 드리고. 스님 가신 곳은 우리로서는 아무래도 닿지 않을 것 같아서 말일세."

이두가 공방 탁자 위에 작은 보따리 하나를 내놓으며 말한다.

"글쎄, 아무도 몰랐지. 모례 어른도 눈치채지 못하시고. 평소와 조금도 다름없었어. 늘 고요하신 그대로였지. 다만, 모례 어른께 이런저런 뒷일 말씀은 하셨다더군. 마치 언젠가는 일어나는 일일 것같이 그런 식으로 말씀하셨다더라고."

이두가 잠시 말을 그친다.

두모가 무언중에 이두의 뒷말을 재촉한다.

"저세상으로 걸음을 옮기면 여기 남긴 것은 깨끗이 태워 나무 사이에 뿌리라 하셨대. 모시던 여래상과 작은 집은 모례 어른이 잇고, 다듬어 깎아놓은 것 두엇과 쇠로 부어내고 다듬은 것 두엇, 작은 책한 권은 자네에게 보내라 하셨어. 여기 가져온 것이 그것이네. 내게도 조그만 가락지 하나를 남기셨다며 모례 어른이 따로 챙겨주셨지. 이 나라에서는 못 보던 것이야."

두모가 보따리를 그대로 둔 채 이두에게 얼굴을 들이밀 듯 조금은 급한 어투로 묻는다.

"그럼, 모례 어른께서 스님의 몸은 말씀대로 태우신다 하던가? 그런 말씀은 들었는가?"

이두가 반사적으로 엉덩이며 어깨를 뒤로 빼며 답한다.

"아니, 아닐세. 여래처럼 그대로 모시겠다고 하셨네. 아마 스님은 지금도 토굴, 토방에 그대로 앉아 계실 것일세. 하여튼 스님 몸이 상하지 않도록 어떻게 하실 모양이네. 모례 어른 가문은 대대로 약을 다뤘으니 무슨 방법이 있으시겠지."

잠시 말을 그치며 공방 안을 한번 휘둘러 본 이두가 다시 입을 연다.

"하여튼, 돌아가신 그 모습 그대로 모시겠다는 말씀만 듣고 이리로 왔으니, 그 뒤로는 나도 모르네. 스님 돌아가신 지 이제 겨우 나흘이야. 자네도 그 모습을 볼 수 있으리라 생각되네. 나도 날다시피 이곳에 이르렀지만, 자네 걸음으로도 사흘이면 일선에 이를 수 있어. 숨 돌리고 내일 동트면 바로 돌아가보세. 어차피 여기서는 해 지면 바깥출입을 못하니 말일세. 대장간 마루님께는 오늘 저녁 미리 말씀드려놓으시게."

여래(간다라 출토, 국립중앙박물관)

31

"젊은이, 잠깐 나 좀 보시게."

"예, 그러시지요."

"여보게, 자네는 고구려 어디서 왔는가? 어느 족속 사람인지 알려주게."

"예, 저는 국내성 사람입니다. 맥족이고요. 제 외모가 좀 별나서 그러시는지요?"

"음, 그것보다 꼭 자네 같은 어른이 이곳에 계셨다네. 이미 이 세상 분이 아니시네만, 너무 비슷해서 그러네. 그 분은 본래 고구려 사람이 아니었다고 했어."

"아니, 그러시면, 혹시? 저도 부친은 서역 분이셨지요. 어머니가 맥족이었다고 들었습니다. 저를 낳고는 바로 돌아가셔서 얼굴은 뵙지 못했지요."

"그러면, 그러면, 잠시 나를 따라오시게."

모례가 총총걸음으로 안채 뒷담 사이로 간다. 젊은이도 뭔가 짚이는 것이 있는지 그의 뒤를 따른다. 모례가 담 사이 작은 문으로 젊은이를 이끈다. 문을 지나니 다시 좁은 길이 나온다. 길 좌우는 대나무 숲이다.

32

모례도, 호두도 자리에 주저앉은 채 멍하니 서로를 본다. 호두의 얼굴이 다시 여래상 쪽을 향한다. 약속이나 한 듯 모례의 얼굴도 그리로 향한다. 둘이 다시 서로를 본다. 모례가 입을 연다.

"자네를 스님의 환생인 줄 알았네. 실제 자네도 스님이 되었으니, 내게는 스승이네."

이미 한 차례 크게 오열한 뒤임에도 호두의 얼굴은 여전히 눈물로 번들거린다. 호두가 크게 도리짓을 하며 말한다.

"아닙니다, 어르신. 비록 어르신과 제가 세간과 출세간에 나뉘어 있다고 하나 그런 나눔도 실상은 부질없는 짓입니다. 제 아버지의 친구였으니 제게는 아저씨요, 어른이십니다. 말씀하시는 것으로 보아 어르신은 이미 세간의 경계도 넘으셨어요. 제게는 여래의 길을 함께 가는 지우(志友)요, 동반(同伴)입니다."

호두는 말로만 들었던 인불(人佛)을 제 아버지의 모습으로 보았다.

아버지 호자가 여래의 모습으로 불단 위에 앉아 있다니, 그것도 신라 지경이 시작되는 이 일선 땅에! 스스로 생각하기에도 기이한 인연이다. 신라 길을 택하면서 혹 세속의 아비를 뵐 수도 있겠다는 막연한 기대를 가슴 한편에 숨겨두었다. 듣기로 신라로 들어갔다가 고구려 땅으로 되돌아온 스님은 아무도 없었다. 장사치며 군인들은 몇 번이고 고구려와 신라 사이 대재를 넘나든다. 그러나 여래의 길을 알리러 내려간 스님은 그렇지 않다고 했다. 서역 사람이건, 고구려 사람이건 돌아오지 못했단다. 그래도 신라로 들어가겠다는 고구려 스님은 늘 있다고 했다.

모례가 호자와의 인연을 차곡차곡 설명하는 동안에도 호두는 몇 번이나 불단 위에 가부좌 틀고 여래처럼 앉아 있는 호자를 보았다.

'세간의 내 아버지요, 출세간의 스승이다.'

세상 삶 끝내기 힘들어 눈살이며 콧잔등에 주름 잡히고 입술 깨문 그런 얼굴이 아니다. 얼마나 다행인가?

호자의 얼굴은 편안했고 등이며 어깨도 반듯했다. 그냥 잠자듯이 여래의 땅으로 삶터를 옮긴 듯이 보였다. 헤어질 때보다 주름이 더 늘고 몸이 더 여윈 것이 다르다면 달랐다.

"마지막에는 한 달 여 식음을 끊으셨네. 이렇게 꼿꼿이 가부좌로 앉으셔서 염불만 외셨지." 모례가 호자의 마지막 몇 달을 말하다가 이 말로 마침표를 찍는다.

33

오랜만에 들른 고구려 거리는 이전보다 몇 배는 더 복작거리는 듯했다. 집들 사이는 빼곡해졌고 거리를 오가는 사람들도 어깨를 스칠 정도로 많아졌다. 수레며 등짐으로 오가는 물화도 매우 다양한 듯했다. 모례는 촌사람이 된 것 같은 마음 탓인지 낯을 들고 다니기가 조금 민망하다. 앞장 선 이두는 오히려 기분이 좋은 듯 예의 싱글거림이 더하다. 좌우로 고개 돌리기에 바쁘다. 모례 곁의 호두는 챙 넓은 패랭이를 조금 더 깊이 눌러 쓴다.

거리 뒤 대장간 마당으로 들어서자 모루 곁 나무 등걸에 걸터앉아 쉬던 마루가 모례를 알아보고 대뜸 자리에서 일어난다. 한 차례 담금질 마친 뒤인지 마루의 넓은 어깨며 굵은 팔뚝에서는 땀이 방울져 흐른다. 커다란 돌 구럭에서도 김이 무럭무럭 피어난다.

"아니, 어르신, 어쩐 일로, 기별도 없이 이곳에?"

마루의 얼굴이 반가운 웃음으로 확 핀다. 허리를 숙여 예를 올리자마자 몸을 돌리며 모례 일행을 대장간 곁 작은 공방으로 모신다.

"어서 이쪽으로 드시지요."

열기로 가득한 대장간 안팎과 달리 공방 안은 서늘하다. 몇 차례 눈을 감았다 뜨며 공방 안 어둑한 공간에 눈을 익숙케 하자 단출하면서도 약간은 어지러운 공방 안이 한눈에 들어온다. 깎고 다듬거나, 녹여 부어내고 자르거나, 구부리며 그은 소소한 물건들의 잔해가 여기저기 작은 무더기를 이루고 있다. 긴 벽 하나 가득 여러 층으로 나누어 붙인 선반에도 온갖 것들이 놓여 있다. 짧은 벽의 두 줄 선반 위는 갖가지 도구로 가득하다. 공방 한쪽 귀퉁이에 웅크리고 앉은 두모는 여래 절집 장신구 일에 매달려 누가 들어오는지도 모른 듯하다. 문득 모례의 목소리가 귀에 들리자 꿈인지 생신지 하는 표

311

정으로 천천히 고개를 든다. 모례에게 눈이 간 두모가 깜짝 놀라며 일어난다.

34

호두가 몇 차례 불편을 호소했는데도 모례는 쇠귀에 경 읽기로 모르쇠다. '스님'으로 시작하여 '…습니까, …지요.'로 마친다. '…네, …게'로는 절대 말을 맺지 않는다. 세간에 남은 사람이 세간을 떠난 이에게 이래라, 저래라 하대하는 것은 스스로 바르지 못한 업을 쌓는 어리석은 행위라며 고집을 부린다. 세간과 출세간 사이에 나이는 아예 생각할 필요가 없다며 높임말을 놓지 않는다. 호두도 결국 신라 사람의 땅고집에 '여래께서 헤아리소서' 하며 두 손 들고 만다.

한 해 꼬박 모례네에 머물다가 잠깐 다녀온 서라벌이다. 하지만 그 거리며 사람들이 눈에 온전히 박혀 있다. 그러나 고구려 거리의 신라 관리 모부지나, 일선에서 기거와 음식을 의지하는 모례나 때를 기다려야 한다며 호두가 다시 서라벌 갈 일을 아예 입에 올리지도 않는다. 호두 생각에도 여래의 길도 제대로 전하지 못하고 여래의 땅으로 삶터를 옮긴 선배 스님들 꼴이 되고 싶지는 않다. 그러기에는 자신이 너무 젊다. 아버지이자 스승인 호자의 상 앞에서 마음을 달래고 의지를 다듬는 외에 달리 할 일이 없다.

'그래, 기다리자. 기다려! 여래가 허락하시는 그때를 기다리자.'

호두에게는 스승의 유품이라며 두모가 되넘겨준 장신구 책이며, 모례가 건네준 가문 전래의 약초 책이 몇 안 되는 볼거리요 생각거리다. 불경을 읽거나 염불을 외지 않을 때, 호두는 이 책들을 꺼내본다.

신라의 용면와(경주 출토, 국립경주박물관)

어릴 적 아버지 곁에서 어깨 너머로 배운 그림, 장신구 깎고 다듬는 법이 새삼 기억 저편에서 소록소록 되살아나온다. 손끝에서도 그 기운이 다시 꿈틀거리는 듯 느껴진다.

'이것도 집안의 내력인가?'

스스로 되물으며 호두의 손이 방구석의 때 묻은 연장통으로 간다.

313

서라벌에서 시작된 알지신 모시기가 이제는 멀쩡한 사람도 온전치 못한 행동거지를 보이게 한다. 서라벌 거리 어디에서나 알지신이 내렸다며 눈을 번득이고 춤추고 소리치는 이들을 만날 수 있게 되었다. 여럿이 무리지어 거리를 쏘다니며 "알지신이여, 알지신이여!" 소리친다. 아무 집이고 문 열고 들어가 제물 내라, 절 올려라 강짜를 부리는 이들도 생겨났다. 알지신 사당이 없는 집이라 소문나면 그날 밤 그 집 마당으로는 돌이며 깨진 항아리 조각이 날아든다. 알지신 아닌 탈해신을 모셨다든가 혁거세신을 모셨다는 집에도 불 막대가 날아든다. 이런 소식이 일선의 모례 귀에도 들어온다.

다행히 서라벌의 알지신 바람도 높은 담장이 둘러진 고구려 거리까지 불지는 못한다. 그러나 고구려 마을 사람들은 오히려 더 불안하다. 어느 날 알지신 패거리가 큰 무리를 이루어 고구려 거리로 들이닥치면 어찌할 것인가? 고구려 군사들이 알천 건너 마름재 성채에 있다 해도 거리가 가깝지 않다. 신라 사람이 아닌 저들이 서라벌 일에 함부로 나서기도 마땅치 않은 일이다. 고구려 거리의 신라 군사들이 얼마나 열심을 내어 고구려 사람들을 지켜줄지도 알 수 없는 일이다. 소문에 알지신 바람 넣은 이는 월성 왕궁 안에 있다 한다.

왕경 소식에 귀를 열어두는 모례는 서라벌에서 시작된 알지신 바람이 영 마땅치 않다. 지나치면 부족함만 못지않다고 했다. 알지신의 자손이 조상신 잘 모시는 것이야 누가 무어라 하겠는가? 그러나 나라 세우기에 함께 나선, 그것도 나라의 주춧돌을 먼저 놓은 가문의 신들마저 '아니다!' 소리치면 어찌하자는 것인가? 누가 누구를 더 높이는 일로 다투면 함께 바닥에 떨어질 것이 뻔하다. 서역 여래는 사람이 서로를 구별하는 일조차 넘어서야 한다고 하지 않는가? 이러다가 호두 스님이 왕경으로 들어갈 길은 아예 막히는 것 아닌가? 호자 스님이 이루지 못한 여래 길 열고자 이 땅에 왔는데, 그 길 첫걸음 떼기가 이렇게 어려우니 어찌할꼬?

36

"스님, 이제 서라벌에 걸음 하셔도 되겠습니다."

"그럼, 그 알지신 바람이 좀 잦아든 것입니까?"

"그것까지는 알 수 없습니다만, 고구려 거리의 모부지가 제게 사람을 보내 이르기를 서역 여래의 집을 다시 열어도 되겠다 하였습니다. 서라벌의 다른 거리는 몰라도 고구려 거리에는 어떤 신의 사당을 세워도 해코지가 없으리라 하였답니다. 월성에서 약속하는 말이 왔다고 합니다."

"그 갈문왕이 그런 말에 힘을 줄 수 있는 분이시던가요?"

"아마 그런가 봅니다. 저도 누군지는 짐작이 갑니다."

그래도 다행이다. 알지신 바람이 거셀지라도 서라벌 걸음을 미루기만 할 수 없다 생각하고 있었다. 이제 작은 문이라도 열렸으니, 막혔던 숨통이 트이는 기분이다. 모례도, 호두도 얼굴에 화색이 돈다. 이두는 오랜만에 서라벌 길 나선다며 콧노래까지 흥얼거린다. 두모를 먹인다며 안채에 채근하여 콩떡이며 콩장을 받아 보통이 째 등짐에 넣는다. 이두로서는 알지신도 좋고 서역 여래도 좋다. 이두가 작은 신상들을 각각 하나씩 나무통에 넣고 저고리 안쪽에 따로 달아둔

주머니에 넣는다. 그러더니 손에 힘을 주고 옷고름을 단단히 묶는다.

이두가 떠날 차비에 들 떠 있는 모습을 차분히 바라보던 호두가 집 뒤뜰 문 너머로 걸음을 옮긴다. 모례도 그 뒤를 따른다. 이번 걸음으로 서라벌 여래 길이 제대로 닦일지, 열리다 다시 닫힐지 호두도 모례도 알지 못한다. 그저 좁은 길이라도 길게 이어지길 바랄 뿐이다. 한 사람이라도 더 여래 사람을 얻는다면 그로서 여래께 감사해야 할 것이다. 호두 앞에서 피를 뿌린 서역이며 고구려 스님이 한둘인가? 아버지 호자도 결국 문을 열고 길을 닦다가 생을 마쳤다. 호두 자신도 그 걸음을 따라갈 뿐이다.

호자였던 여래상 앞에 무릎 꿇고 앉았던 호두와 모례가 자리에서 일어선다. 호두가 모례에게 허리를 굽혀 절하며 감사와 당부의 말을 남긴다.

"어르신, 한 사람을 얻던 두 사람을 얻던 서라벌 고구려 거리에 오래도록 있으려 합니다. 그 담장 밖으로 나갈 수 있게 되면 신라 사람들의 저잣거리 한쪽이건, 왕궁이 바라보이는 곳이건 절집을 세워야지요. 그 자리에 붙박여 여래 말씀을 전하고요. 제가 혹 여래 사람을 얻다가 육신을 잃으면 재로 만들어 한 줌은 그릇에 담아 이 토방 한 구석에 두시고 나머지는 서라벌 서천과 북천에 뿌려주십시오. 물고기 밥이 되어 신라 사람들 육신을 살찌우겠습니다. 여래 마음 씨앗이 그 안에서 싹 트게 해야지요."

37

이두가 헐레벌떡 절집 마당으로 뛰어든다. 마당을 거닐던 호두를 보자 고개를 까닥거려 예를 올리며 입을 연다. 숨이 찬지 앞뒤가 이어지지 않는다.

"스님, 스님, 큰…일 났습니다. 큰 일이…."

"무슨 일이오? 아무리 급해도 숨은 돌리고, 천천히… 천…천히 말하시오. 말 듣는 사람도 숨이 차려 하오."

"예, 예, 그게. 마름재 고구려 병사 둘이 사슴 잡는다고… 사냥 나갔다가… 이 나라 알지신이 나셨다는 그 시림에…. 또 쉰다고 신당 안에 들어가…. 아이고, 숨차다! 숨차."

"아니, 그게 무슨 말이오. 사냥하다가 시림에? 게다가 왕실 사람도 함부로 못 들어간다는 그 시림 곁 신당에도?"

"예, 예, 바로 그 시림 말입니다. 그 시림으로 들어가 사슴 잡는다고 활 쏘다가, 쉰다며 신당에까지 들어가 누웠다가 붙잡혔답니다. 마침, 그곳에 제사차 들어가던 신라 왕자의 호위무사들이 그 병사들을 붙잡았답니다."

이두의 말대로 큰일은 큰일이었다. 처음 부추겼던 사람들조차 백성들 사이의 알지신 모시기가 잦아들기만 기다리던 참이다. 오히려 고구려 병사가 서라벌 왕실의 심기를 틀고 민심을 크게 자극한 것이다. 고구려 거리는 술렁거렸다. 고구려 바람이건, 알지신 바람이건 백성들 마음이 한쪽으로 쏠리다가 심하게 기울면 뒤집기가 어렵다. 저울처럼 한쪽 바닥에 닿았다가 되올라 오게 하려면 담은 것을 크게 덜어내야만 한다. 결국 무언가 희생되는 수밖에 없다. 호두는 되어갈 일이 그림처럼 보이는지라 절집 안으로 들어가 염불에 온 힘을 쏟는다.

317

시림 알지신당 일 탓인지 고구려 거리는 갑작스레 한산해졌다. 서라벌에서도 가장 붐비는 거리였건만 이곳을 찾는 사람의 수가 눈에 띠게 줄었다. 고구려에서 오거나 고구려를 거쳐 오는 귀한 물건을 구경이라도 하려고 기웃거리던 신라 사람들이다. 이들의 발길이 끊기다시피 하니, 큰길모퉁이 고구려 주막도 한가한 곳이 되었다. 높은 담장 바깥에서 고구려 마을로 들어서는 이들을 지켜보던 신라 병사들도 얼굴이 굳은 채 서 있다. 알지신을 내세우며 고구려 거리 주몽신 사당을 잿더미로 만들겠다고 맹세한 자들이 있다는 소문까지 거리에 돌았다. 이런 소문에 고구려 거리 관아의 모부지도 바짝 긴장한다.

38

마름재 고구려 군장 재소가 말썽을 일으킨 병사를 자진시켰다는 소식이 들렸다. 그러고도 몇 달 더 지나서야 고구려 거리에 휘돌던 서늘한 기운이 가셨다. 떵떵거리는 대장간 모루질 소리며 큰 거리 주막에서 장사치들이 물화 거래로 옥신각신하는 모습도 되살아났다. 소수레며 손수레 오가는 소리도 요란하다.

좋은 게 좋은 거라고 주몽신과 유화신을 모신 사당에 제를 올린 사람 가운데에 호두가 지키는 절집에 들러 서역 여래에게 예를 차리는 이도 여럿 생겼다. 호두로서는 말리기도 그렇고 그냥 두기도 그런 경우들이다. 여래가 제물 받고 복을 주는 이는 아니다. 대자대비(大慈大悲)로 인생에 깨우침을 주고 길을 밝히 알게 하려는 분이다. 사람이 알게 모르게 묶여 살고 있음을 알리고 그런 매임에서 풀려나게 도우려던 선각(先覺)이다. 그러나 서역에서 온 영험한 신으로 알고 그 신통함을 얻으려 빌겠다는데, 그것이 아니라고 할 것은 또 무엇인가?

서라벌에 알지신 바람은 여전하다. 그러나 알지신을 믿지 않는다고 해코지하고 다니는 사람은 많이 줄었단다. 그런 까닭인지 고구려 거리에 드나드는 신라사람 가운데에도 서역 여래 절집에 오는 이가 있다. 고구려 거리를 지키는 일을 오래한 탓일까? 모부지도 심심치 않게 여래 절집에 와 향을 태우고 바라는 것을 빈다. 물론 그런 모부지도 알지신에 대한 신앙은 굳건하다. 그의 먼 조상도 알지신과 함께 이 땅에 왔다고 한다. 이 나라를 세울 때 알지신을 도운 열 사람의 큰 장수 가운데 하나였다는 것이다.

호두는 아버지 호자가 젊은 시절 '금'으로 말미암아 여러 차례 곤욕을 치렀다는 말을 들은 기억을 떠올린다. 금이 절집으로 들어오면서 스님들이 깨달음에 마음을 모으지 않게 되었고, 아버지 호자는 그것을 말하다가 미움받고 내침받았다고 했다.

"여래의 깨달음에 금을 입힐 수 있는가? 절집에 금을 발라서 무엇하리오? 금을 바친다고 깨달음의 길이 먼저 열리는 것은 아니라오. 먼저 온갖 매임에서 자유롭기를 구하시오!"

이런 말이 오히려 세상 사람을 여래의 길로 오게 하는 데에 방해가 되었다고 했다.

그래서일까? 호두는 자신이 어정쩡하게 사람을 맞고 여래를 말한다는 느낌을 받는다. 아버지의 경험이나 말씀이 그저 온전히 마음에 와 닿지는 않는다. 우선 한 사람이라도 더 자주 여래 절집을 기웃

예불(장천1호분, 중국 지안)

거리게 하는 것이 좋은지, 여래 절집에 들어선다는 것이 무엇을 뜻하는지 차근차근 일러주는 것이 좋은지 판단이 서지 않는다. 이를 달리 물어볼 이도 없다. 지금 서라벌에 여래를 온전히 섬기는 스님은 저 하나뿐이다. 일선에 가 모례 어른을 뵙고 말을 나누면 어떨까? 아버지 호자가 여래 되어 머무는 토방에 들어가 며칠이라도 들어가 가만히 앉아 있다 보면 뭔가 좀 눈이 트일까? 이런 생각들이 꼬리에 꼬리를 문다. 그러는 사이 해는 벌써 서녘 산 귀퉁이로 뉘엿거린다. 절집 마당에서 이두가 소리를 높인다.

"스님, 저녁 드실 때가 되었습니다."

땅이 크게 흔들렸다. 여래 단 앞에 놓은 초가 흔들리다 쓰러졌다. 그 앞에서 염불 외던 호두가 아니었으면 마루에 불이 붙어도 아무도 모를 뻔하였다. 두 세 차례 더 땅이 흔들렸다. 하지만 처음 같지는 않았다. 호두 뿐 아니라 고구려 거리의 사람들은 하나같이 놀라 모두 집 밖으로 뛰어 나와 서로의 안부를 물었다. 다행히 다친 사람은 없었다. 불이 난 집도 없었다. 다들 가슴을 쓸어내렸다. 그러나 불안한지라 한동안 집에 들어가지 않고 거리를 서성거렸다. 일부는 주몽신의 사당으로 가고, 몇은 대장간 옆 여래 절집으로 왔다.

관아에서 일보다가 나온 모부지가 근래 이런 일이 벌써 두 번째라 했다. 저의 할아버지로부터 서라벌에 이런 일이 가끔 있다는 말은 들었다고 한다. 오십 년도 더 된 옛날에는 땅이 흔들리기를 여러 차례, 지붕의 기와도 떨어지고 얼기설기 초옥의 처마 흙도 덩어리째 떨어진 일이 있었다 한다. 그 일이 있던 해에는 소나 말도 새끼를 산 채로 낳지 못했다. 닭도 한동안 무른 달걀만 낳아 사람들이 괴이히 여기고 먹지 않았다는 것이다. 근래에는 나을신궁 근처에서 한 번 이런 일이 있었으나 고구려 거리까지 흔들릴 정도는 아니었단다.

호두는 이런 일이 잦아지면 서라벌 민심이 어디로 기울지 판단이 서지 않았다. 알지신 바람을 다시 일으킬지, 잦아들게 할지, 사람들이 서역 여래 앞으로 오게 할지, 서역 여래를 아예 멀리 하게 만들지, 어떻든 백성들 사이에서 바람은 일 것이라는 생각이 들었다. 다만 그 방향을 가늠하기가 어려웠다. 갈대가 바람 받듯 한다는 말이 있듯이 백성들의 마음은 작은 바람에도 이리 쏠리고 저리 눕고 하지 않던가? 땅이 또 흔들렸으니, 백성들의 마음도 요동치리라.

40

호두는 처음에 갈까 말까를 망설였다. 또 한차례 땅이 크게 흔들린 날 한 밤중에 사람들이 여럿 절집으로 왔다. 문 안으로 들이고 여래 단 앞에 엎드려 절하도록 그대로 두었다. 사람들은 쉽게 마음을 진정시키지 못했다. 주몽신 사당에 갔던 이들도 여럿 다시 절집으로 왔다. 이들도 문 안으로 들인 뒤 호두가 일일이 말 걸며 마음을 편안히 갖도록 다독거렸다. 밤새 소리 내어 불경을 외고 또 외었다. 그 덕인지 해 뜰 무렵에는 다들 꾸벅거리다가 제 집으로 돌아갔다. 호두도 잠깐 눈을 붙일까 하여 여래 단 곁 나무 벽에 등을 기댔다. 꿈에 아버지 호자가 모습을 보였다. 너무 반가워 "아버지!" 하는 소리가 절로 났다. 잠결인가? 누군가가 문을 두드리며 호두를 부른다.

선화 왕비는 신라 왕자와 혼인하여 서라벌에 왔다는 분이다. 모례 어른 말로 아버지 호자 스님에게 찾아 와 여래의 길을 물었다고 했다. 그러다 서라벌에 알지신 바람이 크게 불며 더는 인연이 닿지 않았다는 말을 들었다. 선화 왕비네 바깥주인인 갈문왕 보해가 알지신 바람과 무관하지 않으리라는 말이 돈다고 한다. 모례 어른이 "언젠가 또 인연이 닿을 것입니다. 어찌하실 지는 스님이 정하셔야 합니다" 하였다. 바로 그 선화 왕비 댁에서 사람이 온 것이다. 댁으로 와 주십사는 말을 전하고 절집 밖에서 답을 기다리겠다고 했다.

'어찌할까?'

서라벌에 들어온 이래 처음으로 고구려 마을 밖으로 나왔다.

사람 두 길 높이로 둘러진 담 안의 고구려 마을에서 신라의 서울 서라벌로 나온 셈이다. 고구려 거리 안 3층 망루에서 둘러본 서라벌은 숲과 논밭 사이로 크고 작은 마을 여럿이 이어진 평범한 도시였다. 거리 밖으로 나와도 그런 인상은 바뀌지 않는다. 뒤돌아보니 고구려 마을이 오히려 눈에 띈다.

선화 왕비네 일성궁은 왕성인 월성 둘레 귀족의 저택들 사이에 있다. 다행일까, 귀족 저택 거리의 한쪽 끝이다. 왕성에서 멀지 않아도 모서리 쪽이어서 사람들의 왕래는 많지 않다. 이두는 이런 저택이 처음인지 연신 주위를 두리번거린다. 호두는 그저 조용히 일성궁 종자의 걸음을 뒤따를 뿐이다. 여러 갈래 생각이 머리를 어지럽힌다. 하지만 속 염불로 번뇌의 마귀를 누른다.

'그저 들어만 보자. 왕비의 마음이 여래와 닿고 있는지 듣기만 하자.'

땅이 두 번이나 크게 흔들린 뒤 고구려 거리 사람들은 아침저녁으로 주몽신 사당과 여래 절집을 찾았다. 제 나라 고구려에서 많은 이들이 여래 절집을 지성으로 찾는다는 사실은 이미 잘 알고 있었다. 그러나 고구려 마을은 서라벌 안에 있다. 신라 사람들이 손사래 치는 서역 여래 절집에 굳이 가려는 사람은 드물었다. 짐짓 거리를 둔 것이다. 그러던 차, 듣도 보도 못한 땅 흔들림을 겪자 '아이쿠!' 싶었는지 부지런히 절집을 찾는다. 그 덕에 이두도 두모도 덩달아 바빠졌다. 고구려 거리 사람들 가운데 집에 여래 신상을 모시겠다는 이들도 나타난 까닭이다.

절집 장엄에 열중하던 두모로서는 '여래 신상' 만들기가 영 조심스럽다. 고구려 거리 이집 저집 사정에 밝은 이두는 정말 좋은 일이라고 박수라도 칠 듯 좋아한다. 대장장이 마루도 여래 신상 빚어낼 이는 두모뿐이라며 덩달아 부추긴다. 모부지는 여차하면 저도 두모에게 신상을 부탁할 참이다. 신통력이 크다는 서역 신을 집안에 모시면 그보다 좋은 일이 어디 있으랴? 하는 생각에서이다. 호두는 아무 말도 않는다. 두모도 호두의 침묵이 일종의 번뇌임을 아는지라 대뜸 신상 주문에 응하지 못한다. 사실 여래 신상을 잘 만들 수 있을지 두모 자신도 모른다.

호두가 두모의 손에 있다가 제 손에 들어온 여래 절집 장신구 책을 두모에게 되넘겨주며 말한다.

"두모님, 이미 보아두셨겠지만 이 책의 말미에 여래 신상의 그림이 있습니다. 제 아버지 호자 스님이 나무로 상을 깎아낼 때와 쇠로 부어 내고 다듬을 때 어떻게 다른지도 그림으로 그려 두셨습니다. 뜻을 모으고 한번 해보시지요. 이미 크고 작은 장엄이 손에 익으셨으니 이제는 신상을 깎거나 부어 다듬어 모셔내도 될 듯합니다. 사람들이 원하면 해주어야지요. 이것도 여래의 뜻일 줄 싶습니다."

호두가 제 손으로 작은 나무판에 '자비사(慈悲寺)'라는 글을 새겨 넣더니 절집 처마 안쪽에 단다. 호두의 고민과 답을 담은 절집 이름이다. 그 아버지에 그 아들이라 호두도 사람들이 여래 신상을 부적처럼 여기는 게 마음에 차지 않는다. 잘 모시면 덕을 베풀고 팽개쳐

두면 액을 당하게 하는 변덕쟁이 신으로 여기지도 않는다. 사람이 제 모습을 보고 가야 할 길을 가게 하려던 분이다. 어찌 이해에 얽매여 시시각각 낮이 바뀌는 개와 돼지 같이 군단 말인가? 실제 개돼지도 그리 하지는 않는다! 그러나 곡기를 끊고 여래 앞에서 낮밤 사흘을 보낸 호두가 여래에게서 받은 답은 자신의 생각과 달랐다.

'백성이 원하면 해주어라!'

43

선화 왕비네 일성궁에서 또 와주십사 하는 기별이 왔다. 그러나 호두는 고구려 거리를 떠나지 않았다. 선화 왕비 자신을 위해서다. 신라 사람이 되어 살아야 함에도 마음이 고구려에 가 있다. 호두에게 여래의 길을 가려는 뜻을 비쳤다.

그러나 호두가 보기에 갈문왕 보해의 눈은 그곳을 향하고 있지 않다. 지난번 일성궁 걸음에 갈문왕을 뵙지는 못했다. 하지만 이두를 통해 듣기로 갈문왕은 여전히 서라벌 민심을 알지신 모시기에 모으려 애쓴다. 귀신 탈을 쓰고 다니는 무서운 무리가 야밤에 서역 여래 믿는 자에게 해코지 한다는 소리도 들었다. 그 무리 뒤에 신라 왕실의 인물이 있다고 한다. 호두는 그가 갈문왕이 아니기만 바란다.

선화 왕비가 서역 여래의 사람을 만나려 함은 어머니 유화신의 나라 고구려 백성들이 여래 절집도 찾는 까닭이 아닐까. 고구려에서는 오래전 선대왕이 서역 여래를 신으로 받들고 믿으라는 왕명을 내렸다. 그 뒤 서역승들이 앞서거니 뒤서거니 고구려에 와 국내성이고 평양성에 절집을 세웠다. 어떤 이는 여래의 말씀을 한자어로 옮겨 고구려 귀족들이 읽을 수 있게 하였다. 또 어떤 이는 절집 장엄을 공장이들에게 가르쳐 고구려에 새롭고 이국적인 집들이 서게 하였다. 근래에는 고구려 사람 가운데 스님이 된 자들도 많아졌다. 고구려 사람으로 유화신이며 주몽신을 모시면서 서역 여래도 모시는 일은 이제 자연스런 일이 되었다.

평양성 절집 동무 스님들에게 들은 대로 신라 사람들은 고구려니 백제에서 오는 물화만 좋아했다. 그 외에는 저들의 것이 제일 좋다고 여겼다. 고구려의 기와도 좋고 백제의 그릇도 좋다고 한다. 하지만 세상에서 가장 잘난 것은 저들의 신이었다. 알지신이니 탈해신, 혁거세신이 최고라 여겼다. 그런 신들이 세운 나라 신라는 신의 나라다. 누구도 넘볼 수 없다. 섣불리 자기네 땅에 들어오는 자는 반드시 신에게 내침을 받는다고 믿었다. 가끔 가야며 백제, 왜의 군사들이 저들의 땅에 들어오는 것도 알지신이니 혁거세신이 허락하기 때문이라는 것이다. 백성들이 조상신을 제대로 섬기지 않을 때 일어나는 일이어서 사당을 수리하고 정성 들여 제사 드리면 외적들이 물러가게 해주신다 믿었다.

호두는 이런 사람들 숲에 살게 된 선화 왕비가 안쓰럽게 여겨졌다. 그러나 어쩌랴? 왕명으로 신라의 왕자와 혼인했고 이 땅에 살러 오지 않았는가? 지아비를 높이고 백성의 사랑을 받아야 하지 않는가? 신라 사람으로 인정받고 서라벌 왕족으로 받아들여져야 하지 않겠는가? 호두가 보기에 이런 일이 이루어진 뒤라야 여래의 길을 찾고 걷는다 해도 아무 말도 탈도 없을 것이다. 오히려 그로 말미암아 너도나도 선화 왕비의 뒤를 따르리라. 이것을 깨우쳐주는 것이 여래 길

신장(감은사지석탑 출토 사리기 금동장식, 국립경주박물관)

의 길잡이로 나선 호두의 할 일이 아니겠는가? 달포 뒤 일성궁에서
또 한 차례 사람이 와 와주십사 하는 뜻을 전했다. 역시 호두는 자비
사 안에서 염불만 욀 뿐이었다.

44

"스님!"

두모가 자비사 안으로 들어오며 호두를 찾는다. 대장장이 마루도 함
께 들어온다. 자비사 밖 좁은 마당에서는 이두가 이리 왔다, 저리 갔
다 한다.

"스님, 여쭐 말이 있습니다."

"무슨 일이오."

"스님, 일성궁에서 사람이 왔습니다. 제게 여래 신상을 부탁한답

니다."

"그래요?" 호두가 더 말을 잇지 않는다. 세 사람 사이에 침묵이 흐른다. 여래 신상 앞 향로에 올린 향목 조각들 사이에서 피어오른 연기가 법당 안 사람들 사이의 시야를 흐린다.

호두가 입을 연다.

"해드려야지요."

"그런데, 스님! 나무로 만든 신상이 아니라 구리로 부어내 금을 입힌 여래상을 구합니다. 그것도 아이 팔뚝만 한 신상을요. 이 나라에서 금은 아무 데나 쓰지 못합니다. 일성궁 어른들도 왕족이라 금을 쓸 수는 있습니다. 그러나 여래 신상에 금을 입히려 하다니, 일이 어찌 될지 가늠이 되지 않습니다."

두모는 말을 하면서도 불편한 기색을 숨기지 않는다. 마루가 곁에서 "흠, 흠." 하며 헛기침 비슷한 소리를 낸다. 호두가 묻는다.

"할 수 있겠소? 두모님은 할 수 있으리라 생각됩니다. 마루님이 함께 있으니 말이오."

두모도 마루도 대답이 없다. 사실 해보지 않은 일이라 선뜻 답을 내지 못한다. 호두는 두 사람을 한 차례씩 본 뒤 가만히 기다린다. 호두도 더 말하지 않는다.

두모와 마루가 동시에 서로를 본다. 두모가 결심이 선 듯 말한다.

"그럼, 한번 해보겠습니다. 제가 틀을 새겨 만들고 마루님이 부어내고. 같이 다듬고 입히고 해보지요. 그리 하겠다고 답을 주어 보내겠습니다."

호두가 한마디 덧붙인다.

"이것도 다 여래의 뜻입니다. 여래께서 고구려 거리 바깥으로 걸음을 내딛는 것이지요."

두모와 마루가 자리에서 일어서자 호두도 따라 일어선다. 법당의 작은 덧창으로 좀 전보다 강하게 빛이 든다. 그 빛이 여래 신상과 세 사람 사이로 파고든다. 향에서 나던 연기는 조금씩 사그라지고 있다.

45

모부지도 고구려 거리 안팎에서 무슨 일이 일어나는지 몰랐다. 수문장 하도에게 병사들이 큰 문 닫고 열 때를 잘 지키게 하라 이르고 퇴청했다. 서라벌 귀족 거리 동쪽 모서리의 제 집에 돌아와 알지신께 향 올리고 사랑채 벽장에 따로 모셔둔 여래 신상께도 절했다. 번잡한 여러 일로 몸이 곤하여 자리에 눕자마자 깊이 잠들었다. 고구려 주막에서 따로 보내온 맛 좋은 술 때문인가? 오줌배가 불렀는지 한밤중에 자리에서 일어났다. 밖에서 인기척이 난다.

이불을 제키고 멍하니 앉아 있는 모부지 앞에 귀신 탈을 쓴 사내 둘이 모습을 드러낸다. 보름밤이라 둘의 모색이며 행동거지가 한눈에 들어온다. 둘 중 조금 키가 작은 자가 고갯짓으로 밖으로 나가잔다. 다른 하나는 손가락으로 얌전히 개켜진 옷가지를 가리킨다. 차려 입으라는 뜻이다. 눈이 등잔만 해졌던 모부지가 어찌해야 하는지 알겠다는 듯 조용히 옷가지를 챙겨 입는다. 사위가 조용하니 모부지가 저고리 소매며 바짓가랑이를 여미는 소리가 유난히 크게 들린다.

앞뒤로 두 사내에게 싸이다시피 끌려가며 모부지는 고개를 갸우뚱거린다.

'고구려 거리로 가는 길 아닌가?'

오밤중이라 거리는 쥐 죽은 듯이 조용하다. 개조차 짖지 않는다. 이제 고구려 거리가 지척이다.

'아니, 도대체 무슨 일로 나를? 왜 이 밤중에 고구려 거리로 데려가는 거지? 이 사람들은 또 누군가?'

모부지가 조용히 걷다 말고 서서 뒤쪽의 키 큰 사내를 본다. 여전히 탈을 쓴 채인 사내는 간단히 턱짓만 한다. 묻지 말고 그냥 가라는 것이다. 모부지도 고개를 돌리고 다시 걷는다.

언제 누가 열었는지 고구려 거리의 큰 문이 활짝 열려 있다. 횃불을 든 병사들이 여럿 문을 지킨다. 수문장 하도는 모습이 보이지 않는다. 두 사내처럼 귀신 탈을 쓴 사내 하나가 관아 입구에 서 있다. 모부지 일행을 기다리는 자가 확실하다. 사내가 쓴 탈의 이마 가운데에 작은 뿔 같은 것이 하나 솟아 있다. 두 사내보다 윗사람인 듯 두 사내가 그에게 목례를 하더니 모부지를 그 앞에 세운다. 작은 뿔 탈의 사내가 고갯짓으로 모부지를 관아 안으로 들인다. 잠깐 사이에 이 관아의 주인의 객이 된 셈이다. 모부지는 그저 어안이 벙벙할 뿐이다. 슬슬 마음 한쪽으로는 부아도 난다.

'도대체 무슨 일인가?'

46

호두는 다시 삼 일째 주야염불이다. 두모와 마루가 여래 신상을 어떻게 부어내고 다듬어낼지 답을 찾고자 애쓰는 것을 보며 여래의 지혜가 그들에게 이르기를 기도하는 중이다. 물론 세상 떠난 지 오래인 천축의 석가여래는 출가 전에 왕자로 살았고 출세간에서는 수도자로 살았다고 한다. 담금질로 땀 흘리거나 목공 일로 두꺼비 손이 되어봤을 리 없다. 그러나 지혜는 길을 찾는 것이니 숲 사이에 감추어진 소롯길 보듯이 금공이건 목공이건 두 공장이가 물건 만드는 좋은 길을 함께 보아야 한다. 틀도 깨지지 않아야 하고 쇳물로 부어낸 형상도 터지거나 갈라지지 않아야 한다. 기껏 다듬어낸 여래상에 찌끼가 섞여 있어도 곤란하다. 호두도 여래 신상을 부어내고 다듬어내는 과정은 아는지라 두 공장이가 일을 시작하여 마치기까지 일도 잘 나누고 의견도 잘 맞기를 염불로 돕는 것이다.

자비사 옆 공방의 작은 등잔불도 밤새껏 켜 있다. 마루와 이두는 공방 한 켠 구석자리에 돗자리 깔고 누워 잠든 지 오래다. 두모만 선반 앞 탁자에 앉아 이 궁리 저 궁리 중이다. 사실 일성궁 선화 왕비님의 부탁이 아니라면 '안 됩니다. 어렵습니다'며 주문을 받지도 않았을 것이다. 목공과 달리 금공은 일마다 다르다. 게다가 틀 만들고 부어내는 일은 클수록 어렵다. 그냥 쇳물도 아니고 구리에 이런 것, 저런 것을 더해 깨지거나 터지지 않게 부어내기가 얼마나 어려운가? 담금질도 할 수 없고 두드려 펴거나 접고 잇거나 뗄 수도 없다. 잘 부어내는 것이 먼저인데, 대장장이 마루도 몇 번 해보더니 고개를 절래절래 흔든다. 일이 다르다는 것이다. 호두 스님은 이 일이 잘되기를 바라며 벌써 몇 차례나 주야염불에 들어가셨다. 두모는 이제 와 '더는 못하겠소' 하며 나자빠질 수도 없고 일은 진척이 없으니 난감하기만 하다.

호두도 두모도 이심전심으로 서로를 걱정하며 하나같이 여래 신상에 마음을 쏟느라 밤이 깊은 줄 모른다. 문득 정신을 차리니 조용

누각(경주 출토, 국립경주박물관)

하기만 하던 거리가 조금씩 소란스러워진다. 개도 한두 마리 짖기 시
작하고 발소리며 말소리도 들린다. 전에 없던 일이다. 보름이건 그믐
이건 거리로 드나드는 큰 문이 닫히면 오래지 않아 마을은 조용해
진다. 사실 서라벌 전체가 그렇다. 해 진 뒤 거리를 다니는 이는 둘씩
짝을 이루는 순라꾼뿐이다. 그나마 이들도 깊은 밤에는 군사들이
머무는 거리 초입이나 말미의 작은 처소로 돌아간다.

　조용히 공방 문을 미는 소리에 두모가 자리에서 일어난다. 평소에
도 문고리를 거는 일이 없는지라 불청객 둘이 벌써 문 안에 들어왔
다. 불청객 둘은 얼굴에 똑같은 형상의 탈을 썼다. 누가 누군지 알 수
없다. 두모가 무어라 말할 틈도 없이 한 사람은 두모의 팔을 잡아 뒤
로 틀고 다른 한 사람은 입에 재갈을 물린다. 빠르고 강한 두 사내의
몸놀림과 힘에 두모는 아예 대들 엄두를 내지 못한다. 두 사람은 잠
들어 있는 마루와 이두도 재빨리 일으켜 세운 뒤 재갈을 물린다. 잠
깐 사이에 셋 모두 두 팔은 뒤로 제켜져 묶이고 입에는 재갈이 물렸
다. 둘이 셋을 밀어 공방을 나오게 하더니 앞뒤에 서서 고구려 거리
입구 큰 문 쪽으로 데려간다.

47

"스님, 잘 오셨습니다. 갈문왕 전하가 스님께서 기거하실 별채를 마련해두셨습니다. 공장이들이 지낼 모옥과 일할 공방은 담 밖에 있습니다. 스님께서 왕래하고자 하시면 언제나 뒤꼍 작은 문으로 다니실 수 있고요. 필요하신 것들을 말씀하시면 즉시 준비하도록 하겠습니다. 스님께서 불편함이 없도록 하라고 갈문왕께서 제게 당부하셨습니다."

공손하면서도 강단이 있어 보이는 사내 이서지는 자신이 일성궁 가사를 돌보는 우두머리 일꾼이라 했다. 누런 탈 쓴 사내를 따라 밤길에 일성궁에 이른 호두는 '이 나라에 큰 변고가 있는가? 왜 오밤중에 나를 이리로 끌고 오는가?' 하면서도 사내에게 아무것도 묻지 않았다. 이서지의 말로 짐작하건데 두모와 마루, 이두는 바로 일성궁 곁의 공방과 모옥으로 끌려간 듯했다. 얼굴은 보지 못했으나 몸에는 별 탈이 없는 것 같아 다행이라는 생각이 들었다.

별채는 썰렁했다. 마루 깔린 넓은 방 한 칸, 방 한쪽에 덧붙어 있는 부엌칸 비슷한 작은 방이 다였다. 다행히 부엌칸으로 이어지는 마루방 벽의 모서리에 붙어 침구가 깔린 평상 하나가 놓였고 그 곁에 자그만 탁자며 의자가 있다. 호두가 평상 쪽으로 발길을 옮긴다. 평상 위 침구는 제법 깔끔하게 바느질 된 정갈한 것으로 반듯하게 개켜 있다.

호두가 마루방 한가운데로 걸어가 털썩 북쪽을 향해 책상다리로 앉는다. 이곳이 자비사라면 여래를 모신 불단과 향로를 둔 자리에서 두어 걸음 뒤의 염불 공양 자리다. 호두가 조용히 눈을 감고 낮은 소

333

리로 염불을 외기 시작한다. 귀신 탈 쓴 자들이 고구려 거리에서 자신과 두모 등을 빼어 이곳으로 끌어 온 것은 일성궁 선화 왕비 때문이리라. 저잣거리 소문대로 알지신 모신다는 탈 쓴 자들의 뒤에 왕가의 사람이 있음이 틀림없다. 그가 선화 왕비의 낭군 갈문왕을 잘 알거나 갈문왕의 부탁을 받았을 수 있다. 이서지는 갈문왕이 자신들을 일성궁으로 데려오도록 사람을 썼다지 않은가? 그러면 저 탈 쓴 자들이 갈문왕의 수하들인가? 그들이 오늘밤 무언가 큰일을 저지른 것인가? 이 일이 서역 여래 때문인가? 아니면 저들이 입 다물 수밖에 없는 다른 일이 있는가?

48

"스님, 이제야 뵙습니다. 저는 이 나라의 갈문왕입니다. 저간의 사정은 짐작이 가시지요?"

보통 키에 약간은 호리호리한 느낌을 주는 귀족 사내가 미소 띤 얼굴로 말을 건넨다. 목소리는 부드럽지만 만만치 않은 기운이 담겨 있다. 호두는 그저 가만히 갈문왕 보해의 말을 듣기만 한다.

"이제 서라벌에는 고구려 마을이 없습니다. 마름재의 고구려 군사들도 다 제 나라로 갔고요. 스님은 비록 고구려에서 왔으나 고구려에 매여 있지는 않으시지요? 서역 여래의 사람이 되면 나라도 부모 친척도 없다고 들었습니다."

호두의 가슴속에서 무언가 '쿵' 떨어지는 듯하다.

'고구려 마을이 없어졌다니, 도대체 무슨 말인가? 마름재 고구려 군사들이 고구려로 돌아가?' 호두가 눈을 감는다. 보해는 그런 호두의 표정에 별 반응을 보이지 않는다. 보해가 말을 잇는다.

"스님도 잘 아시지요? 이 나라는 알지신이 세운 나라입니다. 백성들은 그 후손이고요. 저 역시 알지신의 핏줄을 이은 사람입니다. 제 아내 선화 왕비도 이제는 알지신의 딸인 셈이지요."

호두가 마음속으로 '아!' 소리를 지른다.

'이 사람이다. 이 사람이 사람들에게 탈을 씌우고 알지신을 부르게 한 사람이야. 알지신 바람을 일으킨 이가 월성 왕실 사람이라 했는데, 바로 이 사람이로군. 감히 대국 고구려의 마을을 없애다니, 오십여 년이나 된 고구려 마을을! 그렇다면 마을 사람들은 어떻게 되었다는 것인가? 고구려 군사들이 정말 신라를 떠났는가? 신라 왕실에서 고구려 대왕에게 이를 허락받았는가?'

보해가 호두의 마음속 소리를 듣기라도 한 듯 말을 더한다.

"신라 왕실은 여전히 고구려 대왕을 높이 보고 있습니다. 고구려 마을 사람들은 원하는 대로 하도록 했지요. 제 나라로 돌아가거나 서라벌 저잣거리에 새 터를 잡아 이전처럼 신라 백성과 어울려 살거나. 제가 알기로 대부분 서라벌에 남기로 했다 합니다. 우리 대왕께서 이를 기뻐하셨습니다."

"다행이로군요."

호두가 짧게 답한다. 보해가 미소로 답하며 말을 잇는다. 호두가 느끼기에 왠지 모르게 말끝에 차가운 기운이 있다.

"제가 듣기로 스님이 섬기는 서역 여래는 신통력이 커 고구려의 주몽신이니, 백제의 우태신 위에 있다고도 하더군요. 그러나 이 나라 신라에서는 그렇지 않습니다. 서라벌에서는 더더욱 아니고요. 스님

335

도 잘 아시지요?"

호두는 아무 대답도 않는다. 선언하듯 말하는 보해의 얼굴에서는 부드러운 미소가 가시고 입술 끝에 긴장이 서려 있다.

"신라는 알지신을 섬깁니다. 스님은 서역 여래를 섬기십시오. 신라 사람들은 고구려나 백제에서 서역 여래를 섬기든 제 나라 조상신을 섬기든 콩 놓아라, 팥 놓아라! 할 생각이 없습니다. 스님은 스님의 신을 섬기세요. 스님이 서라벌 사람들과 다른 옷을 입고 저잣거리를 다녀도 아무도 무어라 하지 않을 것입니다. 혹, 왈짜가 스님에게 대들며 무어라 올러대면 그렇게 못하도록 저희가 막아드려야지요. 사람을 붙여 스님이 거리에서 해코지 당하는 일이 없도록 지켜드리기도 하고요. 다만, 스님이 억지를 부리며 서라벌 백성에게 서역 여래를 말하다가 봉변을 당한다면 그것은 저희가 막아드리지 못합니다. 저희도 스님에게 알지신을 섬기라고 말하지는 않겠습니다."

호두가 물끄러미 보해를 본다. 호두의 얼굴에는 이제 아무 표정도 없다. 보해도 표정 없이 호두를 본다.

서로 목례를 하며 헤어진 뒤, 호두는 여래의 뜻이 무엇인지, 자신이 무엇 때문에 일성궁에 발을 들여 놓게 되었는지 알 것 같았다. 새로 나무판에 '자비사'라 써 붙인 별채 안으로 들어온 호두가 염불공양에 들어간다. 비단보에 글 써 내리듯이 여래의 뜻이 호두의 머리로 쏟아져 들어온다.

'씨앗이로구나. 아버님도 씨앗이었고 차례차례 살과 뼈를 이 땅에 묻은 선배 스님들도 여래가 뿌린 씨앗이었구나. 여래는 꽃이 필 때까지 열심히 씨앗을 뿌리라 하시는구나. 함부로 말할 수 없는 말 감옥이요, 멋대로 사람 만날 수 없는 사람 감옥 같아도 서라벌이며 신라에 자꾸 씨앗을 뿌리고, 심고, 그 위에 물을 주라 하시는구나. 갈문왕이 모르는 게 있다면 이 일성궁이 계란을 품은 암탉이 되었다는 것이리라. 내가 바로 여래의 뜻을 담은 계란이 되었다! 내가 씨앗 중의 새 씨앗이요, 여래의 세상을 열 계란이라! 허허, 내가 계란이고 씨앗이로구나.'

49

다행인가? 두모는 고개를 갸우뚱거리다가 쓸쓸한 미소를 짓고 만다. 얼떨결에 탈 쓴 사내들에 등 떠밀려 일성궁 담 곁 모옥까지 왔다. 정신없이 며칠을 보내고 나니 일성궁 일꾼들이 저희들 끼리 속닥거리는 말이 두모네 귀에 들어온다.

"고구려 마을이 없어졌대. 고구려 마을 사람들이 어찌 되었는지는 다들 모른다는구먼."

"아니 이럴 수가. 반백 년 터 잡은 고구려 마을이 하루아침에 사라지다니." 두모는 갑자기 머리가 어지럽다.

"그렇다면 이웃사촌으로 지내던 이들은 어찌 되었는가? 지모방의 지모어른과 그 밑에서 일하던 가실이니 젊은이들 여럿은 어디로 갔는가? 노비로 팔려갔을 수도 있고 죄수로 옥에 갇혔을 수도 있다는 것인가? 고구려 사람, 신라 사람, 가야 사람 모두 붙잡혀 갔을까? 아니면 나라마다 다르게 사람을 이러기도 하고 저러기도 한 건가? 도대체 어찌 된 일인가? 어찌 이런 일이 일어날 수 있는가?"

함께 이 소식을 귀에 담은 마루는 표정이 무섭게 일그러진다. 그러나 입을 열지는 않는다. 이두는 어찌할 바를 모른다. 언제부터인가 이두는 신라 사람인지, 고구려 사람인지 모르게 되었다. 이두는 이 말을 듣고부터 그저 일성궁과 공방 사이를 왔다 갔다 할 뿐이다. 비록 이두 자신은 일선의 모례 가문에서 온 사람이지만 이서지가 전한 말도 있어 그 외의 곳으로는 발길을 둘 엄두도 내지 못한다. 앞으로 두모네와 함께 무슨 일을 더 당할지 모른다. 죄인 아닌 죄인으로 일성궁 언저리에 붙잡혀 살 밖에 없게 되었다. 다행이랄까? 얼굴에 귀신 탈 쓴 사내들은 그날 밤 뒤로는 자취도 보이지 않는다. 그러나 그들이 자신과 두모, 호두 스님을 보고 있다는 느낌은 가시지 않는다.

고구려 거리를 떠나면서 구리로 여래 신상 만들어 금을 바르는 일은 없던 일이 되었다. 애초에 일성궁 일인데, 그 일을 하지 않게 되었다. 두모와 마루에게는 새로 일성궁 별채를 고구려 거리의 자비사처럼 꾸미는 일이 주어졌다. 달포를 멍하니 아무 일도 못하던 이두가 억지로 기운을 낸 듯 두모와 마루에게 와 제 귀로 주어들은 말을 전한다. 일성궁 사람들에게 캐물어 들었다고 했다. 고구려 거리를 둘렀던 담은 헐렸고 마을의 크고 작은 장삿집이며 공방, 창고들은 서라벌 귀족 가문 손에 나뉘어 들어갔단다. 아닌 밤중에 횡재한 귀족 가문에서는 제 집 머슴 가운데 재주 있는 자들로 하여금 주인 대신 장삿집을 꾸리게 하였다는 것이다.

두모는 들을수록 기가 막혀 억장이 무너진다. 어이가 없어 말이 나오지 않는다.

'대를 이어 서라벌에 새 물화들을 대던 대국 고구려의 장사치 가

문들이 하루아침에 재산을 잃고 거리에 나앉다니! 도대체 누가 이런 일을 하였는가?'

이두의 말로 일성궁 사람들도 그 이상은 알지 못한다고 했단다. 나라에서 하는 일 같기도 하고, 왕실과 귀족에서 아래 사람들을 시켜 그런 것 같기도 하다고 한다. 그렇게 말을 잇다가, 높은 데서 하는 일에 귀 기울이고 말 내면 탈이 나기 쉽다며 입을 다물었다고 했다.

'신라도 나라가 아닌가? 서라벌 사람도 사람 아닌가? 어찌 고구려 대왕으로부터 큰 은혜를 입고도 이런 일을 한단 말인가? 반백 년 전에 우리 대왕께서 숨이 멎어가던 나라를 살리고 온 백성이 노비로 팔릴 것을 막아주었다는데 어찌 이런 일을 저지른단 말인가?'

두모는 아무리 머리를 쥐어짜도 서라벌 왕실에서 저지른 일을 이해할 수 없다.

'게다가 마름재 고구려 군사들은 도대체 어찌 되었는가?'

두모는 자취도 보이지 않는 귀신 탈 쓴 자들의 정체가 궁금하다. 고구려 거리에서 어떤 일이 있었는지 없었는지 모르는 채 돌아가는 세상도 신기할 뿐이다. 일성궁에서 멀리 떠나지 못하니 서라벌 사람들이 이 일을 온전히 아는지 모르는지 알 수 없다. 어쨌든 두모의 눈에는 일성궁 일꾼들을 포함하여 다들 꿀 먹은 벙어리 시늉이다. 눈 뜬 소경이 따로 없다더니 딱 이 꼴이다. 이두는 제가 저지른 일도 아니건만 저가 신라 사람이라는 것 때문인지 슬금슬금 두모와 마루의 눈치를 보며 되도록 함께 있으려 하지 않는다. 호두 스님은 새 자비사 안으로 두모네가 들어와도 희미한 미소로 맞으며 간단히 눈인사만 할 뿐이다.

50

마루가 자취를 감췄다. 두모가 자비사로 와 마루가 밤새 온데간데없어졌다며 기운 없이 말한다. 호두나 두모나 일성궁에 말 넣을 수도 없다. 마루를 찾으러 서라벌 거리를 쏘다닐 수도 없다. 그래도 일성궁 바깥나들이 가능한 사람은 이두뿐이다. 그나마 이서지의 허락을 받아야 한다. 이두가 두모의 공방 일에 쓸 물건을 구한다며 띄엄띄엄 사흘이나 서라벌 동서남북을 두루 다녀도 마루는 종무소식이다.

호두가 이서지를 자비사로 부른다.

"아무래도 이서지님은 알아야겠소. 대장장이 마루님이 이곳을 떠났다오. 내게 인사도 없이 말이오. 그가 며칠 동안 열병을 앓으며 심한 설사를 했는데, 혹 역병인가 하여 스스로 일성궁 공방을 떠난 것 같소. 이서지님도 아시지요? 역신이 드는 집에는 황천길이 열리고, 때로 그 마을에 아예 곡성조차 끊기게 되오. 마루님은 그것이 싫었던 것 같소. 목숨을 살려준 은혜를 그렇게 갚고 싶지는 않았겠지요. 아마 사람 살지 않는 깊은 산속으로 들어간 듯하니 그렇게 아세요. 혹 갈문왕이 물으시면 이서지님이 잘 알아서 답하시오. 내 이두님을 보내 두루 찾게 했으나 서라벌에서는 이미 자취가 없어요."

이서지도 말귀를 알아들었는지 별다른 말없이 일성궁 바깥채 제 거처로 간다.

51

'일선으로 돌아갈까? 아니다. 가면 돌아오지 못해. 서라벌 길은 막히지. 여래는 내가 서라벌을 여래 세상 만들 계란이요, 씨앗이라지 않는가? 그러나 이 일성궁이 내게는 감옥이야. 자물쇠만 없지 감옥과 다름없어? 자비사라도 감옥 안의 절집일 뿐이지. 누구나 올 수 있던 고구려 거리의 자비사가 아니야. 두모도 나도 감옥 안에서 숨만 쉬는 거지. 돌아갈까?'

호두의 마음은 여전히 들끓는다. 일성궁에 들어온 이래 하루도 편한 날이 없다. 고구려 마을 사람들을 생각하면 왠지 미안하고 죄지은 심정이다. 선화 왕비는 여전히 별채인 자비사에 얼굴을 비치지 않는다. 마치 일성궁에 없는 듯 그림자조차 보기 어렵다.

"스님."

이두의 음성이다. 착각일까? 풀 죽어 지내던 이두의 목소리에 조금 기운이 담겨진 듯하다.

"스님, 갈문왕님이 오셨습니다."

호두가 헛기침을 하자 곧바로 문이 열린다. 보해다. 어슴푸레한 어둠에 눈이 익자 보해가 한 발 내딛으며 호두에게 눈인사를 한다.

"스님, 도움을 청하러 왔습니다. 기별 없이 찾아와 죄송합니다."

보해의 말에 이전과 같은 기운이 실려 있지 않다. 왕실 사람 특유의 기품은 그대로이나 태도는 조심스럽다.

"스님, 제 아내를 좀 도와주십시오."

호두가 부드러운 말투로 자리에 앉기를 권한다.

"스님, 제 아내 선화 왕비에게는 아무래도 서역 여래의 길이 제 길인 듯합니다. 저는 서라벌 왕실 사람인 제 아내가 알지신의 딸이 되기를 바랐습니다. 하지만 신께서 허락하지 않으세요. 제 아내가 이제는 누운 자리에서 일어나지 못합니다. 기력을 되찾도록 도와주셨

341

상 나르는 시녀(무용총, 중국 지안)

으면 합니다."

보해의 말에 물기가 어려 있다. 호두는 문득 지난번에 만난 갈문왕 보해와 지금 제 앞에 앉은 선화 왕비의 지아비 보해가 같은 사람인가 의심이 든다. 보해가 간절한 어조로 한마디 더한다.

"스님, 도와주십시오."

52

발 너머로 자리에 누운 선화 왕비가 보인다. 거리가 있어서일까? 숨소리가 들리지 않는다. 한 해 전 고구려 거리 자비사로 찾아온 그분이 아니다. 멀리서 보아도 대국 고구려 공주 특유의 기품은 희부연 안개 너머로 가려졌다. 생의 기운도 아지랑이처럼 가물거린다.

'급하다!'

호두가 바로 자리를 뜬다. 발 앞에 앉아 두 사람을 번갈아보던 갈문왕이 엉거주춤 일어나며 이미 등을 보이는 호두를 배웅한다. 안채 바깥에서 이제나 저제나 기다리던 이두가 바로 호두 뒤를 따른다.

별채 자비사 탁자 앞에 앉아 약초 책을 뒤지던 호두가 길고 얇은 나무쪽을 집는다. 거기에 글을 쓰며 이두에게 말한다.

"이두님, 이서지님에게 이 목간을 건네세요. 글을 보고 고개를 끄덕이면 부지런히 모아 해 지기 전에 내게 가져오라 하세요."

호두가 나무쪽을 얇은 베 보자기에 싸더니 이두에게 건넨다. 이두가 한 달음에 별채를 나와 바깥채로 이어지는 쪽문으로 사라진다.

53

"스님, 스님."

이두의 목소리가 턱에 받친다. 오랜만에 들어보는 밝은 소리다.

'이두님이 제 정신이 돌아왔군.'

호두가 제법 높은 소리로 답한다.

"예. 말씀하세요."

"스님, 왕비님이 좋은 것을 한보따리 보내셨습니다."

이두의 목소리에 생기가 있다. 기분 좋은 웃음기도 서려 있다. 이두는 선화 왕비가 기운을 회복한 것이 제 일처럼 기쁜 듯하다. 신라 사람으로 가슴에 담았던 죄책감도 많이 내려놓은 듯하다. 호두는 그런 이두가 좋은 성품을 타고 났다고 느낀다.

"여러가지 귀한 것들입니다. 아주 좋은 냄새도 나고요. 공방에서 잔치를 벌여도 되겠습니다."

어제 호두는 왕비의 부름을 받고 안채로 들어갔다. 갈문왕은 잠시 궁궐에 들어갔다고 했다. 이서지가 호두를 제법 널찍한 대청마루로 안내한다. 왕비가 기거하는 안채 큰 방과 잇닿은 곳이다. 왕비가 안채 큰 방의 발을 걷어 올리게 하니 제법 거리는 있어도 왕비의 용태를 알 수 있다. 실오라기 같이 목숨만 붙어 있던 이가 호두가 지어준 약으로 두 달이 채 안 되어 자리에 앉아 말을 나눌 수 있게 되었다. 좌우가 놀라는 것도 무리가 아니다. 아직 자비사로 와 예불을 드릴 만큼 힘이 있지 않다며 호두를 불러 고맙다는 뜻을 전하는 자리다.

좌우에 이서지와 달기, 조리만 남긴 뒤 왕비가 호두에게 감사의 인사를 한다.

"스님, 저를 다시 살게 하셨습니다. 어머니 유화신도 오라는 말씀을 하지 않으셔서 갈 곳 없이 허공만 떠돌 뻔 했습니다. 이제 제가 설 곳은 여래 앞입니다. 국내성에서도 이름만 듣던 여래의 길이 서라벌에서 열렸으니 이도 참 특별한 인연인 듯싶습니다. 제 길 모르고 여기저기 기웃거리기만 하던 작은 자의 길잡이가 되어주시면 어떨지요?"

호두가 한 번 더 절하고 자리에 앉더니 미소 띤 얼굴로 말한다.

"왕비님, 마음을 푸셔서 다행입니다. 석가여래도 깨달음에 들기 전 세상의 어두운 것을 많이 보았다 합니다. 크게 마음을 상하고 오랜 기간 식음을 전폐한 적도 있답니다. 미움은 실타래처럼 엉키고 거미줄처럼 사람을 감아 그 안에 가둔다고 했습니다. 이제 그런 인연의 실 뭉치에서 나오게 된 듯싶습니다. 몸이 더 회복되시면 자비사로 걸음 하시지요. 여래의 길로 나오셨으니 한 걸음, 한 걸음 앞으로 나가셔야지요."

54

오랜만에 잔치에 온 듯 먹고 마시니 다들 기분이 좋다. 일성궁에 붙잡혀 온 지 일 년 만이다. 호두가 자비사로 돌아가더니 이두를 보내 두모를 절집으로 오게 한다. 두모가 '무슨 일이신가?' 하는 표정으로 호두 앞에 앉는다. 호두가 문밖에 있던 이두도 안으로 들어오게 한다. 이두가 두모 뒤에 조금 떨어져 앉자 호두가 이두를 곁으로 와 앉게 한다. 늘 높임말을 쓰는 호두지만 '스님을 모시라'는 모례 어른의 가르침을 지키려 애쓰던 이두라 숨소리도 들을 수 있을 만큼 가까이 앉아 말씀 듣기가 거북스럽다. 이를 잘 알면서도 호두는 굳이 이두로 하여금 두모와 나란히 앉게 한다.

향로에 향 조각을 한 줌 올린 호두가 다시 이들 앞에 와 앉더니 차분한 어조로 입을 연다.

"두모님도 마음에 갈피를 잡은 듯하여 말씀을 올립니다. 이두님도 그렇고요. 여래의 길을 걸을 때는 악한 것에 눈을 돌리지 않습니다. 여래는 신들에게도 악한 인연을 만들지 말라고 했습니다. 악한 것에 마음을 두어 몸을 괴롭히지 말라고도 했어요. 미움이 미움으로 고리를 잇습니다. 위아래로 나누고 좌우로 나눈 것에 좋고 나쁜 것과 슬프고 기쁜 것을 얽어 넣으면 내 편 네 편이 나옵니다. 그사이로 미운 마음이 일고 성낸 얼굴, 악한 행동이 더해지지요. 여래 앞에서는 고구려도 없고 신라도 없습니다. 유화신의 사람이니 알지신의 아들,

아침(속초)

딸도 없고요. 오직 자비한 마음으로 생명을 살피고 돕는 손발이 있
을 뿐이지요."

잠시 말을 멈춘 호두가 향불이 오른 향로를 보더니 고개를 돌려
말을 잇는다.

"이미 없는 것을 돌아보지 마십시오. 고구려 마을도 없고 마름재
고구려 성채도 나무와 흙에 덮였습니다. 어느 날 고구려 군대가 다
시 서라벌에 오고 가야의 장사치와 백제의 공장이가 놀라 제 나라
로 달아날 수도 있어요. 신라가 조각나고, 탈 쓴 자들이 산으로 달아
나 숨어 벌벌 떨 수도 있습니다. 우리가 일성궁을 떠나 일선의 모례

어른네로 돌아가야 할 수도 있지요. 이제는 그런 것에 놀라고 가슴 두근거리지 마세요. 그런가 보다 하십시오. 여래께서 저기에도 보내시고 이리로도 오게 하시는구나 하세요. 여래께서 나를 쓰시면 그저 고개만 끄덕이세요. 여래의 길이구나! 하세요. 저도 그러고 있습니다."

55

보해가 서라벌 거리를 자유로이 다니시라 굴레를 풀어줬으나 호두는 일성궁 밖으로 나가지 않는다. 별채 자비사만 제 공간으로 쓸 뿐이다. 두모는 이두와 함께 일성궁이 있는 귀족 거리를 벗어나 서라벌 동쪽의 저잣거리로 나가기도 한다. 공방 일에 필요한 물품들을 구하려 때로 서남쪽 거지벌까지 갈 때도 있다. 간혹 노비로 사는 옛 고구려 마을 사람 소식을 듣게 되면 그날 저녁은 가슴앓이하며 뜬눈으로 밤을 새기도 한다. 그러나 그 뿐이다. 마음을 다잡고 다시 공방 일에 눈과 손을 모은다.

  호두는 두모나 이두가 바깥세상 일을 말하면 빙그레 웃으며 듣기만 한다. 가타부타 말하지 않는다. 자비사 향불 공양에 온 마음을 모으기도 하고 염불 공양으로 밤을 지새우기도 한다. 두모가 정성으로 깎아 다듬은 나무 여래 신상 앞이 호두의 거처나 마찬가지가 되었다. 이레나 여드레에 한 번 선화 왕비가 오면 호두는 향로를 사이에 두고 마주 앉아 왕비에게 여래의 길을 말한다. 갈문왕은 가끔 호두의 안부를 묻는다는 핑계로 선화 왕비와 함께 자비사를 찾는다. 여전히 왕이 여래상 앞에 예를 올리는 일은 없다. 다만 부부가 함께

온 날이면 왕은 별채 입구 문 안쪽에 앉아 호두가 왕비에게 여래의 길 말하기를 끝낼 때까지 기다린다.

두모가 여래 신상에 옻칠을 하겠다며 호두의 허락을 구한다. 이두 말에 일선에서 나는 옻이 신라 제일이라 이 옻을 잘 입혀 두면 신상이 마르고 뒤틀리는 일이 없으리라는 것이다. 며칠 뜸을 들이던 호두가 돌로 새 신상을 만들어 그 위에 옻을 입히라 이른다. 두모가 '아하, 따로 모실 곳이 있구나' 짐작하며 공방으로 돌아간다. 이두는 영문을 모르겠다는 듯 고개를 갸우뚱 거린다.

'도대체 새 신상을 어디에 모시려는가? 여래님이 아기만 하면 품에 넣고 다닐 수도 없고, 마루방 작은 다락집에 모시기도 그렇고, 모를 일이야.'

56

호두가 이서지를 부르는 일이 잦아졌다. 이서지가 글을 읽고 쓸 수 있어서다. 일성궁에 온 지 두 해가 지날 무렵 호두는 불경의 글을 신라 사람이 읽을 수 있게 다듬어 옮기기로 마음먹었다. 온전한 한자로 된 글이 고구려에서는 읽힐 수 있으나 신라에서는 그렇지 않다는 사실을 알게 된 까닭이다.

그러나 생각보다 일이 복잡했다. 서라벌의 귀족과 관리 중에서도 한자 글을 쉽게 읽을 수 있는 이가 많지 않았다. '굳이 옮길 일인가?' 하는 생각도 들었다.

'하지만 여래 세상이 올 때를 대비해야 한다. 서라벌에서 내 뒤를 이을 이들이 바르게 배우고 익힐 무엇이 있어야 하지 않겠는가? 이

불경(국립중앙박물관)

심전심으로만 여래의 길을 전하기는 어렵겠지. 이서지 님 같은 사람이 읽고 쓸 수 있다면 신라에서 글을 배우고 쓸 수 있는 이는 모두 여래의 말씀을 온전히 읽고 배울 수 있으리라.'

　이서지는 한자어를 신라어로 옮겨 쓰는 데에 큰 도움이 되었다. 그의 가문이 본래는 글에 밝았다고 한다. 이런저런 연유로 가문이 큰 어려움을 겪었는데, 다행스럽게 갈문왕을 만나 일성궁에 오게 되었다는 것이다. 이전에 관아에서 일할 때에도 물화가 들고나는 것을 기록하며 장부를 정리하는 일을 했단다. 이서지가 말하기로 신라는 서라벌처럼 큰 벌이 있는 곳이 드물고 큰 산에 둘러싸인 작은 강변 고을이 많다고 한다. 그런 까닭에 강변 고을마다 말이 다르다는 것이다. 사람들의 생각이나 성격도 제각각에 고집불통이 많아 작은 다툼이 큰 다툼으로 번지는 일도 많다고 한다. 서라벌에서 나간 관리가 왕명을 읽어 전할 때에도 어려움이 많아 "무슨 말인지 모르겠소" "아니오. 더 듣기 싫소" 이런 식으로 한마디 던지면 그것으로 끝난다는 것이다.

호두는 새삼 '일선에서 모례 어른을 만난 게 참으로 여래의 인도하심이구나. 아버지도 나도 모례 어른 같은 성품의 사람을 만나다니, 그 분은 여래가 모습을 바꾸어 오신 것이리라' 한다. '이 이서지 님도 여래께서 보내신 게 아닌가?' 하는 생각도 든다. 이서지는 박식했고 어려운 말도 잘 풀어냈다. 한자말과 신라 말을 잇고 그것을 신라식으로 풀어 한자로 표현하는 데에도 뛰어났다. 이서지와 함께 글을 읽고 풀고 옮기다 보면 시간 가는 것도 잊었다. 이서지도 제 일을 잊을 정도로 호두의 불경 글 옮기는 일에 열심을 냈다. 선화 왕비가 이 일을 안 뒤부터는 부러 이서지의 일을 감해 주거나 다른 일꾼이 맡도록 했다. 호두가 부르지 않을 때도 이서지를 자비사로 보내 호두를 돕게 했다.

57

일성궁 바깥채로 되돌아갔던 이서지가 다시 자비사로 와 호두를 찾는다. 마루방 구석의 탁자 앞에 앉아 목간을 정리하는 호두를 보더니 바로 고개 숙여 절하며 입을 연다.

"스님, 잠시 안채로 좀 드셔야겠습니다. 갈문왕과 왕비님이 지금 스님을 뵙기를 청하십니다. 갈문왕님 몸이 불편하셔서 이리로 오시지는 못하고요."

호두가 손에 쥐고 있던 목간을 가지런히 탁자 위에 내려놓고 이서지를 따라 나선다. 호두가 일성궁 안채에 들어서기는 오랜만이다. 선화 왕비가 건강을 회복하고 직접 자비사에 내왕한 뒤로는 안채에 걸음 한 일이 없다. 게다가 두모가 새로 만든 옻칠 여래 신상을 안채 안방 앞 작은 다락집에 모시게 된 뒤부터 왕자와 왕비 부부가 함께 자비사를 찾는 일도 드물어졌다. 그사이 호두는 이서지와 함께 여러 권의 불경을 신라식 한자말로 옮겨 책으로 묶어냈다. 그러고 보니 호두가 갈문왕을 직접 뵌 것도 이미 반년 전이다.

호두가 이서지와 같이 안채와 별채를 잇는 좁은 길을 따라 걷는데 안채에서 나오는 향내가 가느다란 바람을 타고 코끝으로 흘러든다. 안채로 들어서는 좁은 문을 여니 향내가 더욱 진하게 풍겨온다. 호두가 안채에 들어서자 이서지는 평소와 달리 조용히 문 바깥으로 모습을 감춘다. 호두는 '무슨 일이 있으신가?' 하면서 마루방 섬돌 위로 올라선다.

보해가 선화와 나란히 안방 앞 여래 다락을 향해 앉았다가 인기척에 일어나 몸을 돌려 두어 걸음 앞으로 온다. 자비사 안에서처럼 세 사람이 서로의 얼굴을 볼 수 있는 거리다. 서로 절하기를 마치고 자리가 정돈되자 보해가 먼저 입을 연다. 이서지의 말을 들어서인가? 얼굴색이 탁하다. 몸에서 풍겨 나오는 생명의 기운도 약하다.

"스님, 오랜만에 뵙습니다. 여쭙고 의논드릴 일이 있어 뵙기를 청했습니다."

호두는 이 자리가 어떤 자리인지 짐작이 간다. 호두가 조용히 미소 지으며 보해의 다음 말을 기다린다. 선화가 남편 쪽으로 잠깐 고개를 돌린다. 눈빛에 수심이 담겼다.

"저는 알지신의 부름을 받고 곧 조상신의 나라로 갈 것 같습니다. 왔던 곳으로 돌아간다 생각하니 마음이 참 편합니다. 그러나 제 아내는 이 땅에 남아 있어야 합니다. 제가 없으면 아내가 의지할 데는 스님의 자비사뿐입니다."

보해의 말끝이 흔들린다.

"그런데 스님, 저는 궁금한 것이 있습니다. 섬기는 신이 다르면 부부라도 저세상에서는 다른 곳에서 지낼 수밖에 없는지요? 다시 만날 길은 있는가요? 알지신의 나라와 서역 여래의 땅을 잇는 길이 있다면 제가 그 길을 갔으면 합니다."

잠시 말없이 두 사람을 번갈아보던 호두가 보해의 눈을 깊이 들여다보며 한마디 한다.

"이제는 여래 앞으로 오십시오. 여래 앞에 서신 지 오래되었습니다. 알지신의 나라도 여래의 넓은 세상 안에 있습니다."

58

갈문왕 보해가 자비사를 찾지 않던 육 개월 동안 보해의 속병은 빠른 속도로 깊어갔다. 그러나 아내 선화도 남편의 병세를 알지 못했다. 보해 자신도 자주 피로를 느꼈을 뿐이다. 사랑채에서 늦게까지 손님을 맞고 보낸 다음 날 몸이 무거워 일어나지 못했을 때도 '몸을 과하게 썼는가?' 했다. 열흘 전 모처럼 별다른 일없이 하루를 보내고 안채로 선화를 찾아왔다. 그러나 다음 날 아침 늦게까지 보해는 일어나지 못했다. 보해나 선화 모두 '왜, 이러지?' 하는 마음으로 그날 하루를 보냈다. 다음 날도, 그다음 날도 보해는 해가 하늘 가운데 이르러서야 몸을 일으킬 수 있었다.

호두의 말에 움찔하며 말을 잃었던 보해가 마음을 잡은 듯 호두를 마주 본다. 선화는 여전히 아무 말도 없다.

"스님, 오래전 호자 스님을 뵈러 일선에 갔습니다. 뒤에 모례에게 들었습니다만 호자 스님이 스님의 세상 부친 되신다고요? 생각해보니 이도 참 기이한 인연이로군요. 아내가 자꾸 여래의 길을 기웃거리기에 그러지 못하게 하려고 호자 스님을 뵈러 갔지요. 호자 스님께서 한참 제 말을 듣고 나서는 대뜸 '손을 씻고 싶으시오?' 하셔서 깜짝 놀랐습니다. '아닙니다. 무슨 말씀을 하시는지 모르겠소. 나는 알지신과 이 나라 신라를 위해 애쓸 뿐이오'라고 했지요. 그것이 호자 스님을 뵌 처음이자 마지막이었습니다."

호두가 생각하기에도 이는 참 기이한 인연이다. 여래께서 인도하심이 이런 것이로구나 하는 마음이다. 선화 왕비가 안타까운 눈길로 다시 제 남편을 보다가 수건을 들어 보해 이마의 땀을 닦아준다.

"스님, 눈에 덮인 꺼풀이 벗겨지니 이제야 그 말씀을 알아듣습니다. 제가 알지신을 모신다고, 나라를 너럭바위에 온전히 올려놓겠다고 못할 짓을 많이 했습니다. 사람들을 구슬리고 모아 칼과 창을 휘두르게 하고요. 고구려 사람이건, 신라 사람이건 저로 말미암아 많은 이들이 험한 꼴을 당했지요. 목숨을 잃은 이도 여럿이고 집을 잃거나 살붙이와 헤어진 이도 많습니다. 이 모두 제가 저지른 악업이지요."

보해가 잠시 말을 멈추더니 호흡을 가다듬는다. 선화 왕비가 다시 수건으로 남편의 볼이며 목에 흐르는 진땀을 닦는다. 호두는 입안으로 불경을 왼다.

"스님, 고맙습니다. 이 모든 것을 다 아시면서 이 집 일성궁에 머무시고 자비사까지 세워주셨습니다. 저와 아내에게 여래의 길이 어디로 가는지 열어 보이시고요. 이제 제게 남은 시간이 그리 많지 않은 듯싶습니다. 지고 가야 할 악업은 지고 가더라도 씻을 것은 씻고, 풀 것은 풀고 싶습니다. 갚을 수 있는 것은 조금이라도 갚고 가야지요."

호두는 마음속으로 '이 이가 이제야 여래 길에 걸음을 내딛는구나' 한다. 선화가 두 사람 곁에 놓였던 아름다운 장식함 하나를 호두 앞으로 밀어 놓는다. 함이 제법 커 두모의 연장통만 하다.

"스님, 이 함에 든 것은 제가 알지신을 잘 모시겠다고 금인의 자손임을 보이겠다고 모아 두었던 금붙이입니다. 조상 때부터 내려온 것도 있고 고구려 대왕에게서 받은 것도 있습니다. 서라벌과 신라 땅에서 난 것으로 우리 신라 마립간으로부터 받은 것도 있지요. 제 눈이 뜨이니 이것이 어디에 쓰여야 할지 알겠습니다."

"스님께서 알지신의 나라도 넓고 넓은 여래 세상 안에 있다고 하셨습니다. 그러면 이 금붙이를 알지신의 나라 신라가 여래의 세상임을 알게 하는 데에 써주십시오. 자비사의 장엄에 쓰셔도 좋고 제 아내가 예전에 공장이 두모에게 부탁했던 금 여래신상을 절집에 모시는 일에 쓰셔도 좋습니다. 그저 서라벌 귀족, 신라 백성이 알지신궁 앞에만 있지 않고 여래의 세상으로 나와 여래의 길을 걷게 하는 데에만 쓰시면 되지요."

보해가 말을 멈춘다. 호두는 오래전 아버지 호자가 말 했던 '금' 이야기를 머리에 떠올린다.

'바로 이것이로구나. 아버님이 걱정했던 것이 이것이로구나!'

보해가 말을 잇는다. 기력이 많이 빠졌는지 소리가 작아지고 말끝이 떨린다. 몸을 곧추세워 앉아 있기도 힘들어 보인다. 선화가 남편 곁으로 더 다가앉으며 한 손을 남편 손에 얹었다가 내린다.

"스님, 제가 눈을 감으면 이 집 일성궁 대문에 '자비사'란 새 택호를 달아주십시오. 제 아내도 절집 사람으로 받아주시고요. 스님, 이 일은 스님께서 지금 허락해주셔야 합니다. 이 집이 자비사가 되면 편안히 눈을 감을 수 있겠습니다."

호두가 무릎걸음으로 반걸음 앞으로 가더니 이미 반쯤 초점을 잃은 보해의 눈을 들여다본다. 호두가 보해의 눈에서 눈을 떼지 않은 채 몇 차례 고개를 주억거린다. 보해의 눈에서 입으로 조용히 미소가 번진다.

신묘명금동여래상(국립중앙박물관)

나
가
며

"선생님, 선생님은 신라의 김씨 왕족들이 불교신앙에 빠져들면서
황금을 사원에 시주하게 된다는 거지요? 황금 장신구도 사리장엄
을 위해 쓰고요. 그런데, 갈문왕 보해가 호두 스님에게 황금 장신구
함을 내놓는다는 건 좀 무리 아닌가요?"

찬우 씨는 아무래도 보해의 황금 시주가 마음에 걸리나 보다.

"그래요. 나도 찬우 씨 말에 동감이우. 아무리 불교신앙을 가지게
되었기로서니 자신들이 황금족이라면서 갑자기 금 상자를 내놓다
니, 보해는 평생 금인의 나라를 꿈꿨던 사람 아니우? 말년에 찬밥
신세 좀 되었기로서니 180도 돌아서 다른 사람처럼 행동하는 건 좀
그래!"

덕수가 또 덩달이로 한마디 덧붙인다. 볼멘소리 비슷하다. 입도 조

금 삐죽거린다. 보해가 마음에 안 드는지, 내가 마음에 안 드는지 하여튼 불만이다. 나는 습관대로 우선 고개를 주억거린다.

"듣고 보니 그렇기도 하네."

덕수가 '그러면 그렇지!' 하는 표정으로 턱을 조금 쳐든다. 덕수는 의기양양과 의기소침 사이를 왔다 갔다 하는 게 취미다. 찬우 씨는 성격대로 자세를 고쳐 다시 반듯하게 허리를 세워 앉는다. 내 말을 들을 준비가 되었다는 뜻이다.

"하루아침에 서라벌의 황금이 사원으로 쏟아져 들어가는 건 물론 아니죠. 지금까지 발굴 결과로 보면 보해가 죽을 즈음이 신라 황금 시대의 절정기나 마찬가지니까. 가장 화려한 황금 귀걸이가 본격적으로 만들어지는 것도 그때거든."

덕수가 못 참고 내 말을 끊는다.

"그런데, 형님은 왜 그렇게 쓰셨소?"

덕수를 지그시 보다가 하던 말을 계속한다.

"뭐가 달라질 때는 부엌칼로 무 자르듯이 그렇게 되던가요? 잘 살펴보면 언제부턴가 그런 조짐이 보이죠. 그러다가 어느 순간 대세가 되거나 흐름이 달라진 걸 알게 되는 식이지. 보해가 그러는 것은 그 시대에는 일탈이지. 그것도 심한 거고."

찬우 씨의 표정이 내 뒷말을 기다린다.

"나는 새로운 시대는 이렇게 시작된다는 걸 보해를 통해 보여주고 싶은 거야. 금인의 나라를 열고 싶어 무리수에 무리수를 거듭 두던 자가 정작 그 시대가 열릴 때 다른 것을 볼 수도 있다는 거. 백제나 고구려 같은 이웃 나라에서는 이미 대세였으나 자신은 굳이 외면했

357

던 사실. 그 앞에 정직하게 바로 서는 거지, 죽기 직전에. 죽음이 눈앞에 왔을 때. 시작은 아내 선화의 회복이야. 그것이 국내성을 떠날때 서로의 눈을 보고 손을 마주 잡으며 확인했던 순수한 마음이랄까, 시간여행 하듯 그 상태로 돌아가는 과정이기도 하지. 물론 둘 사이에 '여래'라는 존재가 들어왔지만 말이야."

스스로도 "끝말이 갈 길을 잃었어" 하며 말을 마치는데, 찬우 씨와 덕수는 그럴듯하게 들렸는지 짐짓 뭔가 깨달은 표정이다. 문득 찬우 씨가 싱긋 웃으며 나와 덕수를 번갈아 본다.

"오늘은 제가 한잔 더 사고 싶은데, 괜찮죠? 커피나 차로!'

년도	신라	고구려	주요 인물, 주요 사건(가상)	생활 문화와 종교 신앙(가상)
399년	내물 마립간, 고구려에 구원 요청.	평양 순행. 신라 사신 접견.		
400년	고구려군 5만 서라벌 구원. 금관가야 멸망시킴.	신라 구원, 남방 진출 본격화. 신라에 주둔군 파견.		고구려 장인과 기술자들 잇달아 신라로 이주. 서라벌에 고구려 거리 생김.
401년	고구려 별동대 서라벌 주둔 시작. 실성왕자 귀국.	실성 왕자를 마립간으로 즉위시킴. 후연 공격.	실보, 고구려에서 귀국.	신라, 고구려에 황금과 마노 공납 시작.
402년	실성 마립간 즉위. 미사흔(미해) 왜에 인질로 보냄.	백제, 왜 연합군 격퇴. 후연 공격.	나로 마립간 서거. 실보 마립간 즉위.	서라벌에서 황금 채취 증대.
403년	서불한 미사품, 군국 정사 위임 받음.			
404년	시조묘에 제사			
405년	왜군 격퇴.			
406년		후연 격퇴.		
407년	왜군 약탈.	후연 격퇴.	보해(12세), 고구려에 인질로 감.	서라벌에 고구려 바람이 크게 불고 비판적 기운도 점차 고조.
408년	대마도 정벌 중단.	후연 공격.	미해(11세), 왜에 인질로 감.	
409년		북연과 우호 외교.		
410년		남방 순행.		
411년		동부여 복속.		
412년	복호(보해) 고구려에 인질로 보냄.		선화(12세), 졸본신궁 신녀가 됨.	

년두	신라	고구려	주요 인물, 주요 사건(기상)	생활 문화와 종교 신앙(가상)
413년	실성 마립간, 딸을 눌지 왕자와 결혼시킴.	광개토왕 서거, 장수왕 즉위.	염모(18세), 국내 큰 사냥 대회에서 버금자리에 오름. 부여성 파견.	
414년	광개토왕 장례식에 사신 파견. 호우 선물 받음.			무명의 서역승, 신라에서 불교 전파하다 순교.
415년	왜군 격퇴.	광개토왕릉, 능비 완성.		
416년	토함산 무너지고 샘물이 솟음.			
417년	실성 마립간 시해, 눌지 마립간 즉위.		신녀 선화(17세), 왕명으로 신라 왕자 보해(22세)와 결혼. 염모(22세), 서라벌 주둔군장으로 임명. 현지 부임. 보해, 염모의 도움으로 실보 마립간을 시해하고 형 눌해를 즉위시킴.	
418년	시조묘 제사. 복호, 고구려에서 귀국. 미사흔, 왜에서 탈출 귀국.		미해(21세), 왜에서 탈출. 귀국 후 보해의 명으로 금인대 조직.	
419년				
420년				선화가 가져온 고구려 황금 장신구가 서라벌 귀족 사회에 알려지기 시작.
421년				
422년				
423년				
424년	고구려와의 동맹 관계 재확인.	신라의 복속 확인.		
425년				
426년			염모(31세), 9년 만에 고구려로 돌아감.	
427년		평양으로 천도.		
428년				
429년				

년도	신라	고구려	주요 인물, 주요 사건(가상)	생활 문화와 종교 신앙(가상)
430년				묵호자, 신라에 불교를 전하기 위해 입국. 모례, 불교에 귀의.
431년	왜군 격퇴.			
432년			금인대, 백제와 외교 동맹 추진. 미해(35세), 왜 백제 동맹 거부. 미해 자결. 금인대 분열, 활동 중단.	
433년	미사흔 죽다. 백제와 군사동맹 체결.			
434년	백제와 사절 교환, 황금과 명주를 보냄.		보해, 미해의 딸 이화(14세) 두 번째 왕비로 맞다.	묵호자, 일선으로 돌아옴.
435년		북연왕가 망명 허용. 북연 인력과 물자 대거 고구려에 수용.	염모(40세), 북연 용성 출정.	430~440 서라벌 내 고구려 문화 극성기 돌입.
436년			선화(36세), 고구려 마을 장인에게 장신구 제작 의뢰.	
437년				
438년				
439년				
440년	왜군 격퇴.			묵호자, 서라벌에 다시 들어가 선화를 만남.
441년				
442년				
443년				
444년	왜군에게 크게 패배.			
445년				묵호자, 모례가의 토굴에서 입적.
446년				
447년				
448년				
449년	눌지 마립간, 국원에서 고구려 장수왕과 회맹.	중원고구려비 건립.	염모(54세), 장수왕 수행하여 국원에 옴.	

년도	신라	고구려	주요 인물, 주요 사건(기상)	생활 문화와 종교 신앙(기상)
450년	하슬라 성주 삼직, 실직에서 고구려 변장 살해.	신라 사신 사과 수용.	염모(55세), 보해의 부탁으로 고구려와 신라 사이의 국경 충돌 중재. 염모의 아들 재소, 서라벌 마름재 군장으로 부임.	호두, 신라에 입국하여 묵호자로 불림.
451년			고구려 병사, 왕실의 시조 신당에 난입. 신라, 고구려에 황금 공납 중단. 금인대 재결집, 활동 재개.	451~신라에서 고구려 문화 배제 운동 확산. 백제 문화 유행.
452년			염모, 고구려 사신과 함께 서라벌 방문. 금인대 '수탉을 잡으라.'는 신호로 서라벌의 고구려군 기습. 고구려 거리 폐쇄. 염모(56세), 재소와 함께 고구려로 탈출. 평양에 보고. 선화(52세), 스스로 일성궁에 연금. 이화(32세) 일성궁을 나와 나을신궁에 재입궁. 눌해 마립간 금인대 해체.	신라계 황금장신구 출현. 황금 시대 개막. 호두, 일성궁에 강제 이거.
453년	고구려군 변경 침입.			
454년	신라군, 백제 공격하는 고구려군 격퇴.	신라 북변 공략.	염모(58세), 고구려군 이끌고 신라 공격.	
455년				선화(55세), 불교에 귀의.
456년				
457년	눌지 마립간 서거. 자비 마립간 즉위.		보해(61세) 불교에 귀의. 죽음. 눌해 마립간 서거.	보해, 유언으로 일성궁을 자비사에 기증.
458년	시조묘에 제사. 대거 침입한 왜군 격퇴.			
459년				
460년	미사흔의 딸과 결혼. 용이 금성 우물에 출현.			
461년	왜군 약탈.			

년도	신라	고구려	주요 인물, 주요 사건(가상)	생활 문화와 종교 신앙(가상)
462년	왜군 격퇴.	북위와의 갈등 일단락.		
463년				
464년				
465년				
466년	전함 수리하여 왜군 침입 대비.			
467년	고구려군에게 실직성 상실. 니하에 방어성 축조.	신라의 실직주성 공략.		
468년	서라벌에 방리제 도입.	유연과 지두우 분할 점령.		
469년	삼년산성 축조.			
470년				
471년	(백제 개로왕. 북위에 고구려 정벌 요청)			
472년				
473년				
474년	백제 구원군 파견.			
475년	왜군 내침.	백제 공격. 한성 함락.		
476년	서라벌에 지진.			
478년	자비 마립간 서거. 소지 마립간 즉위.			
479년	시조묘에 제사.			
480년				신라 백결선생. 방아 타령 지음.
481년	고구려군 내침. 백제, 가야의 도움으로 격퇴.	신라 공략. 흥해까지 진군.		
482년	서라벌에 전염병 유행.			
483년	고구려군 내침. 백제의 도움으로 격퇴.			
484년	시조묘에 제사. 백제와 우호 외교.			
485년	왜군 내침.			
486년	나을신궁 축조.			

363

년도	신라	고구려	주요 인물, 주요 사건(가성)	생활 문화와 종교 신앙(가성)
487년	월성 이거.			
488년	고구려군 내침.			
489년		신라 공격.		
490년				
491년		장수왕 서거. 문자왕 즉위.		
492년				
493년	백제와 결혼동맹.			
494년	백제의 도움으로 고구려군 격퇴.	물길 공격 받은 부여 왕가 고구려로 망명.		
495년	고구려군 격퇴.			
496년	왜군 약탈. 고구려군 내침.	신라 공격.		
497년	왜군 내침. 용이 금성 우물에 출현. 소지 마립간 서거. 지증 마립간 즉위.			
498년				
499년				
500년				
501년				
502년	왕호를 왕으로 변경. 국호 확정. 순장 금지령 내림. 영일 냉수리비 건립.			
503년				
504년